專門用來打好
幾何基礎
的數學課本

4

財團法人博幼社會福利基金會　著

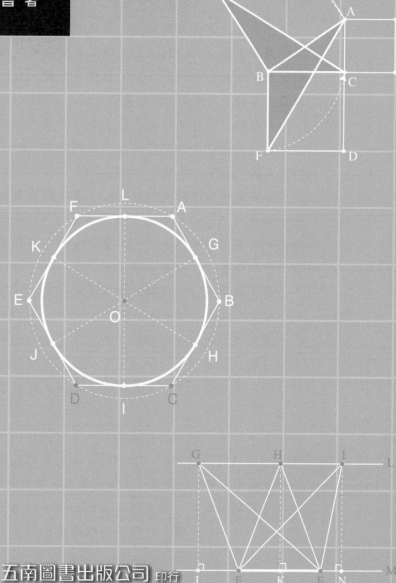

五南圖書出版公司　印行

序 | PREFACE

　　因為工作和教會的服事，常需要接觸中學生，指導他們的課業，因為求學時期的資料早已遺失，記憶也已淡忘了，因此一切都得重頭來過，還記得剛開始重新接觸國中幾何時，心中立即浮現一個疑問：現在的教材為何變得如此簡化？

　　我發現我們現在的幾何教科書一開始就教作圖，比方說，教小孩如何平分一個角。我問我的學生，你怎麼知道這樣做就可以平分一個角？他的回答是，他把那個圖剪下來，然後按照平分線來對摺，這樣就可以證明角已經被平分了。

　　我對這件事情極感難過，因為角平分線的原理是根據三角形全等證明而來。我小的時候絕對先學三角形全等，然後再學角平分線，我們當然不是把那個角剪下來，然後再對摺，我們是根據三角形全等的原理，可以證明我們所做的角平分線是正確的。

　　學幾何，其目的不是在於學有關於幾何的證明，而是要學會如何合乎邏輯地證明一個定理。現在我們的考試都不考證明題，所以學生其實是搞不清楚什麼叫做證明的。

　　我在成功中學唸幾何的時候，我記得非常清楚，我的老師一開始就強調幾何不可以做實驗，必須講證明。以後，我深深感覺到當年老師給我有關於幾何的教育，一輩子受用。現在我在教電子線路，我們當然可以做實驗，但是如果要解釋某一個電壓往上升，或者電流往下降，都必須要很合乎邏輯地證明電壓一定會往上升，或者電流一定會往下降，而不能做個實驗了事。

　　因此我在教學上，特別重視基本定理的證明，發現學生一旦理解了定理的證明過程，即使沒有背公式，在解題時也能夠一步步的推算出正確答案。從此，學生在學習上不再是背數學，而是以理解的方式學習。

　　當第一次見到由博幼基金會所編輯的幾何教材時，即認定它就是學生學習幾何所需要的一套教材。為何如此說呢？因為博幼的這套教材乃是藉由邏輯上的思考，來幫助學生從無到有建立起幾何學的概念，教材中的所有定理，都是由基本定義經過證明而得來；博幼教材是依照「點、線、面、體」的順序編輯而成，每個定理都是建立在前一個

定理之上，各章節之間相互連結，其內容環環相扣，一氣呵成。本套教材共分 10 章，分為四本書出版，教材中明列了國中範圍的 111 個定義、8 個公理以及證明了 157 個定理，凡是中學生所需要學習的幾何知識，在這套教材中全都找的到，而且都有詳細嚴謹的證明過程。

仔細看完本書，發現本書中的每一章節都是根據以下三個步驟來進行：

第一、基礎的基本定義介紹。

第二、利用基本定義來證明定理。

第三、將定理應用在幾何例題上。

為了建立學生學習的信心，每章節例題的編排方式都是由淺入深，等學生熟悉基本的題型之後，這才導入綜合的題型，並在每單元的最後引導學生作本章節內容的重點整理歸納，最後再加入歷屆基測考題來增強本教材的實用性。（全書約有 80 種題型、728 個例題、564 個習題以及歷年 112 個基測試題。）

因此，在學習上，學生可藉著博幼幾何教材清楚知道每個定理的由來，再以這些定理為基礎，解決各定理所延伸之種種題型，博幼的幾何教材絕對是最適合中學生學習的一套工具。

我敢說，博幼基金會的這一本幾何教科書是目前最完整的幾何教科書，其中有很多基本的教材，也有很難的教材，老師可以從中選擇教材來教。對於聰明的和不太聰明的孩子，這本書都適用。

李家同

本書使用方法

本書中的每一章節都是根據以下三個步驟來進行：

第一、基礎的基本定義介紹

第二、利用基本定義來證明定理

第三、將定理應用在幾何例題上

　　為了建立學生學習的信心，本書每章節例題的編排方式都是由淺入深，學生在了解每個定理的由來之後，可以這些定理為基礎，先練習前面的幾個基本題型，之後才進入綜合的題型，並在學習完一個單元之後，熟記此單元的重點整理歸納，來作歷屆基測考題的練習。最後，可搭配博幼網站上的檢測卷，做為此單元學習成果的測試。

博幼網址： http://www.boyo.org.tw/boyo/geometry/

目錄 | CONTENTS

第九章 面積周長與體積

9.1 節 多邊形面積

定義 9.1-1

單位面積
一單位邊長的正方形為一單位面積。

單位邊長為1公分的正方形，其單位面積為1平方公分（1公分×1公分），如下圖9.1-1(a)所示；若單位邊長為1公尺的正方形，其單位面積為1平方公尺（1公尺×1公尺），如下圖9.1-1(b)所示。

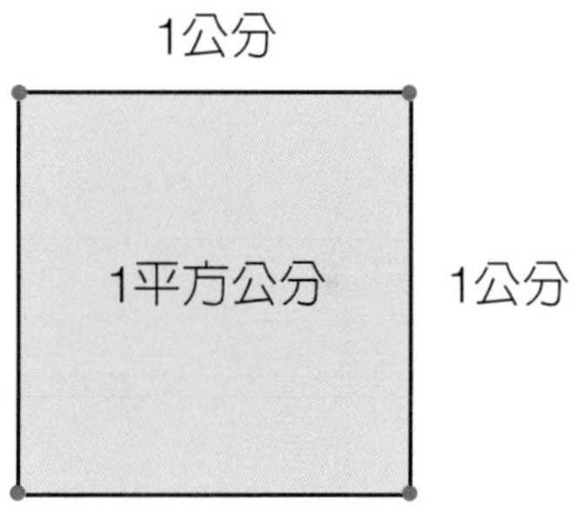

圖 9.1-1(a)　1 平方公分

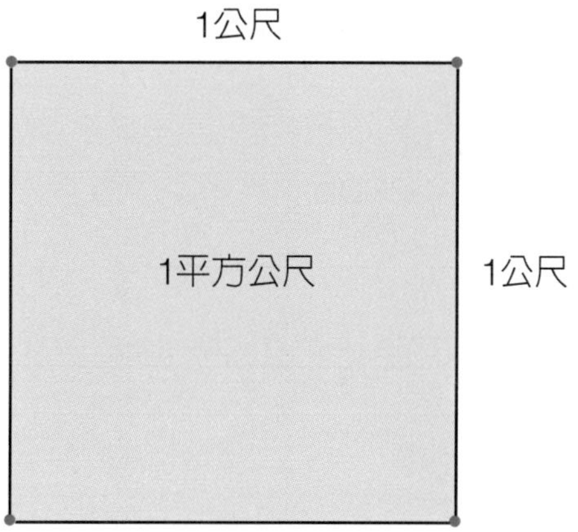

圖 9.1-1(b)　1 平方公尺

定義 9.1-2

面積
一個幾何圖形的面積，就是這個圖形所包含單位面積的數量。

定義 9.1-3

等面積圖形（等積形）
面積相等的圖形，叫做等面積圖形或等積形。

定理
9.1-1

長方形（矩形）面積定理

矩形面積等於長與寬的乘積。

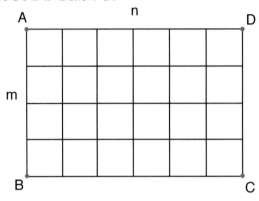

圖 9.1-2 矩形

 ABCD為矩形，$\overline{AB}$ 為長，$\overline{AD}$ 為寬，如圖9.1-2。

 矩形ABCD面積＝$\overline{AB} \times \overline{AD}$。

 以$\overline{AB}$ 與$\overline{AD}$ 的公因數作為單位長，將長方形分成若干個單位面積。

敘述	理由
(1) 如圖9.1-2，取$\overline{AB}$ 與$\overline{AD}$ 的公因數u作為單位長，假設$\overline{AB}$ ＝m×u，$\overline{AD}$ ＝n×u，將$\overline{AB}$ 分成m等分，$\overline{AD}$ 分成n等分。	假設 & 等分線段作圖
(2) 過$\overline{AB}$ 上各個分點，作$\overline{AD}$ 的平行線，又過$\overline{AD}$ 上的各個分點作$\overline{AB}$ 的平行線，則將矩形分成m×n個單位面積，每單位面積為u×u，如圖9.1-2所示。	平行線作圖
(3) 所以矩形ABCD面積＝(m×n)×(u×u) ＝(m×u)×(n×u) ＝$\overline{AB} \times \overline{AD}$	面積的定義 乘法交換律 & 結合律 由(1) 假設$\overline{AB}$ ＝m×u， $\overline{AD}$ ＝n×u

Q. E. D.

例題 9.1-1

如圖9.1-3，ABCD為矩形，$\overline{AB}=3$公分，$\overline{AD}=4$公分，則矩形ABCD的面積為何？

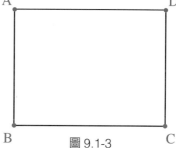
圖 9.1-3

 想法

矩形面積定理：
矩形面積等於長與寬的乘積

 解

敘述	理由
(1)　矩形ABCD的面積 　　　$=\overline{AB}\times\overline{AD}$ 　　　$=(3公分)\times(4公分)$ 　　　$=12$平方公分	已知ABCD為矩形，$\overline{AB}=3$公分， $\overline{AD}=4$公分 & 矩形面積等於長與寬的乘積

例題 9.1-2

如圖9.1-4，矩形ABCD的面積為24平方公分，已知$\overline{AB}=4$公分，則$\overline{AD}=$＿＿＿＿＿＿

圖 9.1-4

 想法

矩形面積定理：
矩形面積等於長與寬的乘積

 解

敘述	理由
(1) 矩形ABCD的面積$=\overline{AB}\times\overline{AD}$	已知ABCD為矩形 & 矩形面積等於長與寬的乘積
(2) 24平方公分$=4$公分$\times\overline{AD}$	由(1) & 已知矩形ABCD的面積為24平方公分，$\overline{AB}=4$公分
(3) $\overline{AD}=(24平方公分)\div(4公分)$ 　　　$=6$公分	由(2) 等量除法公理

有了長方形面積定理，很容易可以證明正方形面積定理。

定理 9.1-2

正方形面積定理
正方形面積等於邊長的平方。

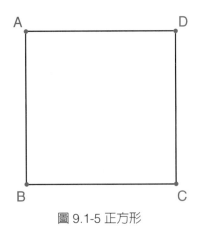

圖 9.1-5 正方形

已知 ABCD為正方形，如圖9.1-5。

求證 正方形ABCD面積＝$\overline{AB}^2＝\overline{BC}^2＝\overline{CD}^2＝\overline{DA}^2$。

想法 利用矩形面積定理來證明。

證明

敘述	理由
(1) 正方形ABCD面積＝$\overline{AB} \times \overline{BC}$	已知ABCD為正方形 & 正方形亦為矩形 & 矩形面積等於長與寬的乘積
(2) $\overline{AB}＝\overline{BC}＝\overline{CD}＝\overline{DA}$	已知ABCD為正方形 & 正方形四邊等長
(3) 　正方形ABCD面積 $＝\overline{AB}^2＝\overline{BC}^2＝\overline{CD}^2＝\overline{DA}^2$	由(1) & (2) 代換

Q. E. D.

例題 **9.1-3**

如圖9.1-6，已知ABCD為邊長為3公分的正方形，則正方形ABCD面積為？

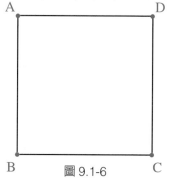

圖 9.1-6

想法 正方形面積等於邊長的平方

解

敘述	理由
(1) 正方形ABCD面積 $=(3公分)^2=9$平方公分	已知ABCD為邊長為3公分的正方形 & 正方形面積等於邊長的平方

例題 **9.1-4**

如圖9.1-7，已知正方形ABCD面積為16平方公分，則$\overline{AB}=$？

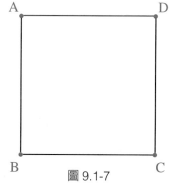

圖 9.1-7

想法 正方形面積等於邊長的平方

解

敘述	理由
(1) 正方形ABCD面積$=\overline{AB}^2$	已知ABCD為正方形 & 正方形面積等於邊長的平方
(2) 16平方公分$=\overline{AB}^2$	由(1) & 已知正方形ABCD面積為16平方公分
(3) $\overline{AB}=-4$公分或$\overline{AB}=4$公分	由(2) 求平方根
(4) 所以$\overline{AB}=4$公分	由(3) & $\overline{AB}$為邊長必為正數

定理
9.1-3

平行四邊形面積定理

平行四邊形面積等於底與高之乘積。

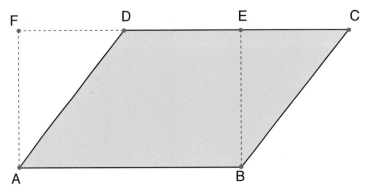

圖 9.1-8

已知　平行四邊形ABCD中，$\overline{BE} \perp \overline{AB}$，$\overline{AB}$ 為底，$\overline{BE}$ 為高。

求證　平行四邊形ABCD的面積＝$\overline{AB} \times \overline{BE}$。

想法　作以 $\overline{AB}$ 為長，$\overline{BE}$ 為高的長方形ABEF，證明平行四邊形ABCD與長方形ABEF的面積相等。

證明

敘述	理由
(1) 過A點，作$\overline{AF} \perp \overline{AB}$交$\overline{CD}$的延長線於F點。(如圖9.1-8)	垂直線作圖
(2) $\overline{AF} /\!/ \overline{BE}$	由(1) $\overline{AF} \perp \overline{AB}$ & 已知$\overline{BE} \perp \overline{AB}$ & 垂直同一直線的兩直線平行
(3) 四邊形ABEF為平行四邊形	已知ABCD為平行四邊形，$\overline{AB} /\!/ \overline{CD}$ & (2) $\overline{AF} /\!/ \overline{BE}$ 兩組對邊平行為平行四邊形
(4) ∠F＝∠ABE＝90° ∠BEF＝∠BAF＝90°	由(1) $\overline{AF} \perp \overline{AB}$ & 已知$\overline{BE} \perp \overline{AB}$ & (3) 平行四邊形對角相等
(5) 四邊形ABEF為矩形	由(3) & (4) 四個角都為直角的平行四邊形為矩形

敘述	理由
(6) 矩形ABEF面積＝$\overline{AB} \times \overline{BE}$	由(5) & 長方形面積等於長與寬的乘積
(7) 在△AFD與△BEC中 　　$\overline{AF} = \overline{BE}$ 　　∠F＝∠BEC＝90° 　　$\overline{AD} = \overline{BC}$	如圖9.1-8所示 由(5) & 長方形對邊等長 由(5) & 長方形四個角皆為90° 已知ABCD為平行四邊形 & 對邊等長
(8) △AFD ≅ △BEC	由(7) & 根據三角形R.H.S.全等定理
(9) 　ABED面積＋△BEC面積 　　＝ABED面積＋△AFD面積	由(8) & 等量加同量其和相等
(10) 　平行四邊形ABCD面積 　　＝長方形ABEF面積	由(9) 代換
(11) 　平行四邊形ABCD的面積 　　＝$\overline{AB} \times \overline{BE}$	由(6) & (10) 遞移律

Q. E. D.

例題 9.1-3

如圖9.1-9，已知四邊形ABCD為平行四邊形，$\overline{CE} \perp \overline{BC}$，且$\overline{BC} = 5$公分，$\overline{CE} = 3$公分，則平行四邊形ABCD面積為？

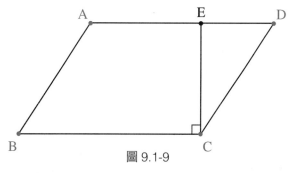

圖 9.1-9

 平行四邊形面積等於底與高之乘積

敘述	理由
(1) 　平行四邊形ABCD面積 　　＝$\overline{BC} \times \overline{CE}$ 　　＝(5公分)×(3公分) 　　＝15平方公分	已知ABCD為平行四邊形，$\overline{CE} \perp \overline{BC}$ 且$\overline{BC} = 5$公分，$\overline{CE} = 3$公分 & 平行四邊形面積等於底與高之乘積

例題 9.1-6

如圖9.1-10，平行四邊形ABCD中，$\overline{AD}$＝12公分，$\overline{DE}$＝8公分，求平行四邊形ABCD的面積。

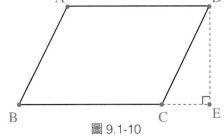

圖 9.1-10

想法　平行四邊形面積等於底與高之乘積

解

敘述	理由
(1)　　平行四邊形ABCD面積 　　＝$\overline{BC} \times \overline{DE}$ 　　＝(12公分)×(8公分) 　　＝96平方公分	已知ABCD為平行四邊形，$\overline{DE} \perp \overline{BC}$ 且$\overline{BC}$＝12公分，$\overline{DE}$＝8公分 & 平行四邊形面積等於底與高之乘積

例題 9.1-7

如圖9.1-11，已知四邊形ABCD為平行四邊形，$\overline{CE} \perp \overline{BC}$，且平行四邊形ABCD面積＝20平方公分，$\overline{BC}$＝5公分，則$\overline{CE}$＝？

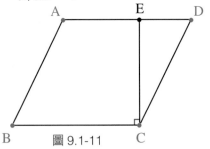

圖 9.1-11

想法　平行四邊形面積等於底與高之乘積

解

敘述	理由
(1)　　平行四邊形ABCD面積 　　＝$\overline{BC} \times \overline{CE}$	已知已知四邊形ABCD為平行四邊形， $\overline{CE} \perp \overline{BC}$ & 平行四邊形面積等於底與高之乘積
(2) 20平方公分＝5公分×$\overline{CE}$	由(1) & 已知平行四邊形ABCD面積＝20平方公分，$\overline{BC}$＝5公分
(3) $\overline{CE}$＝(20平方公分)÷(5公分) 　　＝4公分	由(2) 等量除法公理

例題 9.1-8

如圖9.1-12，平行四邊形ABCD的周長為40公分，$\overline{AE} \perp \overline{CD}$，若$\overline{AD}$＝8公分，$\overline{AE}$＝6公分，求平行四邊形ABCD的面積。

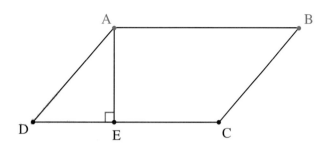

圖 9.1-12

平行四邊形面積等於底與高之乘積

敘述	理由
(1) $\overline{AB}=\overline{CD}$ 且 $\overline{BC}=\overline{AD}$	已知ABCD為平行四邊形 & 平行四邊形對邊相等
(2) $\overline{AB}+\overline{AD}+\overline{CD}+\overline{BC}$＝40公分	已知平行四邊形ABCD周長為40公分
(3) $\overline{CD}+\overline{AD}+\overline{CD}+\overline{AD}$＝40公分	由(1) & (2) 代換
(4) $2(\overline{AD}+\overline{CD})$＝40公分	由(3) 式子整理
(5) $\overline{AD}+\overline{CD}$＝(40公分)÷2 ＝20公分	由(4) 等量除法公理
(6) $\overline{CD}$＝20公分－$\overline{AD}$ ＝20公分－8公分＝12公分	由(5) 等量減法公理 & 已知$\overline{AD}$＝8公分
(7) 平行四邊形ABCD面積 ＝$\overline{CD}\times\overline{AE}$ ＝(12公分)×(6公分) ＝72平方公分	已知已知四邊形ABCD為平行四邊形，$\overline{AE} \perp \overline{CD}$ & 平行四邊形面積等於底與高之乘積 & (6)$\overline{CD}$＝12公分 已證 & 已知$\overline{AE}$＝6公分

定理
9.1-4

三角形面積定理

三角形面積等於底與高之乘積的一半。

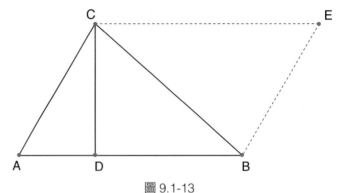

已知

△ABC中，$\overline{AB}$為底，$\overline{CD}$為高，$\overline{AB} \perp \overline{CD}$。

圖 9.1-13

求證

△ABC的面積 $= \dfrac{\overline{AB} \times \overline{CD}}{2}$。

想法

作以$\overline{AB}$為底、$\overline{CD}$為高的平行四邊形ABEC，證明△ABC面積為平行四邊形的一半。

證明

敘述	理由
(1) 作$\overline{BE} // \overline{AC}$ ，$\overline{CE} // \overline{AB}$，$\overline{BE}$與 $\overline{CE}$ 兩線交於E點，如圖9.1-13	平行線作圖
(2) ABEC為以$\overline{AB}$為底，$\overline{CD}$為高的平行四邊形	由(1) & 兩組對邊平行為平行四邊形 & 已知$\overline{AB} \perp \overline{CD}$
(3)　平行四邊形ABEC的面積 $= \overline{AB} \times \overline{CD}$	由(2) & 平行四邊形面積定理
(4) 在△ABC與△ECB中 $\overline{AB} = \overline{EC}$ $\overline{AC} = \overline{EB}$ $\overline{BC} = \overline{CB}$	如圖所示 由(2) & 平行四邊形對邊相等 由(2) & 平行四邊形對邊相等 共同邊
(5)△ABC ≅ △ECB	由(4) & 根據三角形S.S.S.全等定理
(6)△ABC ＝ △ECB $= \dfrac{1}{2}$ABEC	由(5) & 全量等於分量之和
(7)△ABC的面積$= \dfrac{\overline{AB} \times \overline{CD}}{2}$	由(3) & (6)

Q. E. D.

由定理9.1-4 三角形面積定理的證明中，我們可以得到以下兩個結果：

1. 三角形面積等於底與高之乘積的一半。

2. 平行四邊形對角線將原平行四邊形平分成兩個面積相等的三角形。

接著，讓我們將定理9.1-4 三角形面積定理，應用在例題9.1-9～例題9.1-11。

例題 **9.1-9**

如圖9.1-14，△ABC中，$\overline{AD} \perp \overline{BC}$，若$\overline{BC} = 7$公分，$\overline{AD} = 4$公分，則△ABC面積為何？

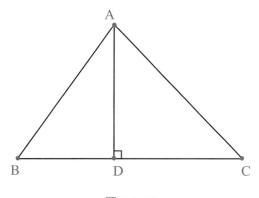

圖 9.1-14

想法　三角形面積等於底與高之乘積的一半

解

敘述	理由
(1) △ABC面積 $= \dfrac{\overline{BC} \times \overline{AD}}{2}$ $= \dfrac{(7公分) \times (4公分)}{2}$ $= 14$平方公分	已知△ABC中，$\overline{AD} \perp \overline{BC}$， $\overline{BC} = 7$公分，$\overline{AD} = 4$公分 & 三角形面積等於底與高之乘積的一半

例題 9.1-10

如圖9.1-15，△ABC中，$\overline{AD} \perp \overline{BC}$，若$\overline{BC}=3$公分，$\overline{CD}=4$公分，$\overline{AD}=5$公分，則△ABC面積為何？

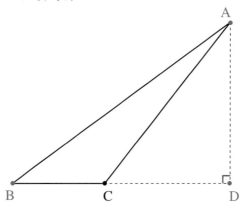

圖 9.1-15

三角形面積等於底與高之乘積的一半

敘述	理由
(1) △ABC面積$=\dfrac{\overline{BC}\times\overline{AD}}{2}$ $=\dfrac{(3公分)\times(5公分)}{2}$ $=7.5$平方公分	已知△ABC中，$\overline{AD} \perp \overline{BC}$，$\overline{BC}=3$公分，$\overline{AD}=5$公分 & 三角形面積等於底與高之乘積的一半

例題 9.1-11

如圖9.1-16，△ABC中，$\overline{AD} \perp \overline{BC}$，若$\overline{BC}$＝6公分，△ABC面積為12平方公分，則$\overline{AD}$＝？

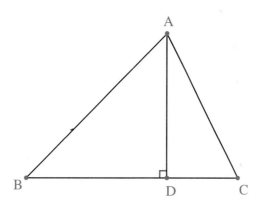

圖 9.1-16

三角形面積等於底與高之乘積的一半

敘述	理由
(1) △ABC面積＝$\dfrac{\overline{BC} \times \overline{AD}}{2}$	已知△ABC中，$\overline{AD} \perp \overline{BC}$ & 三角形面積等於底與高之乘積的一半
(2) 12平方公分＝$\dfrac{(6公分) \times \overline{AD}}{2}$	由(1) & 已知$\overline{BC}$＝6公分，△ABC面積為12平方公分
(3) $\overline{AD} \times (6公分)$＝(12平方公分)×2	由(2) 等量乘法公理
(4) $\overline{AD}$＝$\dfrac{(12平方公分) \times 2}{6公分}$＝4公分	由(3) 等量除法公理

以下，我們來練習一些特殊三角形面積的求法。

例題 9.1-12 （30°-90°-60°的直角三角形）

如圖9.1-17，已知△ABC為直角三角形，若∠B＝30°，∠A＝60°，

∠C＝90°，且$\overline{AB}$＝10公分，則△ABC面積為何？

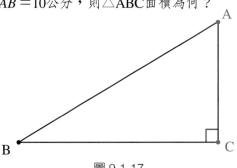

圖 9.1-17

(1) 利用30°-90°-60°的直角三角形，其邊長比為1：2：$\sqrt{3}$，求出$\overline{AC}$與$\overline{BC}$

(2) 三角形面積等於底與高之乘積的一半

敘述	理由
(1) $\overline{AC}$：$\overline{AB}$：$\overline{BC}$＝1：2：$\sqrt{3}$	已知△ABC為直角三角形，若∠B＝30°，∠A＝60°，∠C＝90° & 30°-90°-60°的直角三角形，其邊長比為1：2：$\sqrt{3}$
(2) $\overline{AC}$：(10公分)＝1：2	由(1) $\overline{AB}$：$\overline{AC}$＝1：2 & 已知$\overline{AB}$＝10公分
(3) 2×$\overline{AC}$＝1×(10公分)	由(2) & 外項乘積等於內項乘積
(4) $\overline{AC}$＝(10公分)÷2＝5公分	由(3) 等量除法公理
(5) (10公分)：$\overline{BC}$＝2：$\sqrt{3}$	由(1) $\overline{AB}$：$\overline{BC}$＝2：$\sqrt{3}$ & 已知$\overline{AB}$＝10公分
(6) 2×$\overline{BC}$＝$\sqrt{3}$×(10公分)	由(5) & 內項乘積等於外項乘積
(7) $\overline{BC}$＝$\sqrt{3}$×(10公分)÷2 ＝5$\sqrt{3}$公分	由(6) 等量除法公理
(8)　△ABC面積 $=\dfrac{\overline{AC}\times\overline{BC}}{2}$ $=\dfrac{(5公分)\times(5\sqrt{3}公分)}{2}$ $=\dfrac{25\sqrt{3}}{2}$平方公分	三角形面積等於底與高之乘積的一半 & (4) $\overline{AC}$＝5公分 & (7) $\overline{BC}$＝5$\sqrt{3}$公分　已證

例題 **9.1-13**　（30°-90°-60°的直角三角形）

如圖9.1-18，已知△ABC為直角三角形，若∠B＝30°，∠C＝60°，

∠CAB＝90°，且$\overline{AM} \perp \overline{BC}$，$\overline{AM}$＝3公分，則△ABC面積為何？

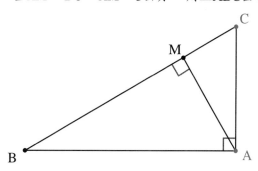

圖 9.1-18

(1) 利用30°-90°-60°的直角三角形，其邊長比為1：2：$\sqrt{3}$，求出$\overline{AB}$與$\overline{AC}$
(2) 三角形面積等於底與高之乘積的一半

敘述	理由
(1) △BAM中， 　　∠MAB＋∠B＋∠AMB＝180°	如圖9.1-18所示 三角形內角和180°
(2) ∠MAB＝180°－∠B－∠AMB 　　　　＝180°－30°－90°＝60°	由(1) 等量減法公理 & 已知∠B＝30° & $\overline{AM} \perp \overline{BC}$， ∠AMB＝90°
(3) △BAM為30°-90°-60°的直角三角形	已知∠B＝30° & (2) ∠MAB＝60° 已證 & 已知$\overline{AM} \perp \overline{BC}$， ∠AMB＝90°
(4) $\overline{AM}$：$\overline{AB}$：$\overline{BM}$＝1：2：$\sqrt{3}$	由(3) & 30°-90°-60°的直角三角形， 其邊長比為1：2：$\sqrt{3}$
(5) (3公分)：$\overline{AB}$＝1：2	由(4)$\overline{AM}$：$\overline{AB}$＝1：2 & 已知$\overline{AM}$＝3公分
(6) $\overline{AB}$＝2×(3公分)＝6公分	由(5) & 內項乘積等於外項乘積
(7) △ACM中， 　　∠CAM＋∠C＋∠AMC＝180°	如圖9.1-18所示 三角形內角和180°

(8) ∠CAM＝180°－∠C－∠AMC 　　＝180°－60°－90°＝30°	由(7) 等量減法公理 & 已知∠C＝60° & $\overline{AM} \perp \overline{BC}$， ∠AMC＝90°
(9) △ACM為30°-90°-60°的直角三角形	由(8)　∠CAM＝30° 已證 & 已知 $\overline{AM} \perp \overline{BC}$，∠AMC＝90° & ∠C＝60°
(10) $\overline{CM} : \overline{AC} : \overline{AM} = 1 : 2 : \sqrt{3}$	由(9) & 30°-90°-60°的直角三角形，其邊長比為$1 : 2 : \sqrt{3}$
(11) $\overline{AC} : (3公分) = 2 : \sqrt{3}$	由(10) $\overline{AC} : \overline{AM} = 2 : \sqrt{3}$ & 已知$\overline{AM}$＝3公分
(12) $\sqrt{3} \times \overline{AC} = 2 \times (3公分)$	由(11) & 外項乘積等於內項乘積
(13) $\overline{AC} = \dfrac{2 \times (3公分)}{\sqrt{3}} = 2\sqrt{3}$公分	由(12) 等量除法公理
(14)　△ABC面積 　　$= \dfrac{\overline{AB} \times \overline{AC}}{2}$ 　　$= \dfrac{(6公分) \times (2\sqrt{3}公分)}{2}$ 　　$= 6\sqrt{3}$ 平方公分	三角形面積等於底與高之乘積的一半 & (6) $\overline{AB}$＝6公分 & (13) $\overline{AC} = 2\sqrt{3}$公分 已證

例題 9.1-14 （45°-45°-90°的等腰直角三角形）

如圖9.1-19，已知△ABC為等腰直角三角形，若$\overline{AB}=10$公分，則△ABC面積為何？

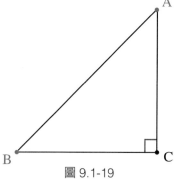

圖 9.1-19

(1) 利用45°-45°-90°的等腰直角三角形，其邊長比為$1:1:\sqrt{2}$，求出$\overline{BC}$與$\overline{AC}$

(2) 三角形面積等於底與高之乘積的一半

敘述	理由
(1) $\overline{AC}:\overline{BC}:\overline{AB}=1:1:\sqrt{2}$	已知△ABC為等腰直角三角形 & 45°-45°-90°的等腰直角三角形，其邊長比為$1:1:\sqrt{2}$
(2) $\overline{BC}:(10公分)=1:\sqrt{2}$	由(1) $\overline{BC}:\overline{AB}=1:\sqrt{2}$ & 已知$\overline{AB}=10$公分
(3) $\sqrt{2}\times\overline{BC}=1\times(10公分)$	由(2) & 內項乘積等於外項乘積
(4) $\overline{BC}=\dfrac{10公分}{\sqrt{2}}=5\sqrt{2}$公分	由(3) 等量除法公理
(5) $\overline{AC}=\overline{BC}=5\sqrt{2}$公分	由(1) $\overline{AC}:\overline{BC}=1:1$ & (4) $\overline{BC}=5\sqrt{2}$
(6) △ABC面積 $=\dfrac{\overline{AC}\times\overline{BC}}{2}$ $=\dfrac{(5\sqrt{2}公分)\times(5\sqrt{2}公分)}{2}$ $=25$平方公分	三角形面積等於底與高之乘積的一半 & (5) $\overline{AC}=\overline{BC}=5\sqrt{2}$公分 已證

例題 9.1-15 （45°-45°-90°的等腰直角三角形）

如圖9.1-20，已知△ABC為等腰直角三角形，∠C＝90°，若△ABC面積為50平方公分，則$\overline{AB}＝$？

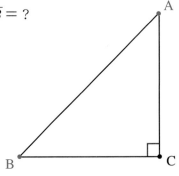

圖 9.1-20

 想法

(1) 利用三角形面積等於底與高之乘積的一半求出$\overline{BC}$的長度

(2) 再利用45°-45°-90°的等腰直角三角形，其邊長比為1：1：$\sqrt{2}$，求出$\overline{AB}$之值

 解

敘述	理由
(1) △ABC面積＝$\dfrac{\overline{AC}\times\overline{BC}}{2}$	已知△ABC為等腰直角三角形，∠C＝90° ＆ 三角形面積等於底與高之乘積的一半
(2) 50平方公分＝$\dfrac{\overline{BC}\times\overline{BC}}{2}$	由(1) ＆ 已知△ABC面積為50平方公分 ＆ △ABC為等腰直角三角形，$\overline{AC}＝\overline{BC}$
(3) $\overline{BC}^2＝$(50平方公分)×2	由(2) 等量乘法公理
(4) $\overline{BC}＝$10公分 或 $\overline{BC}＝-$10公分	由(3) 求平方根
(5) $\overline{BC}＝$10公分	由(4) ＆ $\overline{BC}$為線段長度必大於0
(6) $\overline{AC}：\overline{BC}：\overline{AB}＝1：1：\sqrt{2}$	已知△ABC為等腰直角三角形 ＆ 45°-45°-90°的等腰直角三角形，其邊長比為1：1：$\sqrt{2}$
(7) (10公分)：$\overline{AB}＝1：\sqrt{2}$	由(6) $\overline{BC}：\overline{AB}＝1：\sqrt{2}$ ＆ (5) $\overline{BC}＝$10公分 已證
(8) $\overline{AB}＝\sqrt{2}\times$(10公分) ＝$10\sqrt{2}$ 公分	由(7) ＆ 內項乘積等於外項乘積

例題 9.1-16 （利用等腰直角三角形的性質解題）

如圖9.1-21，正方形ABCD中，邊長為8公分，E、F、G、H為各邊中點，
則四邊形EFGH為_____形，面積為_____。

想法

(1) 利用第六章例題6.2-45的結論：
正方形四邊中點連線所形成的四邊形為
正方形
(2) 利用45°-45°-90°的等腰直角三角形，
其邊長比為$1：1：\sqrt{2}$，求出$\overline{EF}$的長度
(3) 正方形面積等於邊長平方

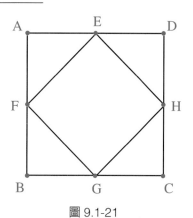

圖 9.1-21

解

敘述	理由
(1) 四邊形EFGH為正方形	已知ABCD為正方形，E、F、G、H為各邊中點 & 正方形四邊中點連線所形成的四邊形為正方形
(2) $\overline{AB}=\overline{AD}=8$公分，$\angle A=90°$	已知ABCD為邊為8公分的正方形
(3) $\overline{AE}=\frac{1}{2}\overline{AD}=\frac{1}{2}\times(8公分)$ $=4公分$	已知E為$\overline{AD}$中點 & (2)$\overline{AD}=8$公分
(4) $\overline{AF}=\frac{1}{2}\overline{AB}=\frac{1}{2}\times(8公分)$ $=4公分$	已知F為$\overline{AB}$中點 & (2)$\overline{AB}=8$公分
(5) △AEF為等腰直角三角形	由(2) $\angle A=90°$ & (3)、(4)$\overline{AE}=\overline{AF}$
(6) $\overline{AE}：\overline{AF}：\overline{EF}=1：1：\sqrt{2}$	由(5) & 45°-45°-90°的等腰直角三角形，其邊長比為$1：1：\sqrt{2}$
(7) $(4公分)：\overline{EF}=1：\sqrt{2}$	由(6)$\overline{AF}：\overline{EF}=1：\sqrt{2}$ & (4)$\overline{AF}=4$公分 已證
(8) $\overline{EF}=\sqrt{2}\times(4公分)=4\sqrt{2}$公分	由(7) & 內項乘積等於外項乘積
(9) 正方形EFGH面積$=\overline{EF}^2$ $=(4\sqrt{2}公分)^2=32$平方公分	由(1) & 正方形面積等於邊長平方 & (8)$\overline{EF}=4\sqrt{2}$公分 已證

例題 **9.1-17** （正三角形）

如圖9.1-22，△ABC為正三角形，$\overline{CD}$為$\overline{AB}$上的高，若$\overline{CD}=6\sqrt{3}$公分則：

(1) $\overline{AB}=$ ？

(2) △ABC的面積為何？

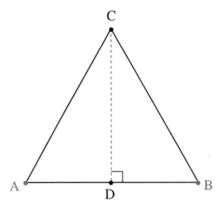

圖 9.1-22

 想法

(1) 利用30°-90°-60°的直角三角形，其邊長比為$1：2：\sqrt{3}$，求出$\overline{BC}$的長度

(2) 正三角形三邊等長求出$\overline{AB}$

(3) 三角形面積等於底與高之乘積的一半

 解

敘述	理由
(1) △CDB中， 　∠B=60°、∠CDB=90°	已知△ABC為正三角形 & 正三角形三個內角皆為60° & 已知$\overline{CD}$為$\overline{AB}$上的高 如圖9.1-22所示
(2) △CDB中， 　∠B＋∠CDB＋∠BCD=180°	三角形內角和180°
(3) ∠BCD=180°－∠B－∠CDB 　　=180°－60°－90° 　　=30°	由(2) 等量減法公理 & 由(1) ∠B=60°、∠CDB=90° 已證
(4) △CDB為30°-90°-60°的直角三角形	由(1) & (3) 已證

(5) $\overline{BD}：\overline{BC}：\overline{CD}=1：2：\sqrt{3}$	由(4) & 30°-90°-60°的直角三角形，其邊長比為$1：2：\sqrt{3}$
(6) $\overline{BC}：(6\sqrt{3}公分)=2：\sqrt{3}$	由(5) $\overline{BC}：\overline{CD}=2：\sqrt{3}$ & 已知$\overline{CD}=6\sqrt{3}$公分
(7) $\sqrt{3}\times\overline{BC}=2\times(6\sqrt{3}公分)$	由(6) & 外項乘積等於內項乘積
(8) $\overline{BC}=\dfrac{2\times(6\sqrt{3}公分)}{\sqrt{3}}=12公分$	由(7) 等量除法公理
(9) $\overline{AB}=\overline{BC}=12公分$	已知△ABC為正三角形 & 正三角形三邊等長 & (8) $\overline{BC}=12$公分 已證
(10) $\triangle$ABC的面積 $=\dfrac{\overline{AB}\times\overline{CD}}{2}$ $=\dfrac{(12公分)\times(6\sqrt{3}公分)}{2}$ $=36\sqrt{3}平方公分$	已知$\overline{CD}$為$\overline{AB}$上的高 & 三角形面積等於底與高之乘積的一半 & (9) $\overline{AB}=12$公分 & 已知$\overline{CD}=6\sqrt{3}$公分

例題 9.1-18 （正三角形）

如圖9.1-23，△ABC為邊長為4公分的正三角形，$\overline{CD}$為$\overline{AB}$上的高，則：

(1) $\overline{CD}=$ ？

(2) △ABC的面積為何？

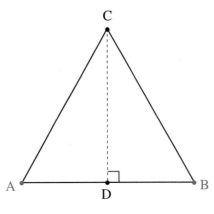

圖 9.1-23

(1) 利用30°-90°-60°的直角三角形，其邊長比為$1：2：\sqrt{3}$，求出$\overline{CD}$的長度

(2) 三角形面積等於底與高之乘積的一半

敘述	理由
(1) $\overline{AB}=\overline{BC}=4$公分	已知△ABC為邊長為4公分的正三角形
(2) △CDB中， ∠B＝60°、∠CDB＝90°	已知△ABC為正三角形 & 正三角形三個內角皆為60° & 已知$\overline{CD}$為$\overline{AB}$上的高
(3) △CDB中， ∠B＋∠CDB＋∠BCD＝180°	如圖9.1-23所示 三角形內角和180°
(4) ∠BCD＝180°－∠B－∠CDB 　　＝180°－60°－90° 　　＝30°	由(3) 等量減法公理 & 由(2) ∠B＝60°、∠CDB＝90° 已證

(5) △CDB為30°-90°-60°的直角三角形	由(2) & (4) 已證
(6) $\overline{BD} : \overline{BC} : \overline{CD} = 1 : 2 : \sqrt{3}$	由(5) & 30°-90°-60°的直角三角形，其邊長比為$1 : 2 : \sqrt{3}$
(7) (4公分)：$\overline{CD} = 2 : \sqrt{3}$	由(6) $\overline{BC} : \overline{CD} = 2 : \sqrt{3}$ & (1) $\overline{BC} = 4$公分 已證
(8) $2 \times \overline{CD} = \sqrt{3} \times$ (4公分)	由(7) & 內項乘積等於外項乘積
(9) $\overline{CD} = \dfrac{\sqrt{3} \times (4公分)}{2} = 2\sqrt{3}$公分	由(8) 等量除法公理
(10) △ABC的面積 $= \dfrac{\overline{AB} \times \overline{CD}}{2}$ $= \dfrac{(4公分) \times (2\sqrt{3}公分)}{2}$ $= 4\sqrt{3}$平方公分	已知$\overline{CD}$為$\overline{AB}$上的高 & 三角形面積等於底與高之乘積的一半 & (1) $\overline{AB} = 4$公分 & (9) $\overline{CD} = 2\sqrt{3}$公分 已證

例題 **9.1-19** （邊長爲 a 單位的正三角形面積爲 $\frac{\sqrt{3}}{4}a^2$ 平方單位）

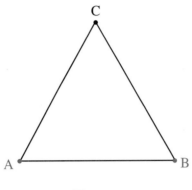

圖 9.1-24

 如圖9.1-24，△ABC為邊長為a單位的正三角形

 △ABC面積 $=\frac{\sqrt{3}}{4}a^2$ 平方單位

(1) 利用30°-90°-60°的直角三角形，其邊長比為1：2：$\sqrt{3}$，求出 $\overline{AB}$ 邊上的高 $\overline{CD}$
(2) 三角形面積等於底與高之乘積的一半

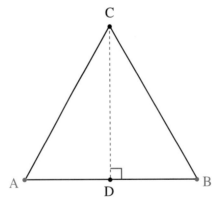

圖 9.1-24(a)

證明

敘述	理由
(1) 過C作$\overline{CD}\perp\overline{AB}$，如圖9.1-24(a)	作圖
(2) $\overline{AB}=\overline{BC}=$a單位	△ABC為邊長為a單位的正三角形
(3) △CDB中， ∠B＝60°、∠CDB＝90°	已知△ABC為正三角形 & 正三角形三個內角皆為60° & (1) 作$\overline{CD}\perp\overline{AD}$
(4) △CDB中， ∠B＋∠CDB＋∠BCD＝180°	如圖9.1-24(a)所示 三角形內角和180°
(5) ∠BCD＝180°－∠B－∠CDB 　　＝180°－60°－90° 　　＝30°	由(4) 等量減法公理 & 由(3) ∠B＝60°、∠CDB＝90° 已證
(6) △CDB為30°-90°-60°的直角三角形	由(3) & (5) 已證
(7) $\overline{BD}：\overline{BC}：\overline{CD}=1：2：\sqrt{3}$	由(6) & 30°-90°-60°的直角三角形，其邊長比為$1：2：\sqrt{3}$
(8) (a單位)：$\overline{CD}=2：\sqrt{3}$	由(7) $\overline{BC}：\overline{CD}=2：\sqrt{3}$ & (2) $\overline{BC}=$a單位 已證
(9) $2\times\overline{CD}=\sqrt{3}\times$(a單位)	由(8) & 內項乘積等於外項乘積
(10) $\overline{CD}=\dfrac{\sqrt{3}\times(a單位)}{2}=\dfrac{a\sqrt{3}}{2}$單位	由(9) 等量除法公理
(11) 　△ABC的面積 　$=\dfrac{\overline{AB}\times\overline{CD}}{2}$ 　$=\dfrac{(a單位)\times(\dfrac{a\sqrt{3}}{2}單位)}{2}$ 　$=\dfrac{\sqrt{3}}{4}a^2$平方單位	由(1) 作$\overline{CD}\perp\overline{AB}$，$\overline{CD}$為$\overline{AB}$上的高 & 三角形面積等於底與高之乘積的一半 & (2) $\overline{AB}=$a單位 & (10) $\overline{CD}=\dfrac{a\sqrt{3}}{2}$單位 已證

Q.E.D.

例題 9.1-20 （邊長為 a 單位的正三角形面積為 $\frac{\sqrt{3}}{4}a^2$ 平方單位）

有一個正三角形的邊長為10公分，則此正三角形的面積為_____。

 想法　邊長為a單位的正三角形面積為 $\frac{\sqrt{3}}{4}a^2$ 平方單位

 解

敘述	理由
(1)　此正三角形的面積 $=\frac{\sqrt{3}}{4}(10公分)^2$ $=25\sqrt{3}$ 平方公分	邊長為a單位的正三角形面積為 $\frac{\sqrt{3}}{4}a^2$ 平方單位 & 已知此正三角形邊長為10公分

例題 9.1-21 （邊長為 a 單位的正三角形面積為 $\frac{\sqrt{3}}{4}a^2$ 平方單位）

若一正三角形的面積為 $9\sqrt{3}$ 平方公分，則此正三角形的邊長為_____。

 想法　邊長為a單位的正三角形面積為 $\frac{\sqrt{3}}{4}a^2$ 平方單位

 解

敘述	理由
(1) 假設此正三角形邊長為a公分	假設
(2) $9\sqrt{3}$ 平方公分 $=\frac{\sqrt{3}}{4}a^2$	邊長為a單位的正三角形面積為 $\frac{\sqrt{3}}{4}a^2$ 平方單位 & 已知正三角形的面積為 $9\sqrt{3}$ 平方公分
(3) $\sqrt{3}\,a^2=(9\sqrt{3}$ 平方公分$)\times4$	由(2) 等量乘法公理
(4) $a^2=\frac{(9\sqrt{3}公分)\times4}{\sqrt{3}}$ $=36$ 平方公分	由(3) 等量除法公理
(5) a＝6公分　或　a＝－6公分	由(4) 求平方根
(6) a＝6公分	由(5) & a為長度必大於0
(7) 所以此正三角形邊長為6公分	由(1) 假設 & (6) a＝6公分　已證

例題 9.1-22 （直角三角形斜邊上的高等於兩股乘積除以斜邊）

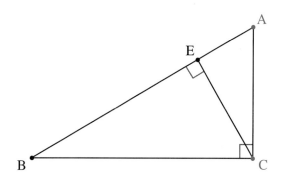

圖 9.1-25

 如圖9.1-25，已知△ABC為直角三角形，∠C＝90°，且$\overline{AB} \perp \overline{CE}$

 $\overline{CE} = \dfrac{\overline{AC} \times \overline{BC}}{\overline{AB}}$

 三角形面積等於底與高之乘積的一半

敘述	理由
(1) △ABC中，$\overline{BC}$為底、$\overline{AC}$為高 △ABC面積＝$\dfrac{\overline{AC} \times \overline{BC}}{2}$	已知△ABC為直角三角形，∠C＝90° 三角形面積等於底與高之乘積的一半
(2) △ABC中，$\overline{AB}$為底、$\overline{CE}$為高 △ABC面積＝$\dfrac{\overline{AB} \times \overline{CE}}{2}$	已知$\overline{AB} \perp \overline{CE}$ 三角形面積等於底與高之乘積的一半
(3) $\dfrac{\overline{AC} \times \overline{BC}}{2} = \dfrac{\overline{AB} \times \overline{CE}}{2}$	由(1) & (2) 遞移律
(4) $\overline{AC} \times \overline{BC} = \overline{AB} \times \overline{CE}$	由(3) 等量乘法公理
(5) $\overline{CE} = \dfrac{\overline{AC} \times \overline{BC}}{\overline{AB}}$	由(4) 等量除法公理

Q.E.D.

例題 9.1-23 （直角三角形斜邊上的高等於兩股乘積除以斜邊）

如圖9.1-26，已知△ABC為直角三角形，∠ACB＝90°，若 $\overline{AC}$ ＝3公分，
$\overline{BC}$ ＝4公分，且 $\overline{AB} \perp \overline{CE}$ ，則 $\overline{CE}$ ＝？

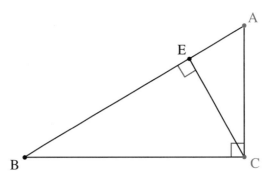

圖 9.1-26

想法 (1) 利用畢氏定理求出斜邊 $\overline{AB}$ 的長度

(2) 直角三角形斜邊上的高等於兩股乘積除以斜邊

證明

敘述	理由
(1) △ABC中 　　 $\overline{AB}^2 = \overline{AC}^2 + \overline{BC}^2$	已知△ABC為直角三角形，∠ACB＝90° & 畢氏定理
(2) $\overline{AB}^2 = (3公分)^2 + (4公分)^2$ 　　 ＝25平方公分	由(1) & 已知 $\overline{AC}$ ＝3公分， $\overline{BC}$ ＝4公分
(3) $\overline{AB}$ ＝5公分 或 $\overline{AB}$ ＝－5公分	由(2) 求平方根
(4) $\overline{AB}$ ＝5公分	由(3) & $\overline{AB}$ 為線段長度必為正
(5) $\overline{CE} = \dfrac{\overline{AC} \times \overline{BC}}{\overline{AB}}$ 　　 $= \dfrac{(3公分) \times (4公分)}{5公分}$ 　　 ＝2.4公分	已知△ABC為直角三角形，∠ACB＝90°， $\overline{AB} \perp \overline{CE}$ & 直角三角形斜邊上的高等於兩股乘積除以斜邊 & 已知 $\overline{AC}$ ＝3公分， $\overline{BC}$ ＝4公分 & (4) $\overline{AB}$ ＝5公分 已證

例題 9.1-24 （直角三角形斜邊上的高等於兩股乘積除以斜邊）

如圖9.1-27，已知△ABC為直角三角形，∠B＝30°，∠ACB＝90°，

∠A＝60°，若$\overline{AC}$＝3公分，且$\overline{AB}$⊥$\overline{CD}$，則$\overline{CD}$＝？

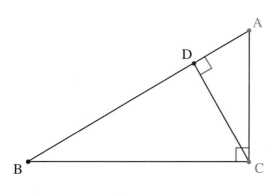

圖 9.1-27

(1) 利用30°-90°-60°的直角三角形，其邊長比為1：2：$\sqrt{3}$，求出斜邊$\overline{AB}$的
　　長度

(2) 直角三角形斜邊上的高等於兩股乘積除以斜邊

敘述	理由
(1) $\overline{AC}$：$\overline{AB}$：$\overline{BC}$＝1：2：$\sqrt{3}$	已知△ABC為直角三角形，∠B＝30°，∠ACB＝90°，∠A＝60° & 30°-90°-60°的直角三角形，其邊長比為1：2：$\sqrt{3}$
(2) (3公分)：$\overline{AB}$＝1：2	由(1) $\overline{AC}$：$\overline{AB}$＝1：2 & 已知$\overline{AC}$＝3公分
(3) $\overline{AB}$＝2×(3公分)＝6公分	由(2) & 內項乘積等於外項乘積
(4) (3公分)：$\overline{BC}$＝1：$\sqrt{3}$	由(1) $\overline{AC}$：$\overline{BC}$＝1：$\sqrt{3}$ & 已知$\overline{AC}$＝3公分
(5) $\overline{BC}$＝$\sqrt{3}$×(3公分)＝3$\sqrt{3}$公分	由(4) & 內項乘積等於外項乘積
(6) $\overline{CD}＝\dfrac{\overline{AC}\times\overline{BC}}{\overline{AB}}$ $＝\dfrac{(3公分)\times(3\sqrt{3}公分)}{6公分}$ $＝\dfrac{3\sqrt{3}}{2}$公分	已知△ABC為直角三角形，∠ACB＝90°，且$\overline{AB}$⊥$\overline{CD}$ & 直角三角形斜邊上的高等於兩股乘積除以斜邊 & 已知$\overline{AC}$＝3公分 & (5) $\overline{BC}$＝3$\sqrt{3}$公分 & (3) $\overline{AB}$＝6公分 已證

例題 9.1-25 （直角三角形斜邊上的高等於兩股乘積除以斜邊）

如圖9.1-28，已知△ABC為等腰直角三角形，∠ACB＝90°，若△ABC面積為50平方公分，且$\overline{AB} \perp \overline{CD}$，則$\overline{CD}＝$？

 想法

(1) 利用三角形面積等於底與高之乘積的一半，
　　求出$\overline{BC}$的長度
(2) 利用45°-45°-90°的等腰直角三角形，
　　其邊長比為$1：1：\sqrt{2}$，求出斜邊$\overline{AB}$的長度
(3) 直角三角形斜邊上的高等於兩股乘積除以斜邊

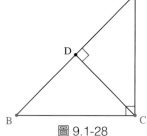

圖 9.1-28

解

敘述	理由
(1) △ABC面積$＝\dfrac{\overline{AC} \times \overline{BC}}{2}$	已知△ABC為等腰直角三角形，∠C＝90° & 三角形面積等於底與高之乘積的一半
(2) 50平方公分$＝\dfrac{\overline{BC} \times \overline{BC}}{2}$	由(1) & 已知△ABC面積為50平方公分 & △ABC為等腰直角三角形，$\overline{AC}＝\overline{BC}$
(3) $\overline{BC}^2＝$(50平方公分)$\times 2$ ＝100平方公分	由(2) 等量乘法公理
(4) $\overline{BC}＝$10公分 或 $\overline{BC}＝-$10公分	由(3) 求平方根
(5) $\overline{BC}＝$10公分	由(4) & $\overline{BC}$為線段長度必大於0
(6) $\overline{AC}：\overline{BC}：\overline{AB}＝1：1：\sqrt{2}$	已知△ABC為等腰直角三角形 & 45°-45°-90°的等腰直角三角形，其邊長比為$1：1：\sqrt{2}$
(7) (10公分)$：\overline{AB}＝1：\sqrt{2}$	由(6) $\overline{BC}：\overline{AB}＝1：\sqrt{2}$ & (5) $\overline{BC}＝$10公分 已證
(8) $\overline{AB}＝\sqrt{2} \times$(10公分) ＝$10\sqrt{2}$公分	由(7) & 內項乘積等於外項乘積
(9) $\overline{CD}＝\dfrac{\overline{AC} \times \overline{BC}}{\overline{AB}}$ $＝\dfrac{(10公分) \times (10公分)}{10\sqrt{2}公分}$ $＝5\sqrt{2}$公分	已知已知△ABC為等腰直角三角形，∠ACB＝90°，且$\overline{AB} \perp \overline{CD}$ & 直角三角形斜邊上的高等於兩股乘積除以斜邊 & 已知△ABC為等腰直角三角形，$\overline{AC}＝\overline{BC}$ & 由(5) $\overline{BC}＝$10公分 & 由(8) $\overline{AB}＝10\sqrt{2}$公分 已證

接著，讓我們利用定理9.1-4 三角形面積定理，來求菱形與鳶形的面積。

例題 9.1-26 （菱形面積等於兩對角線乘積的一半）

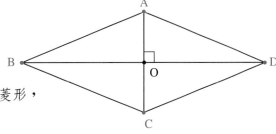

圖 9.1-29

 已知

如圖9.1-29，四邊形ABCD為菱形，

$\overline{AC}$ 與 $\overline{BD}$ 為其兩對角線

 求證

菱形ABCD面積 $=\dfrac{\overline{BD}\times\overline{AC}}{2}$

 想法

(1) 菱形對角線可將此菱形分為兩個三角形

(2) 三角形面積等於底與高之乘積的一半

 證明

敘述	理由
(1) $\overline{AC}\perp\overline{BD}$	已知四邊形ABCD為菱形，$\overline{AC}$與$\overline{BD}$為其兩對角線 & 例題6.2-24 菱形兩對角線互相垂直
(2) $\triangle$ABD面積 $=\dfrac{\overline{BD}\times\overline{OA}}{2}$	由(1) $\overline{AC}\perp\overline{BD}$ 已證 & 三角形面積等於底與高之乘積的一半
(3) $\triangle$BCD面積 $=\dfrac{\overline{BD}\times\overline{OC}}{2}$	由(1) $\overline{AC}\perp\overline{BD}$ 已證 & 三角形面積等於底與高之乘積的一半
(4)　菱形ABCD面積 $=\triangle$ABD面積$+\triangle$BCD面積 $=\dfrac{\overline{BD}\times\overline{OA}}{2}+\dfrac{\overline{BD}\times\overline{OC}}{2}$ $=\dfrac{\overline{BD}\times(\overline{OA}+\overline{OC})}{2}$ $=\dfrac{\overline{BD}\times\overline{AC}}{2}$	如圖9.1-29所示 全量等於分量之和 將(2) & (3) 代入 全量等於分量之和$\overline{AC}=\overline{OA}+\overline{OC}$
(5) 所以菱形ABCD面積 $=\dfrac{\overline{BD}\times\overline{AC}}{2}$	由(4)

Q.E.D.

例題 **9.1-27**　（菱形面積等於兩對角線乘積的一半）

如圖9.1-30，已知四邊形ABCD為菱形，$\overline{AC}$ 與 $\overline{BD}$ 為其兩對角線，若 $\overline{AC}=4$ 公分，$\overline{BD}=10$公分，則菱形ABCD面積為何？

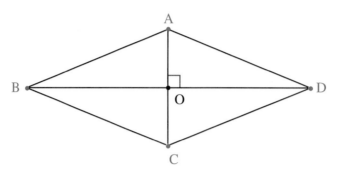

圖 9.1-30

　菱形面積等於兩對角線乘積的一半

敘述	理由
(1) 菱形ABCD面積 $=\dfrac{\overline{BD}\times\overline{AC}}{2}$	已知四邊形ABCD為菱形，$\overline{AC}$ 與 $\overline{BD}$ 為其兩對角線 & 菱形面積等於兩對角線乘積的一半
(2)　菱形ABCD面積 $=\dfrac{(10公分)\times(4公分)}{2}$ $=20$平方公分	由(1) & 已知 $\overline{AC}=4$公分，$\overline{BD}=10$公分

例題 **9.1-28** （菱形面積等於兩對角線乘積的一半）

如圖9.1-31，已知四邊形ABCD為菱形，$\overline{AC}$與$\overline{BD}$為其兩對角線，若菱形ABCD面積＝5平方公分，$\overline{AC}$＝2公分，則$\overline{BD}$＝？

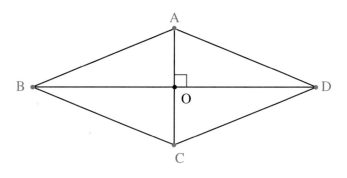

圖 9.1-31

 想法　菱形面積等於兩對角線乘積的一半

 解

敘述	理由
(1) 菱形ABCD面積＝$\dfrac{\overline{BD}\times\overline{AC}}{2}$	已知四邊形ABCD為菱形，$\overline{AC}$與$\overline{BD}$為其兩對角線 & 菱形面積等於兩對角線乘積的一半
(2) 5平方公分＝$\dfrac{\overline{BD}\times(2公分)}{2}$	由(1) & 已知菱形ABCD面積＝5平方公分，$\overline{AC}$＝2公分
(3) $\overline{BD}\times(2公分)$＝(5平方公分)×2	由(2) 等量乘法公理
(4) $\overline{BD}$＝(5平方公分)×2÷(2公分)　＝5公分	由(3) 等量除法公理

例題 **9.1-29** （鳶形面積等於兩對角線乘積的一半）

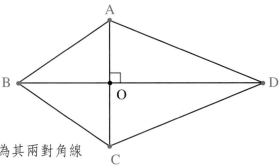

圖 9.1-32

 已知　四邊形ABCD為鳶形，$\overline{AC}$與$\overline{BD}$為其兩對角線

 求證　鳶形ABCD面積$=\dfrac{\overline{BD}\times\overline{AC}}{2}$

 想法　(1) 鳶形對角線可將此鳶形分為兩個三角形
　　　　(2) 三角形面積等於底與高之乘積的一半

 證明

敘述	理由
(1) $\overline{AC}\perp\overline{BD}$	已知四邊形ABCD為鳶形，$\overline{AC}$與$\overline{BD}$為其兩對角線 & 例題6.2-25鳶形兩對角線互相垂直
(2) $\triangle$ABD面積$=\dfrac{\overline{BD}\times\overline{OA}}{2}$	由(1) $\overline{AC}\perp\overline{BD}$ 已證 & 三角形面積等於底與高之乘積的一半
(3) $\triangle$BCD面積$=\dfrac{\overline{BD}\times\overline{OC}}{2}$	由(1) $\overline{AC}\perp\overline{BD}$ 已證 & 三角形面積等於底與高之乘積的一半
(4)　鳶形ABCD面積 　　$=\triangle$ABD面積$+\triangle$BCD面積 　　$=\dfrac{\overline{BD}\times\overline{OA}}{2}+\dfrac{\overline{BD}\times\overline{OC}}{2}$ 　　$=\dfrac{\overline{BD}\times(\overline{OA}+\overline{OC})}{2}$ 　　$=\dfrac{\overline{BD}\times\overline{AC}}{2}$	如圖9.1-32所示 全量等於分量之和 將(2) & (3) 代入 全量等於分量之和$\overline{AC}=\overline{OA}+\overline{OC}$
(5) 所以鳶形ABCD面積 　　$=\dfrac{\overline{BD}\times\overline{AC}}{2}$	由(4)

Q.E.D.

例題 **9.1-30** （鳶形面積等於兩對角線乘積的一半）

如圖9.1-33，已知四邊形ABCD為鳶形，$\overline{AC}$與$\overline{BD}$為其兩對角線，若$\overline{AC}=4$公分，$\overline{BD}=8$公分，則鳶形ABCD面積為何？

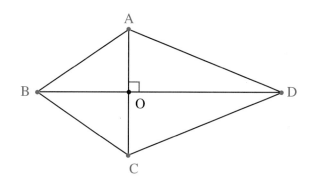

圖 9.1-33

鳶形面積等於兩對角線乘積的一半

敘述	理由
(1) 鳶形ABCD面積$=\dfrac{\overline{BD}\times\overline{AC}}{2}$	已知四邊形ABCD為菱形，$\overline{AC}$與$\overline{BD}$為其兩對角線 & 鳶形面積等於兩對角線乘積的一半
(2) 鳶形ABCD面積 $=\dfrac{(8公分)\times(4公分)}{2}$ $=16$平方公分	由(1) & 已知$\overline{AC}=4$公分，$\overline{BD}=8$公分

例題 9.1-31 （鳶形面積等於兩對角線乘積的一半）

如圖9.1-34，已知四邊形ABCD為鳶形，$\overline{AC}$與$\overline{BD}$為其兩對角線，若鳶形ABCD面積＝4平方公分，$\overline{AC}$＝2公分，則$\overline{BD}$＝？

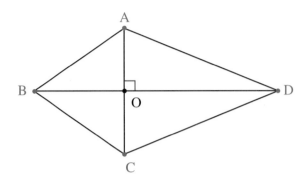

圖 9.1-34

想法　鳶形面積等於兩對角線乘積的一半

解

敘述	理由
(1) 鳶形ABCD面積＝$\dfrac{\overline{BD}\times\overline{AC}}{2}$	已知四邊形ABCD為鳶形，$\overline{AC}$與$\overline{BD}$為其兩對角線 & 鳶形面積等於兩對角線乘積的一半
(2) 4平方公分＝$\dfrac{\overline{BD}\times(2公分)}{2}$	由(1) & 已知鳶形ABCD面積＝4平方公分，$\overline{AC}$＝2公分
(3) $\overline{BD}\times(2公分)＝(4平方公分)\times2$	由(2) 等量乘法公理
(4) $\overline{BD}＝(4平方公分)\times2\div(2公分)$ ＝4公分	由(3) 等量除法公理

接下來，讓我們利用平行四邊形對角線將原平行四邊形平分成兩面積相等的三角形，來解決以下例題9.1-32～例題9.1-36。

例題 9.1-32　（平行四邊形對角線將原平行四邊形平分成兩面積相等的三角形）

如圖9.1-35，平行四邊形ABCD中，$\overline{AE}$、$\overline{AF}$分別為$\overline{BC}$、$\overline{CD}$邊上的高，又$\overline{CD}=10$公分，$\overline{BC}=8$公分，$\overline{AF}=6$公分，求$\overline{AE}$。

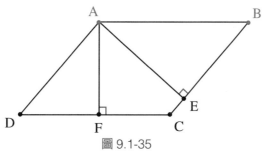

圖 9.1-35

想法　平行四邊形對角線將原平行四邊形平分成兩面積相等的三角形

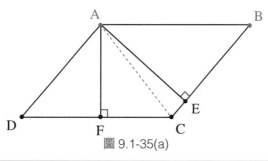

圖 9.1-35(a)

敘述	理由
(1)作$\overline{AC}$，則$\overline{AC}$為平行四邊形ABCD對角線，如圖9.1-35(a)	過兩點可作一線段 & 已知ABCD為平行四邊形
(2) 平行四邊形ABCD中，△ACD面積＝△ACB面積	由(1) & 平行四邊形對角線將原平行四邊形平分成兩面積相等的三角形
(3) $\dfrac{\overline{CD}\times\overline{AF}}{2}=\dfrac{\overline{BC}\times\overline{AE}}{2}$	由(2) & $\overline{AE}$、$\overline{AF}$分別為$\overline{BC}$、$\overline{CD}$邊上的高 & 三角形面積為底與高乘積的一半
(4) $\dfrac{(10公分)\times(6公分)}{2}=\dfrac{(8公分)\times\overline{AE}}{2}$	由(3) & 已知$\overline{CD}=10$公分，$\overline{BC}=8$公分，$\overline{AF}=6$公分
(5) $\overline{AC}=(10公分)\times(6公分)\div(8公分)$ ＝7.5公分	由(4) 求$\overline{AE}$之值

例題 9.1-33 （平行四邊形對角線將原平行四邊形平分成兩面積相等的三角形）

如圖9.1-36，四邊形ABCD為長方形，四邊形BCED為平行四邊形，若△BCD的面積為5平方單位，求四邊形ABCE的面積。

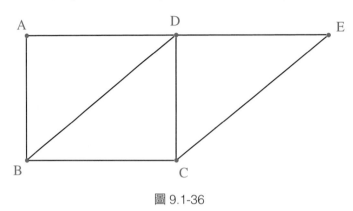

圖9.1-36

想法　平行四邊形對角線將原平行四邊形平分成兩面積相等的三角形

解

敘述	理由
(1) 長方形ABCD中 　　△ABD＝△BCD＝5平方單位	已知四邊形ABCD為長方形 & 長方形也是平行四邊形 & 平行四邊形對角線將原平行四邊形平分成兩面積相等的三角形 & 已知△BCD的面積為5平方單位
(2) 平行四邊形BCED中 　　△CDE＝△BCD＝5平方單位	已知四邊形BCED為平行四邊形 & 平行四邊形對角線將原平行四邊形平分成兩面積相等的三角形 & 已知△BCD的面積為5平方單位
(3) 　四邊形ABCE的面積 　　＝△ABD＋△BCD＋△CDE 　　＝15平方單位	如圖9.1-36所示，全量等於分量之和 由(1) & (2) △ABD＝△BCD＝△CDE＝5平方單位

例題 9.1-34 （平行四邊形對角線將原平行四邊形平分成兩面積相等的三角形）

如圖9.1-37，平行四邊形ABCD中，E、F分別為$\overline{AD}$與$\overline{BC}$中點，求四邊形AFCE面積與四邊形ABCD面積的比值。

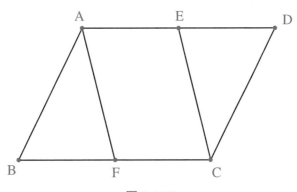

圖 9.1-37

想法 平行四邊形對角線將原平行四邊形平分成兩面積相等的三角形

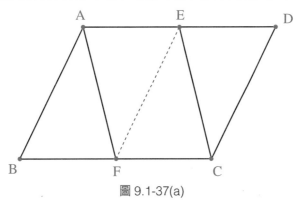

圖 9.1-37(a)

敘述	理由
(1) 連接E、F兩點，如上圖9.1-37(a)	作圖
(2) $\overline{AD}//\overline{BC}$且$\overline{AD}=\overline{BC}$	已知ABCD為平行四邊形 & 平行四邊形一組對邊平行且相等
(3) $\overline{AE}=\overline{ED}=\frac{1}{2}\overline{AD}$ & $\overline{BF}=\overline{FC}=\frac{1}{2}\overline{BC}$	已知E、F分別為$\overline{AD}$與$\overline{BC}$中點
(4) $\overline{AE}=\overline{ED}=\overline{BF}=\overline{FC}$	由(2) $\overline{AD}=\overline{BC}$ & (3) 遞移律
(5) ABFE為平行四邊形	由(2) $\overline{AD}//\overline{BC}$ & (4) $\overline{AE}=\overline{BF}$ & 一組對邊平行且相等為平行四邊形

(6) △ABF＝△AEF	由(5) & 平行四邊形對角線將原平行四邊形平分成兩面積相等的三角形
(7) EFCD為平行四邊形	由(2) $\overline{AD}/\!/\overline{BC}$ & (4) $\overline{ED}＝\overline{FC}$ & 一組對邊平行且相等為平行四邊形
(8) △DCE＝△EFC	由(7) & 平行四邊形對角線將原平行四邊形平分成兩面積相等的三角形
(9) AECF為平行四邊形	由(2) $\overline{AD}/\!/\overline{BC}$ & (4) $\overline{AE}＝\overline{FC}$ & 一組對邊平行且相等為平行四邊形
(10) △AEF＝△EFC	由(9) & 平行四邊形對角線將原平行四邊形平分成兩面積相等的三角形
(11) △ABF＝△AEF＝△DCE＝△EFC	由(6)、(8) & (10) 遞移律
(12)　四邊形AFCE面積 　　＝△AEF＋△EFC 　　＝△AEF＋△AEF 　　＝2△AEF	全量等於分量之和 由(10) △AEF＝△EFC 加法
(13)　四邊形ABCD面積 　　＝△ABF＋△AEF＋△EFC＋△DCE 　　＝△AEF＋△AEF＋△AEF＋△AEF 　　＝4△AEF	全量等於分量之和 由(11) △ABF＝△AEF＝△DCE 　　　　　　　＝△EFC 加法
(14) $\dfrac{四邊形AFCE面積}{四邊形ABCD面積}＝\dfrac{2△AEF}{4△AEF}$ $＝\dfrac{2}{4}＝\dfrac{1}{2}$	由(12) & (13) 求比值

例題 9.1-35（平行四邊形對角線將原平行四邊形平分成兩面積相等的三角形）

如圖9.1-38，P為平行四邊形ABCD內部一點，$\overline{EF}$、$\overline{GH}$為經過P點分別與 $\overline{AB}$、$\overline{AD}$平行的線段，若△PAD、△PCD、△PBC的面積分別為5平方公分、6平方公分、4平方公分，求△PAB的面積。

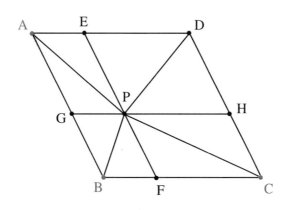

圖 9.1-38

想法 平行四邊形對角線將原平行四邊形平分成兩面積相等的三角形

解

敘述	理由
(1) $\overline{AB}$ // $\overline{CD}$ 且 $\overline{AD}$ // $\overline{BC}$	已知ABCD為平行四邊形 & 平行四邊形兩組對邊平行
(2) $\overline{AB}$ // $\overline{CD}$ // $\overline{EF}$ 且 $\overline{AD}$ // $\overline{BC}$ // $\overline{GH}$	由(1) & 已知$\overline{EF}$、$\overline{GH}$為經過P點分別與 $\overline{AB}$、$\overline{AD}$平行的線段
(3) 四邊形AGPE為平行四邊形	由(2) $\overline{AB}$ // $\overline{EF}$ 且 $\overline{AD}$ // $\overline{GH}$ & 兩組對邊平行為平行四邊形
(4) △AEP＝△AGP	由(3) & 平行四邊形對角線將原平行四邊形平分成兩面積相等的三角形
(5) 四邊形BFPG為平行四邊形	由(2) $\overline{AB}$ // $\overline{EF}$ 且 $\overline{BC}$ // $\overline{GH}$ & 兩組對邊平行為平行四邊形

(6) △BGP＝△BFP	由(5) & 平行四邊形對角線將原平行四邊形平分成兩面積相等的三角形
(7) 四邊形EPHD為平行四邊形	由(2) $\overline{CD}//\overline{EF}$ 且 $\overline{AD}//\overline{GH}$ &兩組對邊平行為平行四邊形
(8) △DEP＝△DHP	由(7) & 平行四邊形對角線將原平行四邊形平分成兩面積相等的三角形
(9) 四邊形CHPF為平行四邊形	由(2) $\overline{CD}//\overline{EF}$ 且 $\overline{BC}//\overline{GH}$ &兩組對邊平行為平行四邊形
(10) △CHP＝△CFP	由(9) & 平行四邊形對角線將原平行四邊形平分成兩面積相等的三角形
(11)　△PAB＋△PCD 　＝(△AGP＋△BGP)＋ 　　(△DHP＋△CHP) 　＝(△AEP＋△BFP)＋ 　　(△DEP＋△CFP) 　＝(△AEP＋△DEP)＋ 　　(△BFP＋△CFP) 　＝△PAD＋△PBC	加法 如圖9.1-38，全量等於分量之和 由(4) & (6) & (8) & (10) 代換 加法交換律 & 結合律 全量等於分量之和
(12)　△PAB＋(6平方公分) 　＝(5平方公分)＋(4平方公分)	由(11) & 已知△PAD、△PCD、△PBC的面積分別為5平方公分、6平方公分4平方公分
(13)　△PAB 　＝(5＋4－6)平方公分 　＝3平方公分	由(12) 等量減法公理

例題 **9.1-36** （過平行四邊形邊上一點，與對邊兩頂點所形成的三角形面積，等於此平行四邊形面積的一半）

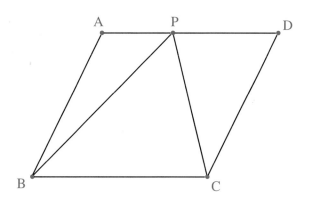

圖 9.1-39

已知 如圖9.1-39，平行四邊形ABCD中，P是$\overline{AD}$上的一點，若△ABP面積為a，△BCP面積為b，△CDP面積為c

求證 (1) a＋c＝b

(2) △BCP面積＝$\frac{1}{2}$平行四邊形ABCD面積

想法 平行四邊形對角線將原平行四邊形平分成兩面積相等的三角形

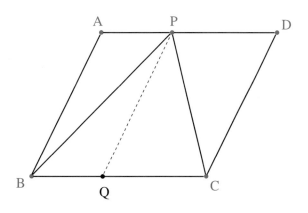

圖 9.1- 39(a)

證明

敘述	理由
(1) 過P點作$\overline{AB}$的平行線交$\overline{BC}$於Q點，則$\overline{PQ}//\overline{AB}$，如圖9.1-39(a)所示	平行線作圖
(2) $\overline{AB}//\overline{CD}$且$\overline{AD}//\overline{BC}$	已知ABCD為平行四邊形 & 平行四邊形兩組對邊平行
(3) 四邊形ABQP中，$\overline{AP}//\overline{BQ}$且$\overline{AB}//\overline{PQ}$	如圖9.1-39(a)所示 由(2) $\overline{AD}//\overline{BC}$ & (1) $\overline{PQ}//\overline{AB}$
(4) 四邊形ABQP為平行四邊形	由(3) & 兩組對邊平行為平行四邊形
(5) △QPB＝△ABP＝a	由(4) & 平行四邊形對角線將原平行四邊形平分成兩面積相等的三角形 & 已知△ABP面積為a
(6) 四邊形PQCD中，$\overline{PD}//\overline{QC}$且$\overline{CD}//\overline{PQ}$	如圖9.1-39(a)所示 由(2) $\overline{AB}//\overline{CD}$且$\overline{AD}//\overline{BC}$ & (1) $\overline{PQ}//\overline{AB}$
(7) 四邊形PQCD為平行四邊形	由(6) & 兩組對邊平行為平行四邊形
(8) △PQC＝△CDP＝c	由(7) & 平行四邊形對角線將原平行四邊形平分成兩面積相等的三角形 & 已知△CDP面積為c
(9) △BCP＝△QPB＋△PQC	如圖9.1-39(a)所示，全量等於分量之和
(10) b＝a＋c	由(9) & 已知△BCP面積為b & (5) △QPB＝a & (8) △PQC＝c 已證
(11) 　平行四邊形ABCD面積　＝a＋b＋c　＝(a＋c)＋b　＝b＋b＝2b　＝2×△BCP面積	如圖9.1-39(a)所示 全量等於分量之和 加法交換律 & 結合律 由(10) b＝a＋c 已知△BCP面積為b
(12) △BCP面積＝$\frac{1}{2}$平行四邊形ABCD面積	由(11) 等量除法公理

Q.E.D.

由上述例題9.1-36中,我們可以得到一個結論:

過平行四邊形邊上一點,與對邊兩頂點所形成的三角形面積,等於此平行四邊形面積的一半;也可以說平行四邊形的面積等於所形成三角形面積的2倍。

接著,讓我們將例題9.1-36所得到的結論應用在以下例題9.1-37~例題9.1-38中。

例題 9.1-37 （過平行四邊形邊上一點,與對邊兩頂點所形成的三角形面積,等於此平行四邊形面積的一半）

如圖9.1-40,長方形ABCD中,$\overline{AB}=10$公分,$\overline{BC}=8$公分,E點落在$\overline{CD}$上,求灰色區域的面積。

 想法 過平行四邊形邊上一點,與對邊兩頂點所形成的三角形面積,等於此平行四邊形面積的一半

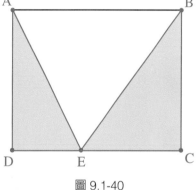

圖9.1-40

 解

敘述	理由
(1) △ABE面積$=\dfrac{1}{2}$長方形ABCD面積	已知ABCD為長方形,E點落在 上 & 過平行四邊形邊上一點,與對邊兩頂點所形成的三角形面積,等於此平行四邊形面積的一半
(2) 　長方形ABCD面積 　$=\overline{AB}\times\overline{BC}$ 　$=(10$公分$)\times(8$公分$)=80$平方公分	長方形面積為長與寬之乘積 & 已知$\overline{AB}=10$公分,$\overline{BC}=8$公分
(3) △ABE面積$=\dfrac{1}{2}\times(80$平方公分$)$ 　　　　$=40$平方公分	將(2)式代入 (1)式得
(4) 　灰色區域的面積 　$=$長方形ABCD面積$-$△ABE面積 　$=(80$平方公分$)-(40$平方公分$)$ 　$=40$平方公分	全量等於分量之和 & (2) 長方形ABCD面積$=80$平方公分 (3) △ABE面積$=40$平方公分 已證

例題 9.1-38 （過平行四邊形邊上一點，與對邊兩頂點所形成的三角形面積，等於此平行四邊形面積的一半）

如圖9.1-41，平行四邊形ABCD中，$\overline{AE}=8$公分，$\overline{DE}=6$公分，
$\angle AED=90°$，求四邊形ABCD的面積。

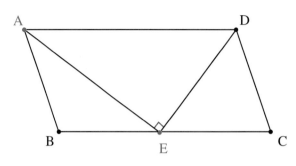

圖 9.1-41

想法　過平行四邊形邊上一點，與對邊兩頂點所形成的三角形面積，等於此平行四邊形面積的一半

解

敘述	理由
(1) △ADE面積$=\dfrac{1}{2}$四邊形ABCD 面積	已知ABCD為平行四邊形 & 過平行四邊形邊上一點，與對邊兩頂點所形成的三角形面積，等於此平行四邊形面積的一半
(2) △ADE為直角三角形 　　△ADE面積$=\dfrac{1}{2}\overline{AE}\times\overline{DE}$ 　　$=\dfrac{1}{2}\times(8$公分$)\times(6$公分$)$ 　　$=24$平方公分	已知$\angle AED=90°$ & 三角形面積等於底與高乘積的一半 & 已知$\overline{AE}=8$公分，$\overline{DE}=6$公分
(3) 24平方公分$=\dfrac{1}{2}$四邊形ABCD 面積	將(2)式代入(1)式得
(4)　四邊形ABCD面積 　　$=2\times(24$平方公分$)$ 　　$=48$平方公分	由(3) 等量乘法公理

接下來，讓我們利用平行線間距離不變的性質，來看看兩平行線間圖形的面積關係。

例題 **9.1-39**　（同底等高的平行四邊形面積皆相等）

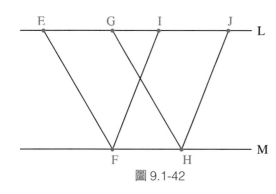

圖 9.1-42

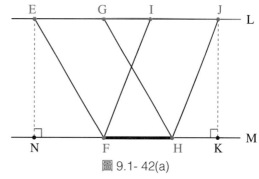

圖 9.1- 42(a)

已知　如圖9.1-42，L//M，四邊形EFHG與IFHJ皆為平行四邊形

求證　四邊形IFHJ面積＝四邊形EFHG面積

想法　兩平行線間距離不變

證明

敘述	理由
(1) 作 $\overline{EN} \perp$ M、$\overline{JK} \perp$ M，如圖 9.1-42(a)所示，則 $\overline{EN} = \overline{JK}$	作圖 已知L//M & 平行線間距離不變
(2) 四邊形EFHG中，$\overline{FH}$ 為底、$\overline{EN}$ 為高，四邊形EFHG面積＝$\overline{FH} \times \overline{EN}$	已知四邊形EFHG為平行四邊形 & (1) 作 $\overline{EN} \perp$ M & 平行四邊形面積定理
(3) 　四邊形IFHJ中，$\overline{FH}$ 為底、$\overline{JK}$ 為高，四邊形IFHJ面積＝$\overline{FH} \times \overline{JK} = \overline{FH} \times \overline{EN}$	已知四邊形IFHJ為平行四邊形 & (1) 作 $\overline{JK} \perp$ M & 平行四邊形面積定理 & (1) $\overline{EN} = \overline{JK}$
(4) 四邊形IFHJ面積＝四邊形 EFHG面積	由(2) & (3) 遞移律

Q.E.D.

例題 9.1-40　（同底等高的平行四邊形面積皆相等）

如圖9.1-43，已知L//M，四邊形EFHG與IFHJ皆為平行四邊形，若四邊形EFHG面積為10平方公分，則四邊形IFHJ面積為何？

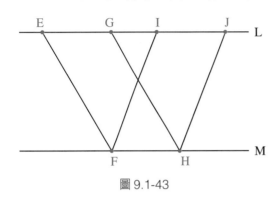

圖9.1-43

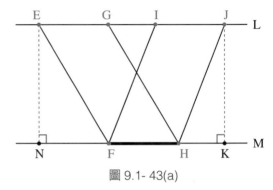

圖9.1-43(a)

想法　同底等高的平行四邊形面積皆相等

解

敘述	理由
(1) 作 $\overline{EN} \perp M$、$\overline{JK} \perp M$， 　　如圖9.1-43(a)所示，則 $\overline{EN} = \overline{JK}$	作圖 已知L//M & 平行線間距離不變
(2) 四邊形EFHG中， 　　$\overline{FH}$ 為底、$\overline{EN}$ 為高	已知四邊形EFHG為平行四邊形 & 由 (1) 作 $\overline{EN} \perp M$
(3) 四邊形IFHJ中， 　　$\overline{FH}$ 為底、$\overline{JK}$ 為高	已知四邊形IFHJ為平行四邊形 & 由(1) 作 $\overline{JK} \perp M$
(4) 四邊形EFHG與IFHJ同底等高	由(1) & (2) & (3) $\overline{FH}$ 為底、$\overline{EN} = \overline{JK}$ 為高
(5)　四邊形IFHJ面積 　　＝四邊形EFHG面積 　　＝10平方公分	由(4) & 同底等高的平行四邊形面積 皆相等 & 已知四邊形EFHG面積為10 平方公分

例題 9.1-41　（同底等高之三角形面積皆相等）

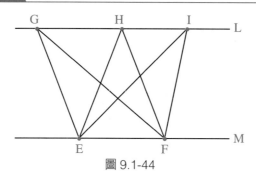

圖 9.1-44

已知　如圖9.1-44，L//M

求證　△EFG面積＝△EFI面積＝△EFH面積

想法　兩平行線間距離不變

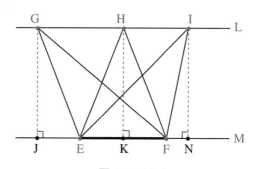

圖 9.1- 44(a)

證明

敘述	理由
(1) 作 $\overline{GJ}$⊥M、$\overline{HK}$⊥M、$\overline{IN}$⊥M，如圖9.1-44(a)所示，則 $\overline{GJ}=\overline{HK}=\overline{IN}$	作圖 已知L//M & 平行線間距離不變
(2) △EFH中，$\overline{EF}$ 為底、$\overline{HK}$ 為高，△EFH面積＝$(\overline{EF}×\overline{HK})÷2$	由(1) 作$\overline{HK}$⊥M & 三角形面積為底與高乘積的一半
(3) △EFG中，$\overline{EF}$ 為底、$\overline{GJ}$ 為高，△EFG面積＝$(\overline{EF}×\overline{GJ})÷2$	由(1) 作$\overline{GJ}$⊥M & 三角形面積為底與高乘積的一半
(4) △EFI中，$\overline{EF}$ 為底、$\overline{IN}$ 為高，△EFI面積＝$(\overline{EF}×\overline{IN})÷2$	由(1) 作$\overline{IN}$⊥M & 三角形面積為底與高乘積的一半
(5) △EFG面積＝△EFI面積＝△EFH面積	由(1) & (2) & (3) & (4) 遞移律

Q.E.D.

例題 9.1-42 （同底等高之三角形面積皆相等）

如圖9.1-45，已知L//M，若△EFH面積為10平方公分，則：

(1) △EFG面積為何？　　(2) △EFI面積為何？

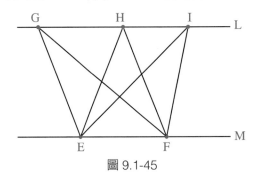

圖 9.1-45

想法　同底等高之三角形面積皆相等

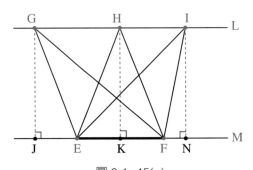

圖 9.1- 45(a)

解

敘述	理由
(1) 作 $\overline{GJ}\perp$M、$\overline{HK}\perp$M、$\overline{IN}\perp$M， 　　如圖9.1-45(a)所示，則 $\overline{GJ}=\overline{HK}=\overline{IN}$	作圖 已知L//M & 平行線間距離不變
(2) △EFH中，$\overline{EF}$為底、$\overline{HK}$為高	由(1) 作$\overline{HK}\perp$M
(3) △EFG中，$\overline{EF}$為底、$\overline{GJ}$為高	由(1) 作$\overline{GJ}\perp$M
(4) △EFI中，$\overline{EF}$為底、$\overline{IN}$為高	由(1) 作$\overline{IN}\perp$M
(5) △EFG、△EFI、△EFH同底等高	由(1) & (2) & (3) & (4) $\overline{EF}$為底、$\overline{GJ}=\overline{HK}=\overline{IN}$為高
(6) △EFG面積＝△EFI面積＝△EFH面積	由(5) & 同底等高之三角形面積皆相等
(7) △EFG面積＝△EFI面積＝10平方公分	由(6) & 已知△EFH面積為10平方公分

接下來，讓我們看看等高三角形面積的關係。

例題 9.1-43 （等高之三角形面積比為底邊長之比）

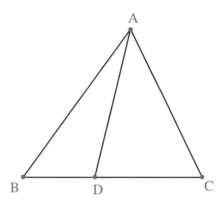

圖 9.1-46

 如圖9.1-46所示，$\overline{BD}：\overline{CD}=$m：n

 △ABD面積：△ACD面積＝m：n

 三角形面積為底與高乘積的一半

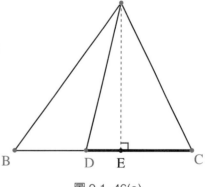

圖 9.1- 46(a)

敘述	理由
(1) 過A點作$\overline{AE}\perp\overline{BC}$，如圖9.1-46(a)所示	作圖
(2) △ABD中，$\overline{BD}$為底、$\overline{AE}$為高， 　　△ABD面積＝$(\overline{BD}\times\overline{AE})\div2$	由(1) 作$\overline{AE}\perp\overline{BC}$ & 三角形面積為底與高乘積的一半
(3) △ACD中，$\overline{CD}$為底、$\overline{AE}$為高， 　　△ACD面積＝$(\overline{CD}\times\overline{AE})\div2$	由(1) 作$\overline{AE}\perp\overline{BC}$ & 三角形面積為底與高乘積的一半
(4) △ABD面積：△ACD面積 　　＝$(\overline{BD}\times\overline{AE})\div2：(\overline{CD}\times\overline{AE})\div2$ 　　＝$\overline{BD}：\overline{CD}=$m：n	求(2)式 & (3)式之比 & 倍比定理 & 已知$\overline{BD}：\overline{CD}=$m：n

Q.E.D.

例題 9.1-44 （等高之三角形面積比為底邊長之比）

如圖9.1-47，已知 $\overline{BD}:\overline{CD}=2:3$，若△ABD面積為20平方公分，則△ACD面積為何？

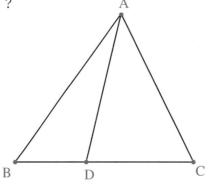

圖 9.1-47

想法 等高三角形的面積比等於底邊長之比

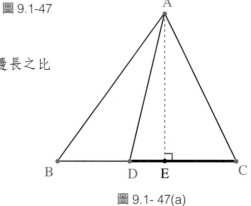

圖 9.1- 47(a)

解

敘述	理由
(1) 過A點作 $\overline{AE}\perp\overline{BC}$，如圖9.1-47(a)所示	作圖
(2) △ABD中，$\overline{BD}$ 為底、$\overline{AE}$ 為高	由(1) 作 $\overline{AE}\perp\overline{BC}$
(3) △ACD中，$\overline{CD}$ 為底、$\overline{AE}$ 為高	由(1) 作 $\overline{AE}\perp\overline{BC}$
(4) △ABD與△ACD等高	由(2) & (3) $\overline{AE}$ 為高
(5) △ABD面積：△ACD面積＝$\overline{BD}:\overline{CD}$	由(2) & (3) & (4) & 等高三角形的面積比等於底邊長之比
(6) (20平方公分)：△ACD面積＝2：3	由(5) & 已知△ABD面積為20平方公分 & 已知 $\overline{BD}:\overline{CD}=2:3$
(7) 所以△ACD面積＝30平方公分	由(6) 求△ACD面積之值

例題 9.1-45 （等高之三角形面積比為底邊長之比）

如圖9.1-48，已知L//M，$\overline{EF}$：$\overline{HI}$＝1：2，若△EFG面積為10平方公分，則
△HIJ的面積為何？

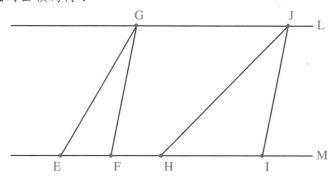

圖 9.1-48

想法　等高之三角形面積比
為底邊長之比

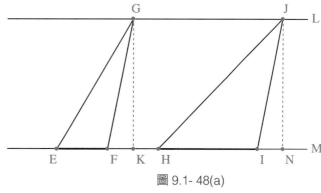

圖 9.1- 48(a)

解

敘述	理由
(1) 作$\overline{GK}\perp$M、$\overline{JN}\perp$M， 　　如圖9.1-48(a)所示，則$\overline{GK}=\overline{JN}$	作圖 已知L//M & 平行線間距離不變
(2) △EFG中，$\overline{EF}$為底、$\overline{GK}$為高	由(1) 作$\overline{GK}\perp$M
(3) △HIJ中，$\overline{HI}$為底、$\overline{JN}$為高	由(1) 作$\overline{JN}\perp$M
(4) △EFG與△HIJ等高	由(1) & (2) & (3) $\overline{GK}=\overline{JN}$為高
(5) △EFG面積：△HIJ面積＝$\overline{EF}$：$\overline{HI}$	由(2) & (3) & (4) & 等高之三角形面積比為底邊長之比
(6) (10平方公分)：△HIJ面積＝1：2	由(5) & 已知△EFG面積為10平方公分 & 已知$\overline{EF}$：$\overline{HI}$＝1：2
(7) △HIJ面積＝20平方公分	由(6) 求△HIJ面積之值

接下來，讓我們利用例題9.1-43所證明的結論：等高之三角形面積比為底邊長之比。再搭配第四章所提到的三角形的重心性質，來證明例題9.1-46。

例題 **9.1-46**

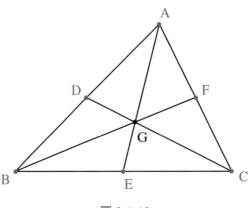

圖 9.1-49

如圖9.1-49，G點為△ABC的重心

(1) $\triangle AGD = \triangle BGD = \triangle BGE = \triangle CGE = \triangle CGF = \triangle AGF = \frac{1}{6}\triangle ABC$

(2) $\triangle AGB = \triangle BGC = \triangle CGA = \frac{1}{3}\triangle ABC$

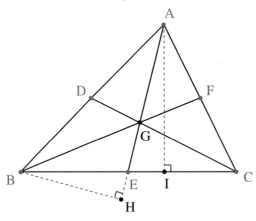

圖 9.1- 49(a)

(1) 三角形重心為三中線的交點

(2) 三角形頂點到重心的距離為中線長度的$\frac{2}{3}$

(3) 等高之三角形面積比為底邊長之比

證明

敘述	理由
(1) 過B點作$\overline{BH} \perp \overline{AE}$， 過A點作$\overline{AI} \perp \overline{BC}$，如圖9.1-49(a)	直線外一點垂直線作圖
(2) $\overline{AG} = \dfrac{2}{3}\overline{AE}$	已知G點為△ABC的重心 & 三角形頂點到重心的距離為中線長度的$\dfrac{2}{3}$
(3) $\overline{AE} = \overline{AG} + \overline{GE}$	全量等於分量之和
(4) $\overline{GE} = \overline{AE} - \overline{AG} = \overline{AE} - \dfrac{2}{3}\overline{AE}$ $= \dfrac{1}{3}\overline{AE}$	由(3) 等量減法公理 & (2) $\overline{AG} = \dfrac{2}{3}\overline{AE}$
(5) △BGE中，$\overline{GE}$為底，$\overline{BH}$為高	如圖9.1-49(a) & (1) 作$\overline{BH} \perp \overrightarrow{AE}$
(6) △ABE中，$\overline{AE}$為底，$\overline{BH}$為高	如圖9.1-49(a) & (1) 作$\overline{BH} \perp \overrightarrow{AE}$
(7) △BGE與△ABE等高	由(5) & (6) $\overline{BH}$為高
(8) △BGE面積：△ABE面積 $= \overline{GE} : \overline{AE}$	由(5) & (6) & (7) & 等高之三角形面積比為底邊長之比
(9) △BGE面積：△ABE面積 $= \dfrac{1}{3}\overline{AE} : \overline{AE} = \dfrac{1}{3} : 1$	將(4) $\overline{GE} = \dfrac{1}{3}\overline{AE}$ 代入 (8) & 倍比定理
(10) △BGE面積$= \dfrac{1}{3}$△ABE面積	由(9) & 外項乘積等於內項乘積
(11) $\overline{AE}$為△ABC中線，E點為$\overline{BC}$中點，$\overline{BE} = \overline{CE} = \dfrac{1}{2}\overline{BC}$	已知G點為△ABC的重心 & 三角形重心為三中線的交點
(12) △ABC中，$\overline{BC}$為底，$\overline{AI}$為高	如圖9.1-49(a) & (1) 作$\overline{AI} \perp \overline{BC}$
(13) △ABE中，$\overline{BE}$為底，$\overline{AI}$為高	如圖9.1-49(a) & (1) 作$\overline{AI} \perp \overline{BC}$
(14) △ABC與△ABE等高	由(12) & (13) $\overline{AI}$為高
(15) △ABC面積：△ABE面積 $= \overline{BC} : \overline{BE}$	由(12) & (13) & (14) & 等高之三角形面積比為底邊長之比
(16) △ABC面積：△ABE面積 $= \overline{BC} : \dfrac{1}{2}\overline{BC} = 1 : \dfrac{1}{2}$	將(11) $\overline{BE} = \dfrac{1}{2}\overline{BC}$ 代入 (15) & 倍比定理

(17) $\triangle ABE$面積$=\dfrac{1}{2}\triangle ABC$面積	由(16) & 內項乘積等於外項乘積
(18) $\triangle BGE$面積$=\dfrac{1}{3}\times\dfrac{1}{2}\triangle ABC$面積 $\qquad=\dfrac{1}{6}\triangle ABC$面積	將(17)式代入(10)式得
(19) 同理可證： $\triangle AGD=\dfrac{1}{6}\triangle ABC$、 $\triangle BGD=\dfrac{1}{6}\triangle ABC$、 $\triangle CGE=\dfrac{1}{6}\triangle ABC$、 $\triangle CGF=\dfrac{1}{6}\triangle ABC$、 $\triangle AGF=\dfrac{1}{6}\triangle ABC$	重複(1)～(18) 同理可證
(20) $\triangle AGD=\triangle BGD=\triangle BGE$ $=\triangle CGE=\triangle CGF=\triangle AGF$ $=\dfrac{1}{6}\triangle ABC$	由(18) & (19)
(21) $\triangle AGB=\triangle AGD+\triangle BGD$ $=\dfrac{1}{6}\triangle ABC+\dfrac{1}{6}\triangle ABC$ $=\dfrac{1}{3}\triangle ABC$	如圖9.1-49(a)所示，全量等於分量之和 將(20)$\triangle AGD=\triangle BGD=\dfrac{1}{6}\triangle ABC$代入加法
(22) 同理可證： $\triangle BGC=\dfrac{1}{3}\triangle ABC$ $\triangle CGA=\dfrac{1}{3}\triangle ABC$	重複(21) 同理可證
(23) $\triangle AGB=\triangle BGC=\triangle CGA$ $=\dfrac{1}{3}\triangle ABC$	由(21) & (22)

Q.E.D.

由例題9.1-46，我們得到以下結論：

(1) 三角形三中線將此三角形面積平分成6個面積相等的小三角形。

(2) 三角形的重心與三頂點的連線，將此三角形面積平分成3個面積相等的小三角形。

接下來，我們將上述的結論應用在以下例題9.1-47~例題9.1-50中。

例題 9.1-47

如圖9.1-50，$\overline{AE}$、$\overline{BF}$、$\overline{CD}$為△ABC的三中線，G點為△ABC的重心，已知△ABC 面積為36平方公分，求：

(1) △AGD面積為何？

(2) △BGC面積為何

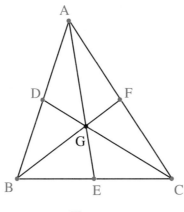

圖 9.1-50

(1) 三角形三中線將此三角形面積平分成6個面積相等的小三角形

(2) 三角形的重心與三頂點的連線，將此三角形面積平分成3個面積相等的小三角形

敘述	理由
(1) $\triangle AGD = \dfrac{1}{6}\triangle ABC$ $= \dfrac{1}{6}\times(36\text{平方公分})$ $= 6\text{平方公分}$	已知 $\overline{AE}$、$\overline{BF}$、$\overline{CD}$為△ABC的三中線 & 三角形三中線將此三角形面積平分成6個面積相等的小三角形 & 已知△ABC 面積為36平方公分
(2) $\triangle BGC = \dfrac{1}{3}\triangle ABC$ $= \dfrac{1}{3}\times(36\text{平方公分})$ $= 12\text{平方公分}$	已知G點為△ABC的重心 & 三角形的重心與三頂點的連線，將此三角形面積平分成3個面積相等的小三角形 & 已知△ABC 面積為36平方公分

例題 9.1-48

如圖9.1-51所示，△ABC中，$\overline{CD}$、$\overline{BE}$ 為兩中線，已知 $\overline{CD} \perp \overline{BE}$，且 $\overline{CD}$、$\overline{BE}$ 相交於G點，若 $\overline{CD}=9$公分，$\overline{BE}=15$公分，則△ABC的面積為何？

想法

(1) 三角形三中線的交點為此三角形的重心

(2) 利用三角形頂點到重心的距離為中線長度的 $\frac{2}{3}$，求出△BCG的底與高，並算出△BCG的面積

(3) 三角形的重心與三頂點的連線，將此三角形面積平分成3個面積相等的小三角形

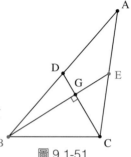

圖 9.1-51

解

敘述	理由
(1) G點為△ABC重心	已知△ABC中，$\overline{CD}$、$\overline{BE}$ 為兩中線，且 $\overline{CD}$、$\overline{BE}$ 相交於G點 & 三角形重心為三中線的交點
(2) $\overline{CG}=\frac{2}{3}\overline{CD}=\frac{2}{3}\times(9公分)$ $=6公分$	由(1) & 三角形頂點到重心的距離為中線長度的 $\frac{2}{3}$ & 已知 $\overline{CD}=9$公分
(3) $\overline{BG}=\frac{2}{3}\overline{BE}=\frac{2}{3}\times(15公分)$ $=10公分$	由(1) & 三角形頂點到重心的距離為中線長度的 $\frac{2}{3}$ & 已知 $\overline{BE}=15$公分
(4) △BCG中，$\overline{BG}$ 為底、$\overline{CG}$ 為高	已知 $\overline{CD} \perp \overline{BE}$，且 $\overline{CD}$、$\overline{BE}$ 相交於G點
(5) $\quad$△BCG面積 $=\frac{\overline{BG}\times\overline{CG}}{2}$ $=\frac{(10公分)\times(6公分)}{2}$ $=30平方公分$	三角形面積等於底與高乘積的一半 & 由(4) △BCG中，$\overline{BG}$ 為底、$\overline{CG}$ 為高 & 由(2) $\overline{CG}=6$公分、(3) $\overline{BG}=10$公分
(6) △BCG面積$=\frac{1}{3}$△ABC面積	由(1) & 三角形重心與三頂點的連線，將此三角形面積平分成3個面積相等的小三角形
(7) 30平方公分$=\frac{1}{3}$△ABC面積	由(6) & (5) △BCG面積$=30$平方公分
(8) $\quad$△ABC面積 $=3\times(30平方公分)$ $=90$ 平方公分	由(7) 等量乘法公理

例題 9.1-49

如圖9.1-52，已知G為△ABC的重心，若∠ABC＝90°，且$\overline{AC}$＝10公分，
$\overline{BC}$＝6公分，試求△ABG的面積。

想法

(1) 利用畢氏定理求出$\overline{AB}$的長度，
　　並求出△ABC的面積
(2) 三角形的重心與三頂點的連線，將此三角形
　　面積平分成3個面積相等的小三角形

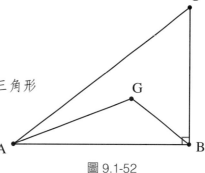

圖 9.1-52

解

敘述	理由
(1) 直角△ABC中 　　$\overline{AB}^2+\overline{BC}^2=\overline{AC}^2$	畢氏定理 & 已知△ABC中， ∠ABC＝90°
(2) $\overline{AB}^2=\overline{AC}^2-\overline{BC}^2$ 　　　$=(10公分)^2-(6公分)^2$ 　　　$=64$平方公分	由(1) 等量減法公理 & 已知$\overline{AC}$＝10公分，$\overline{BC}$＝6公分
(3) $\overline{AB}$＝8公分 或$\overline{AB}$＝－8公分	由(2) 求平方根
(4) $\overline{AB}$＝8公分	由(3) & $\overline{AB}$為線段長度必大於0
(5) △ABC中，$\overline{AB}$為底、$\overline{BC}$為高	已知△ABC中，∠ABC＝90°
(6) 　△ABC面積 　$=\dfrac{\overline{AB}\times\overline{BC}}{2}$ 　$=\dfrac{(8公分)\times(6公分)}{2}$ 　$=24$平方公分	三角形面積等於底與高乘積的一半 & (5) △ABC中，$\overline{AB}$為底、$\overline{BC}$為高 & (4) $\overline{AB}$＝8公分 已證 & 已知$\overline{BC}$＝6公分
(7) △ABG面積$=\dfrac{1}{3}$△ABC面積 　　　　　$=\dfrac{1}{3}\times(24平方公分)$ 　　　　　$=8$平方公分	已知G為△ABC的重心 & 三角形的重心與三頂點的連線，將此 三角形面積平分成3個面積相等的小 三角形 & (6) △ABC面積＝24平方公分

例題 **9.1-50**

如圖9.1-53，四邊形ABCD為平行四邊形，E點為 $\overline{AB}$ 中點，$\overline{BD}$ 與 $\overline{CE}$ 相交於 F點，若△BFC面積為4平方公分，則平行四邊形ABCD面積為何？

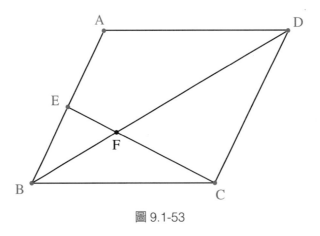

圖 9.1-53

(1) 若F點為△ABC重心，利用三角形的重心與三頂點的連線，將此三角形面積平分成3個面積相等的小三角形，則可得到△ABC的面積

(2) 利用平行四邊形對角線將原平行四邊形平分成兩面積相等的三角形，即可得平行四邊形ABCD面積

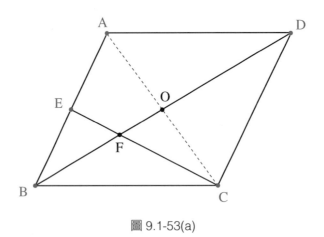

圖 9.1-53(a)

敘述	理由
(1) 作 $\overline{AC}$ 交 $\overline{BD}$ 於O點， 　　如圖9.1-53(a)所示	作圖
(2) O點 $\overline{AC}$ 為中點， $\overline{OA}=\overline{OC}$	已知ABCD為平行四邊形 & 平行四邊形對角線互相平分
(3) △ABC中， $\overline{CE}$ 為中線， $\overline{OB}$ 為中線	已知E點為 $\overline{AB}$ 中點 & (2) O點 $\overline{AC}$ 為 中點
(4) F點為△ABC重心	由(3) & 三角形重心為三中線的交 點
(5) △BFC＝ $\dfrac{1}{3}$ △ABC	由(4) & 三角形的重心與三頂點的 連線，將此三角形面積平分成3個 面積相等的小三角形
(6) △ABC＝ $\dfrac{1}{2}$ 平行四邊形ABCD面積	已知ABCD為平行四邊形 & 平行 四邊形對角線將原平行四邊形平 分成兩面積相等的三角形
(7)　　△BFC 　　＝ $\dfrac{1}{3}\times\dfrac{1}{2}$ 平行四邊形ABCD面積 　　＝ $\dfrac{1}{6}$ 平行四邊形ABCD面積	將(6)式代入(5)式得
(8)　　平行四邊形ABCD面積 　　＝6×△BFC面積 　　＝6×(4平方公分) 　　＝24平方公分	由(7) 等量乘法公理 & 已知△BFC面積為4平方公分

接下來，讓我們利用例題9.1-43所證明的結論：等高之三角形面積比為底邊長之比。再搭配第四章所提到的三角形的內心性質，來證明例題9.1-51，並利用例題9.1-51的結論來解例題9.1-52。

例題 9.1-51

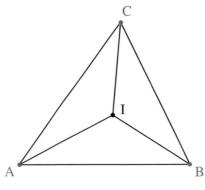

圖 9.1-54

 如圖9.1-54，I點為△ABC內心

 △AIB面積：△BIC面積：△CIA面積＝$\overline{AB}$：$\overline{BC}$：$\overline{CA}$

 (1) 三角形內心到三角形三邊等距離
(2) 等高之三角形面積比為底邊長之比

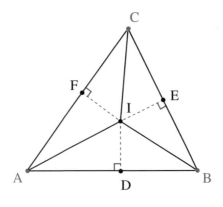

圖 9.1- 54(a)

敘述	理由
(1) 過I點作△ABC三邊的垂直線，分別交$\overline{AB}$、$\overline{BC}$、$\overline{CA}$於D、E、F三點，如圖9.1-54(a)所示，則$\overline{ID}\perp\overline{AB}$、$\overline{IE}\perp\overline{BC}$、$\overline{IF}\perp\overline{CA}$；且$\overline{ID}=\overline{IE}=\overline{IF}$	作圖 & 已知I點為△ABC內心 & 三角形內心到三角形三邊等距離
(2) △AIB中，$\overline{AB}$為底、$\overline{ID}$為高	由(1) $\overline{ID}\perp\overline{AB}$
(3) △BIC中，$\overline{BC}$為底、$\overline{IE}$為高	由(1) $\overline{IE}\perp\overline{BC}$
(4) △CIA中，$\overline{CA}$為底、$\overline{IF}$為高	由(1) $\overline{IF}\perp\overline{CA}$
(5) △AIB、△BIC、△CIA等高	由(2) $\overline{ID}$為高、(3) $\overline{IE}$為高、(4) $\overline{IF}$為高 & (1) $\overline{ID}=\overline{IE}=\overline{IF}$
(6) △AIB面積：△BIC面積：△CIA面積＝$\overline{AB}$：$\overline{BC}$：$\overline{CA}$	由(2)～(5) & 等高之三角形面積比為底邊長之比

Q.E.D.

結論：由例題9.1-51，我們可以得到以下結果：若I點為△ABC內心，則△AIB面積：△BIC面積：△CIA面積＝$\overline{AB}$：$\overline{BC}$：$\overline{CA}$。

例題 9.1-52

如圖9.1-55，已知I為△ABC的內心，若∠BAC＝60°，∠ACB＝30°，且△AIB面積為$\sqrt{3}$平方公分，試求△BIC的面積。

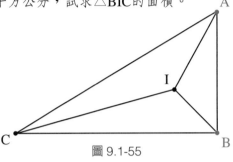

圖 9.1-55

(1) 利用例題9.1-51結論：若I點為△ABC內心，則

　　△AIB面積：△BIC面積：△CIA面積＝$\overline{AB}$：$\overline{BC}$：$\overline{CA}$

(2) 30°-90°-60°的直角三角形，其三邊長之比為1：2：$\sqrt{3}$

敘述	理由
(1) △ABC中， 　　∠BAC＋∠ACB＋∠ABC＝180°	如圖9.1-55所示 三角形三內角和為180°
(2) ∠ABC＝180°－∠BAC－∠ACB 　　＝180°－60°－30°＝90°	由(1) 等量減法公理 & 已知∠BAC＝60°，∠ACB＝30°
(3) △ABC為30°-90°-60°的直角三角形	由(2) ∠ABC＝90° & 已知∠BAC＝60°，∠ACB＝30°
(4) $\overline{AB}$：$\overline{CA}$：$\overline{BC}$＝1：2：$\sqrt{3}$	由(3) & 30°-90°-60°的直角三角形，其三邊長之比為1：2：$\sqrt{3}$
(5) 　△AIB面積：△BIC面積：△CIA面積 　＝$\overline{AB}$：$\overline{BC}$：$\overline{CA}$	已知I為△ABC的內心 & 利用例題9.1-51結論：若I點為△ABC內心，則 △AIB面積：△BIC面積：△CIA面積＝$\overline{AB}$：$\overline{BC}$：$\overline{CA}$
(6) △AIB面積：△BIC面積＝$\overline{AB}$：$\overline{BC}$	由(5)
(7) ($\sqrt{3}$平方公分)：△BIC面積＝1：$\sqrt{3}$	由(6) & (4) $\overline{AB}$：$\overline{BC}$＝1：$\sqrt{3}$ & 已知△AIB面積為$\sqrt{3}$平方公分
(8) △BIC面積＝$\sqrt{3}$×($\sqrt{3}$平方公分) 　　＝3平方公分	由(7) & 內項乘積等於外項乘積

接下來，讓我們利用例題9.1-43所證明的結論：

等高之三角形面積比為底邊長之比。

來證明例題9.1-53，並將例題9.1-53所得到的結果應用到例題9.1-54。

例題 **9.1-53** （四邊形兩對角線所形成的三角形中，對頂兩
個三角形面積的乘積等於另兩個對頂三角形面
積的乘積）

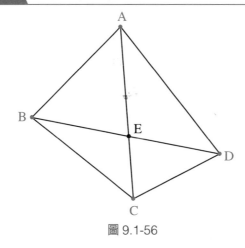

圖 9.1-56

 如圖9.1-56，四邊形ABCD中，E點為兩對角線$\overline{AC}$與$\overline{BD}$的交點

 △ADE面積×△BCE面積＝△ABE面積×△CDE面積

 (1) 若能求得△ABE面積：△ADE面積＝△BCE面積：△CDE面積，
則能得到△ADE面積×△BCE面積＝△ABE面積×△CDE面積

(2) 等高之三角形面積比為底邊長之比

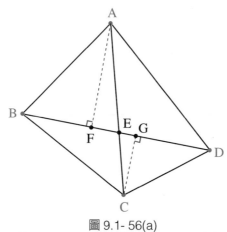

圖 9.1- 56(a)

敘述	理由
(1) 作 $\overline{AF}\perp\overline{BD}$、$\overline{CG}\perp\overline{BD}$，如圖9.1-56(a)	作圖
(2) △ABE中，$\overline{BE}$ 為底、$\overline{AF}$ 為高	由(1) 作 $\overline{AF}\perp\overline{BD}$
(3) △ADE中，$\overline{DE}$ 為底、$\overline{AF}$ 為高	由(1) 作 $\overline{AF}\perp\overline{BD}$
(4) △ABE與△ADE等高	由(2) & (3) $\overline{AF}$ 為高
(5) △ABE面積：△ADE面積 $=\overline{BE}:\overline{DE}$	由(2) & (3) & (4) & 等高之三角形面積比為底邊長之比
(6) △BCE中，$\overline{BE}$ 為底、$\overline{CG}$ 為高	由(1) 作 $\overline{CG}\perp\overline{BD}$
(7) △CDE中，$\overline{DE}$ 為底、$\overline{CG}$ 為高	由(1) 作 $\overline{CG}\perp\overline{BD}$
(8) △BCE與△CDE等高	由(6) & (7) $\overline{CG}$ 為高
(9) △BCE面積：△CDE面積 $=\overline{BE}:\overline{DE}$	由(6) & (7) & (8) & 等高之三角形面積比為底邊長之比
(10) △ABE面積：△ADE面積 $=$△BCE面積：△CDE面積	由(5) & (9) 遞移律
(11) △ADE面積×△BCE面積 $=$△ABE面積×△CDE面積	由(10) & 內項乘積等於外項乘積

Q.E.D.

（四邊形兩對角線所形成的三角形中，對頂兩個三角形面積的乘積等於另兩個對頂三角形面積的乘積）

例題 9.1-54

如圖9.1-57，E點為四邊形ABCD兩對角線 $\overline{AC}$ 與 $\overline{BD}$ 的交點，已知△ADE面積為6平方公分，△BCE面積為4平方公分，△ABE面積為8平方公分，則△CDE面積為何？

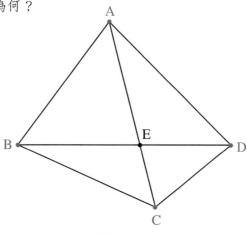

圖 9.1-57

四邊形兩對角線所形成的三角形中，對頂兩個三角形面積的乘積等於另兩個對頂三角形面積的乘積

敘述	理由
(1) 　△ADE面積×△BCE面積 　＝△ABE面積×△CDE面積	已知E點為四邊形ABCD兩對角線 $\overline{AC}$ 與 $\overline{BD}$ 的交點 & 四邊形兩對角線所形成的三角形中，對頂兩個三角形面積的乘積等於另兩個對頂三角形面積的乘積
(2) 　(6平方公分)×(4平方公分) 　＝(8平方公分)×△CDE面積	由(1) & 已知△ADE面積為6平方公分，△BCE面積為4平方公分，△ABE面積為8平方公分
(3) 　△CDE面積 　＝$\dfrac{(6平方公分)×(4平方公分)}{8平方公分}$ 　＝3平方公分	由(2) 等量除法公理

接下來，讓我們利用例題9.1-43所證明的結論：

等高之三角形面積比為底邊長之比。

來證明例題9.1-55，並將例題9.1-55所得到的結果應用到例題9.1-56～例題

9.1-59。

（平行四邊形兩對角線將四邊形平分成 4 個等
面積的三角形）

例題 **9.1-55**

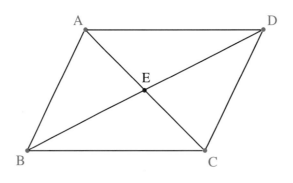

圖 9.1-58

已知 如圖9.1-58，四邊形ABCD為平行四邊形，兩對角線 $\overline{AC}$ 與 $\overline{BD}$ 相交於E點

求證 △ABE面積＝△ADE面積＝△CDE面積＝△BCE面積＝$\frac{1}{4}$ABCD面積

想法 (1) 平行四邊形對角線互相平分

(2) 等高之三角形面積比為底邊長之比

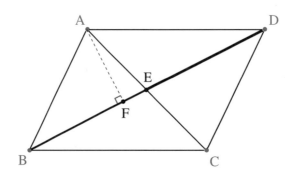

圖 9.1- 58(a)

敘述	理由
(1) 過A作$\overline{AF} \perp \overline{BD}$，如圖9.1-58(a)	作圖
(2) $\overline{BE}=\overline{DE}$且$\overline{AE}=\overline{CE}$	已知ABCD為平行四邊形，兩對角線$\overline{AC}$與$\overline{BD}$相交於E點 & 平行四邊形對角線互相平分
(3) △ABE中，$\overline{BE}$為底，$\overline{AF}$為高	由(1) 作$\overline{AF} \perp \overline{BD}$
(4) △ADE中，$\overline{DE}$為底，$\overline{AF}$為高	由(1) 作$\overline{AF} \perp \overline{BD}$
(5) △ABE與△ADE等高	由(3) & (4) $\overline{AF}$為高
(6) 　△ABE面積：△ADE面積 　　$=\overline{BE}：\overline{DE}$ 　　$=1：1$	由(5) & 等高之三角形面積比為底邊長之比 & (2) $\overline{BE}=\overline{DE}$
(7) △ABE面積＝△ADE面積	由(6) 外項乘積等於內項乘積
(8) 同理：△ADE面積＝△CDE面積 　　　△CDE面積＝△BCE面積	重複步驟(1)～(7)
(9) 　△ABE面積＝△ADE面積 　＝△CDE面積＝△BCE面積	由(7) & (8) 遞移律
(10) ABCD面積＝△ABE面積＋△ADE面積＋△CDE面積＋△BCE面積	全量等於分量之和
(11) 　△ABE面積＝△ADE面積 　＝△CDE面積＝△BCE面積 　$=\dfrac{1}{4}$ABCD面積	由(9) & (10)

Q.E.D.

例題 9.1-56 （平行四邊形兩對角線將四邊形平分成 4 個等面積的三角形）

如圖9.1-59，四邊形ABCD為平行四邊形，兩對角線$\overline{AC}$與$\overline{BD}$相交於E點，若△ABE面積為10平方公分，則ABCD面積為何？

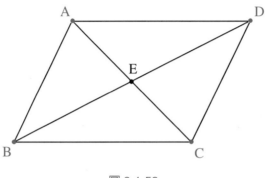

圖 9.1-59

 想法　平行四邊形兩對角線將四邊形平分成4個等面積的三角形

 解

敘述	理由
(1)　△ABE面積＝△ADE面積 　　　＝△CDE面積＝△BCE面積	已知四邊形ABCD為平行四邊形，兩對角線$\overline{AC}$與$\overline{BD}$相交於E點 & 平行四邊形兩對角線將四邊形平分成4個等面積的三角形
(2)　ABCD面積 　　＝△ABE面積＋△ADE面積 　　　＋△CDE面積＋△BCE面積 　　＝4×△ABE面積 　　＝4×(10平方公分) 　　＝40平方公分	如圖9.1-59所示 全量等於分量之和 & 由(1)　△ABE面積＝△ADE面積 　　　　＝△CDE面積＝△BCE面積 & 已知△ABE面積為10平方公分

（平行四邊形兩對角線將四邊形平分成 4 個等面積的三角形）

例題 9.1-57

如圖9.1-60，四邊形ABCD為平行四邊形，兩對角線$\overline{AC}$與$\overline{BD}$相交於E點，若△BCD面積為20平方公分，則△ABE面積與△CDE面積之和為多少平方公分？

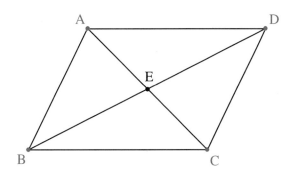

圖 9.1-60

想法　平行四邊形兩對角線將四邊形平分成4個等面積的三角形

解

敘述	理由
(1)　△ABE面積＝△ADE面積 ＝△CDE面積＝△BCE面積 ＝$\frac{1}{4}$ ABCD面積	已知四邊形ABCD為平行四邊形，兩對角線線$\overline{AC}$與線$\overline{BD}$相交於E點 & 平行四邊形兩對角線將四邊形平分成4個等面積的三角形
(2)　△ABE面積＝△CDE面積 ＝$\frac{1}{4}$×(20平方公分)＝5平方公分	由(1) & 已知ABCD面積為20平方公分
(3)　△ABE面積＋△CDE面積 ＝(5平方公分)＋(5平方公分) ＝10平方公分	題目所求 & (2) 已證

例題 9.1-58 （平行四邊形兩對角線將四邊形平分成 4 個等面積的三角形）

如圖9.1-61，平行四邊形ABCD中，對角線 $\overline{AC}$ 與 $\overline{BD}$ 相交於O點，若 $\overline{OE}\perp\overline{CD}$，$\overline{OE}=4$公分，$\overline{BC}=12$公分，且平行四邊形ABCD的周長為56公分，求平行四邊形ABCD的面積。

 想法 平行四邊形兩對角線將四邊形平分成 4個等面積的三角形

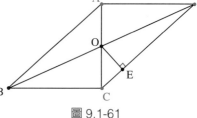

圖 9.1-61

 解

敘述	理由
(1) $\overline{AD}=\overline{BC}$ 且 $\overline{AB}=\overline{CD}$	已知ABCD為平行四邊形 & 平行四邊形對邊等長
(2) $\overline{AB}+\overline{BC}+\overline{CD}+\overline{AD}=56$公分	已知平行四邊形ABCD周長為56公分
(3) $\overline{CD}+\overline{BC}+\overline{CD}+\overline{BC}=56$公分	由(1) & (2) 代換
(4) $2(\overline{BC}+\overline{CD})=56$公分	由(3) 式子整理
(5) $\overline{BC}+\overline{CD}=(56$公分$)\div2=28$公分	由(4) 等量除法公理
(6) $\overline{CD}=28$公分$-\overline{BC}$ $=28$公分-12公分$=16$公分	由(5) 等量減法公理 & 已知$\overline{BC}=12$公分
(7) △OCD面積$=\dfrac{\overline{CD}\times\overline{OE}}{2}$ $=\dfrac{(16公分)\times(4公分)}{2}$ $=32$平方公分	已知$\overline{OE}\perp\overline{CD}$ & 三角形面積為底與高乘積的一半 & (6) $\overline{CD}=16$公分 已證 & 已知$\overline{OE}=4$公分
(8) △OAB面積＝△OBC面積 ＝△OCA面積＝△OCD面積 ＝32平方公分	已知平行四邊形ABCD中，對角線 $\overline{AC}$ 與 $\overline{BD}$ 相交於O點 & 平行四邊形兩對角線將四邊形平分成4個等面積的三角形 & (7) △OCD面積＝32平方公分 已證
(9) 平行四邊形ABCD面積 ＝△OAB面積＋△OBC面積 ＋△OCA面積＋△OCD面積 ＝4×(32平方公分)＝128平方公分	全量等於分量之和 & (8) △OAB面積＝△OBC面積 ＝△OCA面積＝△OCD面積 ＝32平方公分 已證

例題 9.1-59 （平行四邊形兩對角線將四邊形平分成4個等面積的三角形）

如圖9.1-62，平行四邊形ABCD與CDEF中，P、Q分別為其對角線交點，已知四邊形CPDQ面積為15平方公分，△CQF面積為6平方公分，求四邊形ABCD的面積。

想法　平行四邊形兩對角線將四邊形平分成4個等面積的三角形

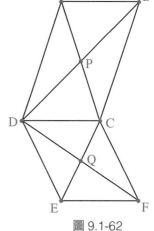

圖 9.1-62

解

敘述	理由
(1) 平行四邊形CDEF中 　　△CQD面積＝△CQF面積 　　　　　　＝6平方公分	已知平行四邊形CDEF中，Q為其對角線交點 & 平行四邊形兩對角線將四邊形平分成4個等面積的三角形 & 已知△CQF面積為6平方公分
(2)　四邊形CPDQ面積 　　＝△CQD面積＋△CPD面積	如圖9.1-62所示 全量等於分量之和
(3)　△CPD面積 　　＝四邊形CPDQ面積－△CQD面積 　　＝(15平方公分)－(6平方公分) 　　＝9平方公分	由(2) 等量減法公理 & 已知四邊形CPDQ面積為15平方公分 & (1) △CQD面積＝6平方公分
(4) 平行四邊形ABCD中 　　△CDP面積＝$\frac{1}{4}$ABCD面積	已知平行四邊形ABCD中，P為其對角線交點 & 平行四邊形兩對角線將四邊形平分成4個等面積的三角形
(5)　四邊形ABCD面積 　　＝4×△CDP面積＝4×(9平方公分) 　　＝36平方公分	由(4) 等量乘法公理 & 由(3) △CPD面積＝9平方公分

定理 9.1-5

三角形邊長與面積定理（海龍公式）

設△ABC的三邊長為a、b、c，且$s = \dfrac{a+b+c}{2}$，

則△ABC的面積$= \sqrt{s(s-a)(s-b)(s-c)}$。

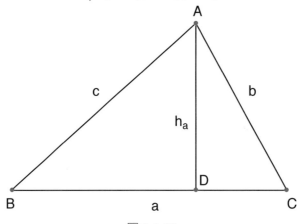

圖 9.1-63

 已知 如圖9.1-63，a、b、c分別為△ABC的三邊長，$\overline{AB} = h_a$為$\overline{BC}$上的高，

且假設$a+b+c = 2s$。

 求證 △ABC的面積$= \sqrt{s(s-a)(s-b)(s-c)}$。

 想法 (1) 利用畢氏定理算出h_a與a、b、c的關係。

(2) 三角形面積為底與高乘積的一半。

 證明

敘述	理由
(1) △ABD為直角三角形 $h_a^2 + \overline{BD}^2 = c^2$	已知$\overline{AD} = h_a$為$\overline{BC}$上的高 & 畢氏定理
(2) $h_a^2 = c^2 - \overline{BD}^2 = (c + \overline{BD})(c - \overline{BD})$	由(1) 等量減法公理 & 因式分解
(3) $b^2 = a^2 + c^2 - 2 \times a \times \overline{BD}$	定理8.3-4 畢氏定理推廣
(4) $\overline{BD} = \dfrac{a^2 + c^2 - b^2}{2}$	由(3)
(5) $h_a^2 = (c + \dfrac{a^2+c^2-b^2}{2a})(c - \dfrac{a^2+c^2-b^2}{2a})$ $= (\dfrac{2ac + a^2 + c^2 - b^2}{2a})(\dfrac{2ac - a^2 - c^2 + b^2}{2a})$	將(4)式代入(2)式得 通分

$= [\dfrac{(a^2+2ac+c^2)-b^2}{2a}][\dfrac{b^2-(a^2-2ac+c^2)}{2a}]$	加法交換律 & 結合律
$= [\dfrac{(a+c)^2-b^2}{2a}][\dfrac{b^2-(a-c)^2}{2a}]$	和的平方公式因式分解
$= [\dfrac{(a+c+b)(a+c-b)}{2a}][\dfrac{(b+a-c)(b-a+c)}{2a}]$	平方差公式因式分解
$= \dfrac{(a+c+b)(a+c-b)(b+a-c)(b-a+c)}{4a^2}$	分數乘法
$= \dfrac{(2s)(2s-2b)(2s-2c)(2s-2a)}{4a^2}$	假設 $a+b+c=2s$
$= \dfrac{2s \times 2(s-b) \times 2(s-c) \times 2(s-a)}{4a^2}$	提出公因數2
$= \dfrac{4s \times (s-a) \times (s-b) \times (s-c)}{a^2}$	約分 & 乘法交換律
(6) $h_a{}^2 = \dfrac{4s \times (s-a) \times (s-b) \times (s-c)}{a^2}$	由(5)
(7) $h_a = \dfrac{2\sqrt{s(s-a)(s-b)(s-c)}}{a}$ 或 $h_a = -\dfrac{2\sqrt{s(s-a)(s-b)(s-c)}}{a}$	由(6) 求h_a的平方根
(8) $h_a = \dfrac{2\sqrt{s(s-a)(s-b)(s-c)}}{a}$	由(7) & h_a為線段長度必大於0
(9) 三角形△ABC的面積 $= \dfrac{a \times h_a}{2}$ $= \dfrac{a}{2} \times \dfrac{2\sqrt{s(s-a)(s-b)(s-c)}}{a}$ $= \sqrt{s(s-a)(s-b)(s-c)}$	已知$\overline{AD}=h_a$為$\overline{BC}$上的高 & 三角形面積定理 將(8) 式代入 約分
(10) 所以△ABC的面積 $= \sqrt{s(s-a)(s-b)(s-c)}$ (其中$s = \dfrac{a+b+c}{2}$)	由(9) 已證 & 假設 $a+b+c=2s$

Q. E. D.

例題 9.1-60

如圖9.1-64，已知△ABC中，$\overline{AB}=4$公分、$\overline{BC}=6$公分、$\overline{AC}=8$公分，則△ABC的面積為何？

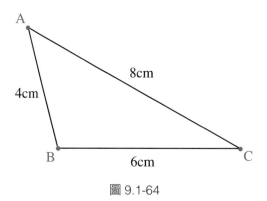

圖 9.1-64

△ABC的三邊長為a、b、c，且$s=\dfrac{a+b+c}{2}$，

則△ABC的面積$=\sqrt{s(s-a)(s-b)(s-c)}$

敘述	理由
(1) $s=\dfrac{\overline{AB}+\overline{BC}+\overline{AC}}{2}$ $=\dfrac{(4公分)+(6公分)+(8公分)}{2}$ $=9$公分	已知$\overline{AB}=4$公分、$\overline{BC}=6$公分、$\overline{AC}=8$公分
(2) △ABC的面積 $=\sqrt{s(s-\overline{AB})(s-\overline{BC})(s-\overline{AC})}$ $=\sqrt{9公分(9公分-4公分)(9公分-6公分)(9公分-8公分)}$ $=\sqrt{135公分^4}$ $=3\sqrt{15}$平方公分	若△ABC的三邊長為 a、b、c，且$s=\dfrac{a+b+c}{2}$，則△ABC的面積 $=\sqrt{s(s-a)(s-b)(s-c)}$ & 已知△ABC中，$\overline{AB}=4$公分、$\overline{BC}=6$公分、$\overline{AC}=8$公分 & (1) $s=9$公分

定理 9.1-6

梯形面積定理

梯形面積等於兩底和與高之乘積的一半。

已知

梯形ABCD中，$\overline{AB}$、$\overline{CD}$為兩底，$\overline{DE}$為高，$\overline{DE} \perp \overline{AB}$。

求證

梯形ABCD的面積 $= \dfrac{(\overline{AB}+\overline{CD}) \times \overline{DE}}{2}$。

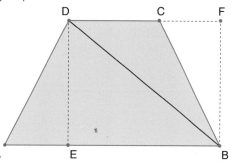

圖 9.1-65

想法

將梯形分為二個三角形，再利用三角形面積定理。

證明

敘　述	理　由
(1) 作$\overline{BD}$，如圖9.1-65	過兩點可作一直線
(2) 過B點，作$\overline{BF} \perp \overrightarrow{DC}$交於F點，如圖9.1-65	垂直作圖
(3) $\overline{CD} /\!/ \overline{AB}$	已知ABCD為梯形 & 梯形定義
(4) $\overline{DE} = \overline{BF}$	由(3) & 已知$\overline{DE} \perp \overline{AB}$ & (2) 作 $\overline{BF} \perp \overrightarrow{DC}$ & 平行線間的平行線段相等
(5) $\triangle ABD = \dfrac{\overline{AB} \times \overline{DE}}{2}$	已知$\overline{DE} \perp \overline{AB}$ & 三角形面積定理
(6) $\triangle DCB = \dfrac{\overline{CD} \times \overline{BF}}{2} = \dfrac{\overline{CD} \times \overline{DE}}{2}$	由(2) 作$\overline{BF} \perp \overrightarrow{DC}$ & 三角形面積定理 將(4) $\overline{DE} = \overline{BF}$ 代入
(7) 梯形ABCD $= \triangle ABD + \triangle DCB$ $= \dfrac{\overline{AB} \times \overline{DE}}{2} + \dfrac{\overline{CD} \times \overline{DE}}{2}$ $= \dfrac{(\overline{AB}+\overline{CD}) \times \overline{DE}}{2}$	如圖9.1-65所示，全量等於分量的總和 & 將(5)、(6) 代入 通分 & 分配律

Q.E.D.

例題 9.1-61

如圖9.1-66，梯形ABCD中，$\overline{AB}$、$\overline{CD}$為兩底，$\overline{BE}$為高，且$\overline{AB}=3$公分，$\overline{CD}=7$公分，$\overline{BE}=4$公分，則梯形ABCD面積為何？

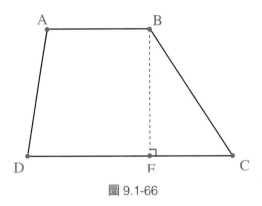

圖 9.1-66

 想法　梯形面積等於兩底和與高之乘積的一半

 解

敘述	理由
(1)　　梯形ABCD面積 $=\dfrac{(\overline{AB}+\overline{CD})\times\overline{BE}}{2}$ $=\dfrac{(3公分+7公分)\times4公分}{2}$ $=20$平方公分	梯形面積等於兩底和與高之乘積的一半 & 已知梯形ABCD中，$\overline{AB}$、$\overline{CD}$為兩底，$\overline{BE}$為高，且$\overline{AB}=3$公分，$\overline{CD}=7$公分，$\overline{BE}=4$公分

例題 **9.1-62**

如圖9.1-67，梯形ABCD中，$\overline{AB}$、$\overline{CD}$為兩底，$\overline{BE}$為高，且$\overline{AB}=5$公分，
$\overline{CD}=10$公分，若梯形ABCD面積為45平方公分，則$\overline{BE}=$？

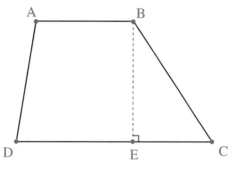

圖 9.1-67

　梯形面積等於兩底和與高之乘積的一半

敘述	理由
(1) 梯形ABCD面積$=\dfrac{(\overline{AB}+\overline{CD})\times\overline{DE}}{2}$	梯形面積等於兩底和與高之乘積的一半 & 已知梯形ABCD中，$\overline{AB}$、$\overline{CD}$為兩底，$\overline{BE}$為高
(2) 45平方公分$=\dfrac{(5公分+10公分)\times\overline{BE}}{2}$	由(1) & 已知$\overline{AB}=5$公分，$\overline{CD}=10$公分，梯形ABCD面積為45平方公分
(3)　$(5公分+10公分)\times\overline{BE}$ $=(45平方公分)\times 2$	由(2) 等量乘法公理
(4)　$\overline{BE}$ $=2\times(45平方公分)\div(5公分+10公分)$ $=6公分$	由(3) 等量除法公理

例題 9.1-63

如圖9.1-68，梯形ABCD中，$\overline{AB}$、$\overline{CD}$ 為兩底，$\overline{BE}$ 為高，且$\overline{AB}=4$公分，$\overline{BE}=5$公分，若梯形ABCD面積為35平方公分，則$\overline{CD}=$?

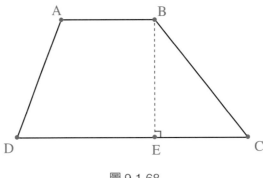

圖 9.1-68

梯形面積等於兩底和與高之乘積的一半

敘述	理由
(1) 梯形ABCD面積$=\dfrac{(\overline{AB}+\overline{CD})\times\overline{BE}}{2}$	梯形面積等於兩底和與高之乘積的一半 & 已知梯形ABCD中，$\overline{AB}$、$\overline{CD}$ 為兩底，$\overline{BE}$為高
(2) 45平方公分$=\dfrac{(4公分+\overline{CD})\times5公分}{2}$	由(1) & 已知$\overline{AB}=4$公分，$\overline{BE}=5$公分，梯形ABCD面積為35平方公分
(3) $(4公分+\overline{CD})\times5公分$ $=(35平方公分)\times2$	由(2) 等量乘法公理
(4) $4公分+\overline{CD}$ $=(35平方公分)\times2\div(5公分)$	由(3) 等量除法公理
(5) $\overline{CD}$ $=(35平方公分)\times2\div(5公分)-4公分$ $=10公分$	由(4) 等量減法公理

在練習完基本的梯形面積題型後，讓我們利用第六章所學等腰梯形的性質與第八章所學的畢氏定理，來作以下例題9.1-64~例題9.1-65。

例題 **9.1-64**

如圖9.1-69，等腰梯形ABCD中，$\overline{AB}$、$\overline{CD}$為兩底，且$\overline{AB}=3$公分，$\overline{CD}=9$公分，若$\overline{BC}=5$公分，則梯形ABCD面積為何？

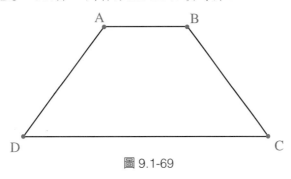

圖 9.1-69

想法

(1) 利用畢氏定理求出梯形的高

(2) 梯形面積等於兩底和與高之乘積的一半

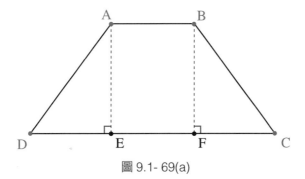

圖 9.1- 69(a)

解

敘述	理由
(1) 過A點作$\overline{AE}\perp\overline{CD}$， 　　過B點作$\overline{BF}\perp\overline{CD}$， 　　如圖9.1-69(a)	作圖
(2) $\overline{AE}\,/\!/\,\overline{BF}$	由(1) $\overline{AE}\perp\overline{CD}$ & $\overline{BF}\perp\overline{CD}$ & 垂直於同一直線之兩線互相平行
(3) $\overline{AB}\,/\!/\,\overline{CD}$	已知ABCD為梯形 & 梯形一組對邊平行
(4) 四邊形ABFE為平行四邊形	由(2) & (3) 兩組對邊平行的四邊形為平行四邊形

(5) $\overline{AE}=\overline{BF}$ & $\overline{EF}=\overline{AB}=3$公分	由(4) & 平行四邊形對邊等長 & 已知 $\overline{AB}=3$公分
(6) 在△ADE與△BCF中 $\overline{AD}=\overline{BC}$ $\overline{AE}=\overline{BF}$ ∠AED＝∠BFC＝90°	如圖9-69(a)所示 已知ABCD為等腰梯形 & 兩腰等長 由(5) $\overline{AE}=\overline{BF}$ 已證 由(1) $\overline{AE}\perp\overline{CD}$ & $\overline{BF}\perp\overline{CD}$
(7) △ADE ≅ △BCF	由(6) & 根據三角形R.S.H.全等定理
(8) $\overline{DE}=\overline{CF}$	由(7) & 兩全等三角形之對應邊相等
(9) $\overline{CD}=\overline{CF}+\overline{EF}+\overline{DE}$ $=\overline{CF}+\overline{EF}+\overline{CF}$ $=2\overline{CF}+\overline{EF}$	如圖9-69(a)，全量等於分量之和 將(8) $\overline{DE}=\overline{CF}$ 代入 加法交換律 & 結合律
(10) $2\overline{CF}=\overline{CD}-\overline{EF}$	由(9) 等量減法公理
(11) $\overline{CF}=(\overline{CD}-\overline{EF})\div2$ $=(9公分-3公分)\div2$ $=3$公分	由(10) 等量除法公理 & 將已知 $\overline{CD}=9$公分 & (5) $\overline{EF}=3$公分代入
(12) 直角三角形BCF中 $\overline{BF}^2+\overline{CF}^2=\overline{BC}^2$	由(1) $\overline{BF}\perp\overline{CD}$ 畢氏定理
(13) $\overline{BF}^2=\overline{BC}^2-\overline{CF}^2$ $=(5公分)^2-(3公分)^2$ $=16$平方公分	由(12) 等量減法公理 & 將已知 $\overline{BC}=5$公分 & (11) $\overline{CF}=3$公分代入
(14) $\overline{BF}=4$公分 或 $\overline{BF}=-4$公分	由(13) 求平方根
(15) $\overline{BF}=4$公分	由(14) & $\overline{BF}$ 為線段長度必大於0
(16)　梯形ABCD面積 $=\dfrac{(\overline{AB}+\overline{CD})\times\overline{BF}}{2}$ $=\dfrac{(3公分+9公分)\times4公分}{2}$ $=24$平方公分	梯形面積等於兩底和與高之乘積的 一半 & 已知等腰梯形ABCD中， $\overline{AB}$、$\overline{CD}$為兩底， 且 $\overline{AB}=3$公分，$\overline{CD}=9$公分 & (1) $\overline{BF}\perp\overline{CD}$ & (15) $\overline{BF}=4$公分

例題 **9.1-65**

如圖9.1-70，等腰梯形ABCD中，$\overline{AD} /\!/ \overline{BC}$，$\overline{AE} \perp \overline{BC}$，$\overline{AB} = \overline{CD} = 25$公分，$\overline{AD} = 8$公分，$\overline{AE} = 24$公分，求梯形ABCD面積為何？

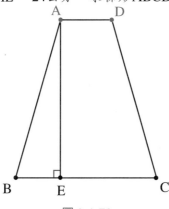

圖 9.1-70

(1) 利用畢氏定理求出梯形的下底

(2) 梯形面積等於兩底和與高之乘積的一半

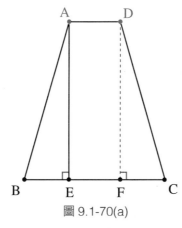

圖 9.1-70(a)

敘述	理由
(1) 過D點作 $\overline{DF} \perp \overline{BC}$ ， 　　如圖9.1-70(a)	作圖
(2) $\overline{AE} /\!/ \overline{DF}$	已知 $\overline{AE} \perp \overline{BC}$ & (1) 作 $\overline{DF} \perp \overline{BC}$ & 垂直於同一直線之兩線互相平行
(3) 四邊形ADFE為平行四邊形	已知 $\overline{AD} /\!/ \overline{BC}$ & (2) $\overline{AE} /\!/ \overline{DF}$ 兩組對邊平行的四邊形為平行四邊形

(4) $\overline{EF}=\overline{AD}=8$公分 & 　　$\overline{DF}=\overline{AE}=24$公分	由(3) & 平行四邊形對邊等長 & 已知$\overline{AD}=8$公分，$\overline{AE}=24$公分
(5) 在△ABE與△DCF中 　　$\overline{AB}=\overline{DC}$ 　　$\overline{AE}=\overline{DF}$ 　　∠AEB＝∠DFC＝90°	如圖9.1-70(a)所示 已知$\overline{AB}=\overline{CD}=25$公分 由(4) $\overline{DF}=\overline{AE}=24$公分 已證 已知$\overline{AE}\perp\overline{BC}$ & (1) 作$\overline{DF}\perp\overline{BC}$
(6) △ABE ≅ △DCF	由(5) & 根據三角形R.S.H.全等定理
(7) $\overline{BE}=\overline{CF}$	由(6) & 兩全等三角形之對應邊相等
(8) $\overline{BC}=\overline{BE}+\overline{EF}+\overline{CF}$ 　　$=\overline{BE}+\overline{EF}+\overline{BE}$ 　　$=2\overline{BE}+\overline{EF}$	如圖9.1-70(a)，全量等於分量之和 將(7) $\overline{BE}=\overline{CF}$ 代入 加法交換律 & 結合律
(9) 直角三角形ABE中 　　$\overline{BE}^2+\overline{AE}^2=\overline{AB}^2$	已知$\overline{AE}\perp\overline{BC}$ 畢氏定理
(10) $\overline{BE}^2=\overline{AB}^2-\overline{AE}^2$ 　　　$=(25$公分$)^2-(24$公分$)^2$ 　　　$=49$平方公分	由(9) 等量減法公理 將已知$\overline{AB}=25$公分，$\overline{AE}=24$公分 代入
(11) $\overline{BE}=7$公分 或 $\overline{BE}=-7$公分	由(10) 求平方根
(12) $\overline{BE}=7$公分	由(11) & $\overline{BE}$ 為線段長度必大於0
(13) $\overline{BC}=2\times(7$公分$)+8$公分 　　　$=22$公分	將(12) $\overline{BE}=7$公分 代入 (8) $\overline{BC}=2\overline{BE}+\overline{EF}$
(14)　梯形ABCD面積 　　$=\dfrac{(\overline{AD}+\overline{BC})\times\overline{AE}}{2}$ 　　$=\dfrac{(8公分+22公分)\times24公分}{2}$ 　　$=360$平方公分	梯形面積等於兩底和與高之乘積的 一半 & 已知等腰梯形ABCD中， $\overline{AD}//\overline{BC}$，$\overline{AE}\perp\overline{BC}$，$\overline{AD}=8$公分， $\overline{AE}=24$公分 & (13) $\overline{BC}=22$公分 已證

在練習完等腰梯形的面積題型後，讓我們利用第六章中提到梯形中線的性質，來證明以下例題9.1-66。

例題 **9.1-66**　（梯形面積等於中線長與高的乘積）

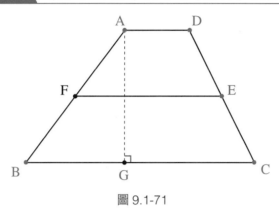

圖 9.1-71

 已知　如圖9.1-71，梯形ABCD中，$\overline{AD}//\overline{BC}$，$\overline{EF}$ 為中線，$\overline{AG}$ 為高

 求證　梯形ABCD面積＝$\overline{EF} \times \overline{AG}$

 想法　(1) 梯形中線長等於兩底和的一半
　　　(2) 梯形面積等於兩底和與高之乘積的一半

 證明

敘述	理由
(1) $\overline{AD}$ 與 $\overline{BC}$ 分別為梯形的兩底	已知梯形ABCD中，$\overline{AD}//\overline{BC}$
(2) $\overline{EF} = \dfrac{\overline{AD}+\overline{BC}}{2}$	已知梯形ABCD中，$\overline{EF}$ 為中線 & (1) & 梯形中線長等於兩底和的一半
(3) 　梯形ABCD面積 $= \dfrac{(\overline{AD}+\overline{BC}) \times \overline{AG}}{2}$	由(1) $\overline{AD}$ 與 $\overline{BC}$ 分別為梯形的兩底 & 已知 $\overline{AG}$ 為梯形ABCD的高 & 梯形面積等於兩底和與高之乘積的一半
(4) 梯形ABCD面積＝$\overline{EF} \times \overline{AG}$	將(2)式代入(3)式得

Q.E.D.

由例題9.1-66，我們得到以下這個結論：梯形面積等於中線長與高的乘積。接下來，就讓我們將例題9.1-66的結論，運用在以下例題9.1-67~例題9.1-68。

例題 9.1-67 （梯形面積等於中線長與高的乘積）

如圖9.1-72，梯形ABCD中，$\overline{AD}$ // $\overline{BC}$，$\overline{EF}$ 為梯形中線，$\overline{AG}$ 為梯形的高，已知$\overline{EF}$ =11公分，$\overline{AG}$ =8公分，求梯形ABCD的面積。

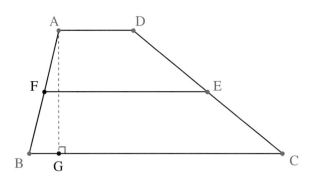

圖 9.1-72

 梯形面積等於中線長與高的乘積

敘述	理由
(1) 梯形ABCD的面積＝$\overline{EF}$ ×$\overline{AG}$	梯形面積等於中線長與高的乘積 & 已知梯形ABCD中，$\overline{AD}$//$\overline{BC}$，$\overline{EF}$ 為梯形中線，$\overline{AG}$ 為梯形的高
(2) 　梯形ABCD的面積 　　＝(11公分)×(8公分) 　　＝88平方公分	由(1) & 已知$\overline{EF}$ =11公分，$\overline{AG}$ =8公分

例題 9.1-68 （梯形面積等於中線長與高的乘積）

如圖9.1-73，已知梯形ABCD中，$\overline{AD}//\overline{BC}$，$\overline{EF}$ 為梯形中線，$\overline{AG}$ 為梯形的高，若 $\overline{AG}=4$公分，且梯形ABCD的面積為32平方公分，求 $\overline{EF}=$ ？

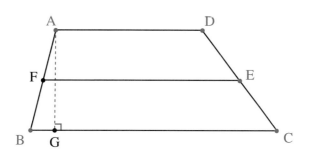

圖 9.1-73

想法 梯形面積等於中線長與高的乘積

解

敘述	理由
(1) 梯形ABCD的面積＝$\overline{EF} \times \overline{AG}$	梯形面積等於中線長與高的乘積 & 已知梯形ABCD中，$\overline{AD}//\overline{BC}$，$\overline{EF}$ 為梯形中線，$\overline{AG}$ 為梯形的高
(2) 32平方公分＝$\overline{EF} \times$（4公分）	由(1) & 已知 $\overline{AG}=4$公分，且梯形ABCD的面積為32平方公分
(3) $\overline{EF}=$（32平方公分）÷（4公分）　＝8公分	由(2) 等量除法公理

接下來，讓我們利用例題9.1-41的結論：同底等高之三角形面積皆相等。來證明以下例題9.1-69。

例題 9.1-69

已知　如圖9.1-74，梯形ABCD中，兩對角線$\overline{AC}$與$\overline{BD}$相交於E點

求證　△ABE面積＝△DCE面積

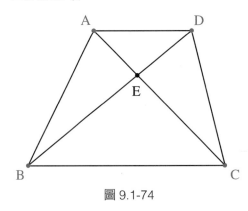

圖 9.1-74

想法
(1) 先求出△ABC面積＝△DCB面積
(2) 同時減掉△CBE面積，即可得△ABE面積＝△DCE面積

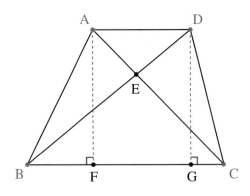

圖 9.1-74(a)

證明

敘述	理由
(1) 過A點作 $\overline{AF}\perp\overline{BC}$ 　　過D點作 $\overline{DG}\perp\overline{BC}$， 　　如圖9.1-74(a)	作圖
(2) $\overline{AD}\,/\!/\,\overline{BC}$	已知ABCD為梯形 & 梯形一組對邊平行
(3) $\overline{AF}=\overline{DG}$	由(1) & (2) & 兩平行線間的距離不變
(4) △ABC中，$\overline{BC}$ 為底，$\overline{AF}$ 為高	由(1) 過A點作 $\overline{AF}\perp\overline{BC}$
(5) △DBC中，$\overline{BC}$ 為底，$\overline{DG}$ 為高	由(1) 過D點作 $\overline{DG}\perp\overline{BC}$
(6) △ABC與△DBC同底等高	由(3) & (4) & (5)
(7) △ABC面積＝△DBC面積	由(6) & 同底等高之三角形面積皆相等
(8) 　△ABC面積 　　＝△ABE面積＋△BCE面積	全量等於分量之和
(9) 　△DBC面積 　　＝△DCE面積＋△BCE面積	全量等於分量之和
(10) 　△ABE面積＋△BCE面積 　　＝△DCE面積＋△BCE面積	由(7) & (8) & (9)
(11) △ABE面積＝△DCE面積	由(10) 等量減法公理

Q.E.D.

在證明完例題9.1-69後，再搭配上例題9.1-53的結論：四邊形兩對角線所形成的三角形中，對頂兩個三角形面積的乘積等於另兩個對頂三角形面積的乘積。我們來練習以下例題9.1-70。

例題 9.1-70

如圖9.1-75，梯形ABCD中，兩對角線$\overline{AC}$與$\overline{BD}$相交於E點，若△ADE面積為4平方公分，△BCE面積為9平方公分，求△ABE面積與△DCE面積各為何？

想法

(1) 利用例題9.1-65結論：

梯形ABCD中，若兩對角線$\overline{AC}$與$\overline{BD}$
相交於E點，則△ABE面積＝△DCE面積

(2) 利用例題9.1-49的結論：

四邊形兩對角線所形成的三角形中，

對頂兩個三角形面積的乘積等於另兩個對頂三角形面積的乘積

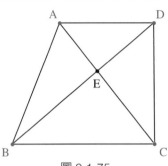

圖 9.1-75

解

敘述	理由
(1) △ABE面積＝△DCE面積	已知梯形ABCD中，兩對角線$\overline{AC}$與$\overline{BD}$相交於E點 & 例題9.1-65結論
(2) 假設△ABE面積＝△DCE面積 ＝a平方公分	由(1) & 假設
(3)　　△ADE面積×△BCE面積 ＝△ABE面積×△DCE面積	利用例題9.1-49的結論：四邊形兩對角線所形成的三角形中，對頂兩個三角形面積的乘積等於另兩個對頂三角形面積的乘積
(4)　　(4平方公分)×(9平方公分) ＝(a平方公分)×(a平方公分)	由(3) & 已知△ADE面積為4平方公分，△BCE面積為9平方公分 & (2)假設
(5) a^2＝36	由(4)
(6) a＝6 或 a＝−6	由(5) 求平方根
(7) a＝6	由(6) & a為三角形面積必大於0
(8) 所以△ABE面積＝△DCE面積 ＝6平方公分	由(2) & (7)

接下來，讓我們將面積應用在相似形上，看看面積與對應邊之間的關係。

例題 9.1-71（相似三角形面積比等於對應邊的平方比或對應高的平方比）

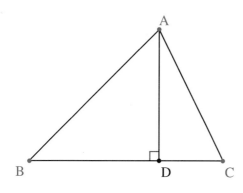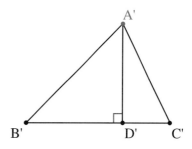

圖 9.1-76

已知 如圖9.1-76，$\triangle ABC \cong \triangle A'B'C'$，$\overline{AD}$ 與 $\overline{A'D'}$ 分別為 $\overline{BC}$ 與 $\overline{B'C'}$ 上的高

求證 $\dfrac{\triangle ABC \text{面積}}{\triangle A'B'C' \text{面積}} = \dfrac{\overline{AB}^2}{\overline{A'B'}^2} = \dfrac{\overline{BC}^2}{\overline{B'C'}^2} = \dfrac{\overline{AC}^2}{\overline{A'C'}^2} = \dfrac{\overline{AD}^2}{\overline{A'D'}^2}$

想法 (1) 相似三角形對應高的比等於對應邊的比（定理 8.2-8）
(2) 三角形面積等於底與高乘積的一半

證明

敘述	理由
(1) $\dfrac{\overline{AB}}{\overline{A'B'}} = \dfrac{\overline{BC}}{\overline{B'C'}} = \dfrac{\overline{AC}}{\overline{A'C'}} = \dfrac{\overline{AD}}{\overline{A'D'}}$	相似三角形對應高的比等於對應邊的比 & 已知 $\triangle ABC \cong \triangle A'B'C'$，$\overline{AD}$ 與 $\overline{A'D'}$ 分別為 $\overline{BC}$ 與 $\overline{B'C'}$ 上的高
(2) $\dfrac{\triangle ABC \text{面積}}{\triangle A'B'C' \text{面積}} = \dfrac{\frac{1}{2} \times \overline{BC} \times \overline{AD}}{\frac{1}{2} \times \overline{B'C'} \times \overline{A'D'}}$ $= (\dfrac{\overline{BC}}{\overline{B'C'}}) \times (\dfrac{\overline{AD}}{\overline{A'D'}})$	三角形面積等於底與高乘積的一半 & 已知 $\overline{AD}$ 與 $\overline{A'D'}$ 分別為 $\overline{BC}$ 與 $\overline{B'C'}$ 上的高 & 倍比定理

(3) $\dfrac{\triangle ABC \text{面積}}{\triangle A'B'C' \text{面積}} = (\dfrac{\overline{AB}}{\overline{A'B'}}) \times (\dfrac{\overline{AB}}{\overline{A'B'}})$

$= \dfrac{\overline{AB}^2}{\overline{A'B'}^2}$

將(1) $\dfrac{\overline{BC}}{\overline{B'C'}} = \dfrac{\overline{AB}}{\overline{A'B'}}$ & $\dfrac{\overline{AD}}{\overline{A'D'}} = \dfrac{\overline{AB}}{\overline{A'B'}}$

代入(2) 式得

(4) $\dfrac{\triangle ABC \text{面積}}{\triangle A'B'C' \text{面積}} = (\dfrac{\overline{BC}}{\overline{B'C'}}) \times (\dfrac{\overline{BC}}{\overline{B'C'}})$

$= \dfrac{\overline{BC}^2}{\overline{B'C'}^2}$

將(1) $\dfrac{\overline{AD}}{\overline{A'D'}} = \dfrac{\overline{BC}}{\overline{B'C'}}$ 代入(2) 式得

(5) $\dfrac{\triangle ABC \text{面積}}{\triangle A'B'C' \text{面積}} = (\dfrac{\overline{AC}}{\overline{A'C'}}) \times (\dfrac{\overline{AC}}{\overline{A'C'}})$

$= \dfrac{\overline{AC}^2}{\overline{A'C'}^2}$

將(1) $\dfrac{\overline{BC}}{\overline{B'C'}} = \dfrac{\overline{AC}}{\overline{A'C'}}$ & $\dfrac{\overline{AD}}{\overline{A'D'}} = \dfrac{\overline{AC}}{\overline{A'C'}}$

代入(2) 式得

(6) $\dfrac{\triangle ABC \text{面積}}{\triangle A'B'C' \text{面積}} = (\dfrac{\overline{AD}}{\overline{A'D'}}) \times (\dfrac{\overline{AD}}{\overline{A'D'}})$

$= \dfrac{\overline{AD}^2}{\overline{A'D'}^2}$

將(1) $\dfrac{\overline{BC}}{\overline{B'C'}} = \dfrac{\overline{AD}}{\overline{A'D'}}$ 代入(2) 式得

(7) $\dfrac{\triangle ABC \text{面積}}{\triangle A'B'C' \text{面積}}$

$= \dfrac{\overline{AB}^2}{\overline{A'B'}^2} = \dfrac{\overline{BC}^2}{\overline{B'C'}^2} = \dfrac{\overline{AC}^2}{\overline{A'C'}^2} = \dfrac{\overline{AD}^2}{\overline{A'D'}^2}$

由(3)~(6) 遞移律

Q.E.D.

由上述例題9.1-67中，我們知道當 $\dfrac{\overline{AB}}{\overline{A'B'}} = \dfrac{\overline{BC}}{\overline{B'C'}} = \dfrac{\overline{AC}}{\overline{A'C'}} = \dfrac{\overline{AD}}{\overline{A'D'}}$ 時，

則 $\dfrac{\overline{AB}^2}{\overline{A'B'}^2} = \dfrac{\overline{BC}^2}{\overline{B'C'}^2} = \dfrac{\overline{AC}^2}{\overline{A'C'}^2} = \dfrac{\overline{AD}^2}{\overline{A'D'}^2}$。（即比值相同時，比值的平方亦相等）

例題 **9.1-72** （相似三角形面積比等於對應邊的平方比或對應高的平方比）

如圖9.1-77，△ABC ≅ △A'B'C'，$\overline{AD}$ 與 $\overline{A'D'}$ 分別為 $\overline{BC}$ 與 $\overline{B'C'}$ 上的高，若 $\overline{AD}=8$公分，$\overline{A'D'}=6$公分，則 $\dfrac{\triangle ABC\text{面積}}{\triangle A'B'C'\text{面積}}$ 為何？

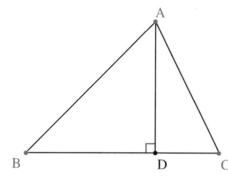
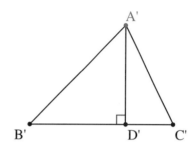

圖 9.1-77

 相似三角形面積比等於對應邊的平方比或對應高的平方比

敘述	理由
(1) $\dfrac{\triangle ABC\text{面積}}{\triangle A'B'C'\text{面積}}$ $=\dfrac{\overline{AD}^2}{\overline{A'D'}^2}=\dfrac{(8\text{公分})^2}{(6\text{公分})^2}$ $=\dfrac{64\text{平方公分}}{36\text{平方公分}}=\dfrac{16}{9}$	已知△ABC ≅ △A'B'C'，$\overline{AD}$ 與 $\overline{A'D'}$ 分別為 $\overline{BC}$ 與 $\overline{B'C'}$ 上的高，$\overline{AD}=8$公分，$\overline{A'D'}=6$公分 & 相似三角形面積比等於對應邊的平方比或對應高的平方比

例題 **9.1-73** （相似多邊形面積比等於對應邊的平方比）

已知　如圖9.1-78，多邊形ABCDE 與多邊形$A_1B_1C_1D_1E_1$為兩邊數相等的相似多邊形

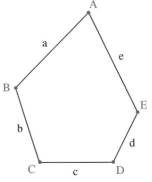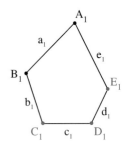

圖 9.1-78

求證　$\dfrac{\text{多邊形ABCDE面積}}{\text{多邊形}A_1B_1C_1D_1E_1\text{面積}} = \dfrac{a^2}{a_1^2} = \dfrac{b^2}{b_1^2} = \dfrac{c^2}{c_1^2} = \dfrac{d^2}{d_1^2} = \dfrac{e^2}{e_1^2}$

想法　(1) 相似多邊形對應邊成比例

(2) 定理 8.2-9 相似多邊形分成定理：

　　兩相似多邊形，可分成個數相同的

　　相似三角形，且其關係位置相同

(3) 相似三角形面積比等於對應邊的

　　平方比

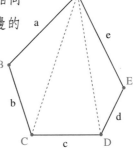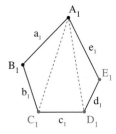

圖 9.1-78(a)

證明

敘述	理由
(1) $\dfrac{a}{a_1} = \dfrac{b}{b_1} = \dfrac{c}{c_1} = \dfrac{d}{d_1} = \dfrac{e}{e_1} = r$	已知多邊形ABCDE與多邊形 $A_1B_1C_1D_1E_1$為兩邊數相等的相似多邊形 & 相似多邊形對應邊成比例
(2) $\dfrac{a^2}{a_1^2} = \dfrac{b^2}{b_1^2} = \dfrac{c^2}{c_1^2} = \dfrac{d^2}{d_1^2} = \dfrac{e^2}{e_1^2} = r^2$	由(1) & 比值相同時，比值的平方亦相等

(3) 作 $\overline{AC}$、$\overline{AD}$、$\overline{A_1C_1}$ 與 $\overline{A_1D_1}$，

如上圖9.1-78(a)所示，則

$\triangle ABC \cong \triangle A_1B_1C_1$

$\triangle ACD \cong \triangle A_1C_1D_1$

$\triangle ADE \cong \triangle A_1D_1E_1$

作圖 &

已知多邊形ABCDE與多邊形 $A_1B_1C_1D_1E_1$ 為兩邊數相等的相似多邊形 & 定理 8.2-9 相似多邊形分成定理：兩相似多邊形，可分成個數相同的相似三角形，且其關係位置相同

(4) $\dfrac{\triangle ABC \text{面積}}{\triangle A_1B_1C_1 \text{面積}} = \dfrac{a^2}{a_1^2} = \dfrac{b^2}{b_1^2} = r^2$

（即 $\triangle ABC$ 面積 $= \triangle A_1B_1C_1$ 面積 $\times r^2$）

由(3) & 相似三角形面積比等於對應邊的平方比 &

(2) $\dfrac{a^2}{a_1^2} = \dfrac{b^2}{b_1^2} = r^2$

(5) $\dfrac{\triangle ACD \text{面積}}{\triangle A_1C_1D_1 \text{面積}} = \dfrac{c^2}{c_1^2} = r^2$

（即 $\triangle ACD$ 面積 $= \triangle A_1C_1D_1$ 面積 $\times r^2$）

由(3) & 相似三角形面積比等於對應邊的平方比 & (2)

$\dfrac{c^2}{c_1^2} = r^2$

(6) $\dfrac{\triangle ADE \text{面積}}{\triangle A_1D_1E_1 \text{面積}} = \dfrac{c^2}{c_1^2} = r^2$

（即 $\triangle ADE$ 面積 $= \triangle A_1D_1E_1$ 面積 $\times r^2$）

由(3) & 相似三角形面積比等於對應邊的平方比 &

(2) $\dfrac{d^2}{d_1^2} = \dfrac{e^2}{e_1^2} = r^2$

(7) $\dfrac{\text{多邊形ABCDE面積}}{\text{多邊形}A_1B_1C_1D_1E_1\text{面積}}$

$= \dfrac{\triangle ABC\text{面積}+\triangle ACD\text{面積}+\triangle ADE\text{面積}}{\triangle A_1B_1C_1\text{面積}+\triangle A_1C_1D_1\text{面積}+\triangle A_1D_1E_1\text{面積}}$

$= \dfrac{(\triangle A_1B_1C_1\text{面積}+\triangle A_1C_1D_1\text{面積}+\triangle A_1D_1E_1\text{面積})\times r^2}{(\triangle A_1B_1C_1\text{面積}+\triangle A_1C_1D_1\text{面積}+\triangle A_1D_1E_1\text{面積})}$

$= r^2$

題目所求 &

全量等於分量之和

將(4)　$\triangle ABC$ 面積 $= \triangle A_1B_1C_1$ 面積 $\times r^2$

(5)　$\triangle ACD$ 面積 $= \triangle A_1C_1D_1$ 面積 $\times r^2$

(6)　$\triangle ADE$ 面積 $= \triangle A_1D_1E_1$ 面積 $\times r^2$ 代入

(8) 所以 $\dfrac{\text{多邊形ABCDE面積}}{\text{多邊形}A_1B_1C_1D_1E_1\text{面積}}$

$= \dfrac{a^2}{a_1^2} = \dfrac{b^2}{b_1^2} = \dfrac{c^2}{c_1^2} = \dfrac{d^2}{d_1^2} = \dfrac{e^2}{e_1^2}$

由(2) & (7) 遞移律

Q.E.D.

例題 9.1-74 （相似多邊形面積比等於對應邊的平方比）

如圖9.1-79，五邊形ABCDE與五邊形$A_1B_1C_1D_1E_1$相似，已知$\overline{CD}=3$公分、$\overline{C_1D_1}=2$公分，若五邊形ABCDE面積為19平方公分，則五邊形$A_1B_1C_1D_1E_1$面積為何？

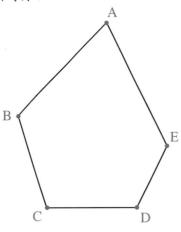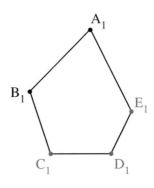

圖 9.1-79

 想法　相似多邊形面積比等於對應邊的平方比

 解

敘述	理由
(1) $\dfrac{\text{五邊形ABCDE面積}}{\text{五邊形}A_1B_1C_1D_1E_1\text{面積}}=\dfrac{\overline{CD}^2}{\overline{C_1D_1}^2}$	已知五邊形ABCDE與五邊形$A_1B_1C_1D_1E_1$相似 & 相似多邊形面積比等於對應邊的平方比
(2) $\dfrac{19\text{平方公分}}{\text{五邊形}A_1B_1C_1D_1E_1\text{面積}}=\dfrac{(3\text{公分})^2}{(2\text{公分})^2}$	由(1) & 已知$\overline{CD}=3$公分、$\overline{C_1D_1}=2$公分，五邊形ABCDE面積為19平方公分
(3) 五邊形$A_1B_1C_1D_1E_1$面積 $=(19\text{平方公分})\times(2\text{公分})^2\div(3\text{公分})^2$ $=\dfrac{76}{9}\text{平方公分}$	由(2) 求五邊形$A_1B_1C_1D_1E_1$面積

在本節的最後，讓我們利用面積來證明之前證明過的定理，在以下的例題 9.1-75 中，我們將利用例題 9.1-43 所證明的結論：等高之三角形面積比為底邊長之比。來證明第八章中所提到的定理 8.1-14：三角形內角平分線定理：（三角形內分比定理）。

例題 9.1-75　三角形內角平分線定理：（三角形內分比定理）

三角形任一內角的角平分線，內分對邊所成兩線段的比，等於夾這內角的兩邊的比。

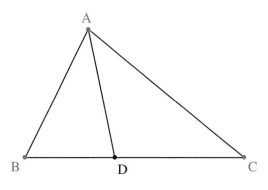

圖 9.1-80

 如圖 9.1-80，△ABC中，$\overline{AD}$ 為 ∠BAC 的角平分線。

 求證 $\overline{AB} : \overline{AC} = \overline{BD} : \overline{DC}$

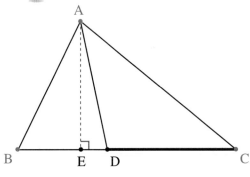

圖 9.1-80(a)

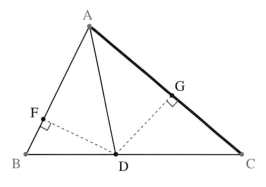

圖 9.1- 80(b)

想法　等高之三角形面積比為底邊長之比

 證明

敘述	理由
(1) 過A點作 $\overline{AE} \perp \overline{BC}$，如圖9.1-80(a)	作圖
(2) △ABD中，$\overline{BD}$ 為底、$\overline{AE}$ 為高	由(1) $\overline{AE} \perp \overline{BC}$
(3) △ACD中，$\overline{CD}$ 為底、$\overline{AE}$ 為高	由(1) $\overline{AE} \perp \overline{BC}$
(4) △ABD與△ACD等高	由(2) & (3) $\overline{AE}$ 為高
(5) 　 △ABD面積：△ACD面積 　　 $=\overline{BD} : \overline{CD}$	由(2)、(3) & (4) & 等高之三角形面積比為底邊長之比
(6) 過D點分別作 $\overline{DF} \perp \overline{AB}$、$\overline{DG} \perp \overline{AC}$，如圖9.1-80(b)，則 $\overline{DF} = \overline{DG}$	作圖 & 已知 $\overline{AD}$ 為∠BAC的角平分線 & 角平分線上任一點到角的兩邊等距離
(7) △ABD中，$\overline{AB}$ 為底、$\overline{DF}$ 為高	由(6) $\overline{DF} \perp \overline{AB}$
(8) △ACD中，$\overline{AC}$ 為底、$\overline{DG}$ 為高	由(6) $\overline{DG} \perp \overline{AC}$
(9) △ABD與△ACD等高	由(6) $\overline{DF} = \overline{DG}$ & (7) $\overline{DF}$ 為高 & (8) $\overline{DG}$ 為高
(10) 　 △ABD面積：△ACD面積 　　 $=\overline{AB} : \overline{AC}$	由(7)、(8) & (9) & 等高之三角形面積比為底邊長之比
(11) 所以 $\overline{AB} : \overline{AC} = \overline{BD} : \overline{DC}$	由(5) & (10) 遞移律

Q.E.D.

在以下的例題9.1-76中，我們將利用例題9.1-43所證明的結論：等高之三角形面積比為底邊長之比。來證明第八章中所提到的定理 8.1-15：三角形外角平分線定理（三角形外分比定理）。

例題 9.1-76　三角形外角平分線定理：（三角形外分比定理）

三角形任一外角的角平分線，外分對邊延長線所成兩線段的比，等於夾這外角的鄰角兩邊的比。

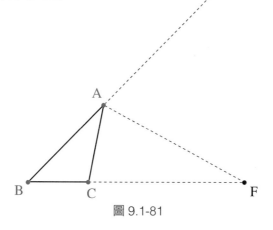

圖 9.1-81

想法　如圖9.1-81，△ABC中，∠CAE為∠BAC的外角，$\overline{AF}$ 為∠CAE的角平分線。

求證　$\overline{AB}：\overline{AC}＝\overline{BF}：\overline{FC}$

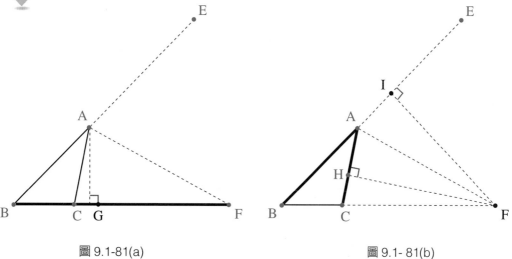

圖 9.1-81(a)　　　　　　　　　　圖 9.1- 81(b)

想法　等高之三角形面積比為底邊長之比

 證明

敘述	理由
(1) 過A點作 $\overline{AG} \perp \overline{BF}$，如圖9.1-81(a)	作圖
(2) △ABF中，$\overline{BF}$ 為底、$\overline{AG}$ 為高	由(1) $\overline{AG} \perp \overline{BF}$
(3) △ACF中，$\overline{FC}$ 為底、$\overline{AG}$ 為高	由(1) $\overline{AG} \perp \overline{BF}$
(4) △ABF與△ACF等高	由(2) & (3) $\overline{AG}$ 為高
(5) 　△ABF面積：△ACF面積 $=\overline{BF}：\overline{FC}$	由(2)、(3) & (4) & 等高之三角形面積比為底邊長之比
(6) 過F點分別作 $\overline{FH} \perp \overline{AC}$、$\overline{FI} \perp \overline{BE}$，如圖9.1-81(b)，則 $\overline{FH} = \overline{FI}$	作圖 & 已知 $\overline{AE}$ 為∠CAE的角平分線 & 角平分線上任一點到角的兩邊等距離
(7) △ABF中，$\overline{AB}$ 為底、$\overline{FI}$ 為高	由(6) $\overline{FI} \perp \overline{BE}$
(8) △ACF中，$\overline{AC}$ 為底、$\overline{FH}$ 為高	由(6) $\overline{FH} \perp \overline{AC}$
(9) △ABF與△ACF等高	由(6) $\overline{FH} = \overline{FI}$ & (7) $\overline{FI}$ 為高 & (8) $\overline{FH}$ 為高
(10) 　△ABF面積：△ACF面積 $=\overline{AB}：\overline{AC}$	由(7)、(8) & (9) & 等高之三角形面積比為底邊長之比
(11) 所以 $\overline{AB}：\overline{AC} = \overline{BF}：\overline{FC}$	由(5) & (10) 遞移律

Q.E.D.

接下來，在例題9.1-77與例題9.1-78中，我們利用多邊形的面積來證明第八章中的定理8.3-1畢氏定理：直角三角形中，兩直角邊的平方和等於斜邊的平方和。

例題 9.1-77

 如圖9.1-82，△ABC為直角三角形，∠ACB＝90°

 $\overline{AB}^2＝\overline{AC}^2＋\overline{BC}^2$

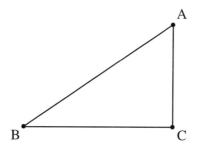

圖 9.1-82

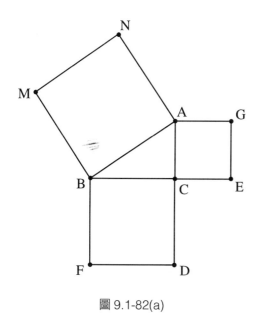

圖 9.1-82(a)

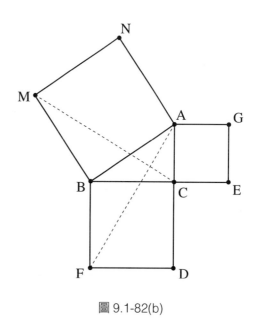

圖 9.1-82(b)

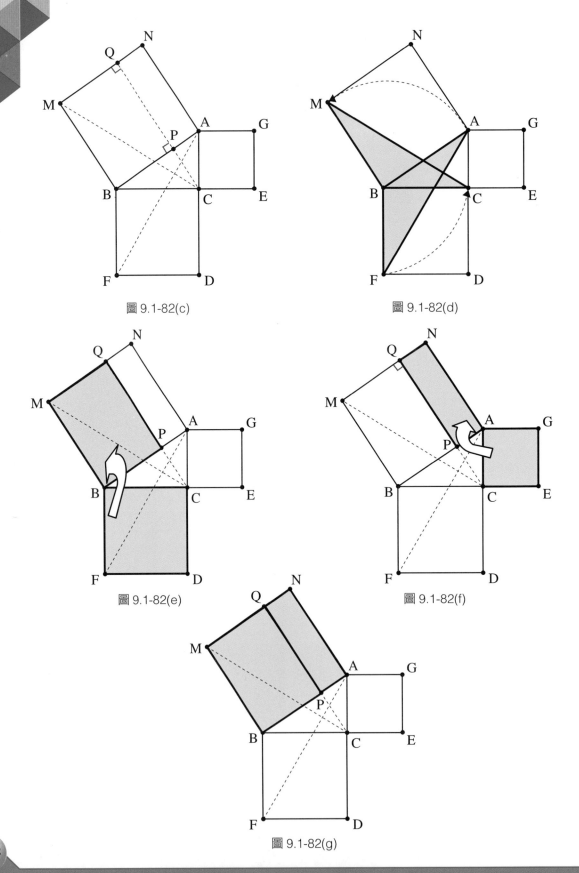

圖 9.1-82(c)

圖 9.1-82(d)

圖 9.1-82(e)

圖 9.1-82(f)

圖 9.1-82(g)

(1) $\overline{AB}^2$為以$\overline{AB}$為邊長的正方形面積、$\overline{AC}^2$為以$\overline{AC}$為邊長的正方形面積、$\overline{BC}^2$為以$\overline{BC}$為邊長的正方形面積

(2) 若能證明以$\overline{AB}$為邊長的正方形面積等於以$\overline{AC}$為邊長的正方形面積和以$\overline{BC}$為邊長的正方形面積之和，即可得$\overline{AB}^2=\overline{AC}^2+\overline{BC}^2$

敘述	理由
(1) 分別以$\overline{AB}$、$\overline{BC}$、$\overline{AC}$為邊長，作正方形ABMN、正方形BCDF、正方形ACEG，如圖9.1-82(a)所示	作圖
(2) 連接$\overline{CM}$、$\overline{AF}$，如圖9.1-82(b)所示	作圖
(3) 過C點作$\overline{CQ}\perp\overline{MN}$交$\overline{AB}$於Q點，如圖9.1-82(c)所示，則$\overline{CQ}\perp\overline{AB}$	作圖 & 由(1) ABMN為正方形，則$\overline{AB}/\!/\overline{MN}$，且$\overline{CQ}\perp\overline{MN}$，故$\overline{CQ}\perp\overline{AB}$
(4) $\angle ABM=90°$、$\overline{MB}=\overline{AB}$	由(1) ABMN為正方形
(5) $\angle CBF=90°$、$\overline{BC}=\overline{BF}$	由(1) BCDF為正方形
(6) $\angle ABM=\angle CBF$	由(4) $\angle ABM=90°$ & (5) $\angle CBF=90°$
(7) $\angle ABM+\angle ABC=\angle CBF+\angle ABC$	由(6) 等量加法公理
(8) $\angle MBC=\angle ABF$	由(7) & 全量等於分量之和
(9) 在$\triangle MBC$與$\triangle ABF$中 $\overline{MB}=\overline{AB}$ $\angle MBC=\angle ABF$ $\overline{BC}=\overline{BF}$	如圖9.1-82(d)所示 由(4) $\overline{MB}=\overline{AB}$ 由(8) $\angle MBC=\angle ABF$ 已證 由(5) $\overline{BC}=\overline{BF}$
(10) $\triangle MBC\cong\triangle ABF$	由(9) & 根據S.A.S.三角形全等定理
(11) $\triangle MBC$面積$=\triangle ABF$面積	由(10)
(12) $\triangle ABF$面積$=\frac{1}{2}\overline{BF}\times\overline{BC}$ $=\frac{1}{2}\overline{BC}\times\overline{BC}=\frac{1}{2}\overline{BC}^2$	$\triangle ABF$中，以$\overline{BF}$為底、$\overline{BC}$為高 & 三角形面積定理 & 將(5) $\overline{BC}=\overline{BF}$ 代入

(13) △MBC面積$=\frac{1}{2}\overline{MB}\times\overline{BP}$	△MBC中，以$\overline{MB}$為底、$\overline{BP}$為高 & 三角形面積定理
(14) $\frac{1}{2}\overline{MB}\times\overline{BP}=\frac{1}{2}\overline{BC}^2$	由(11)、(12) & (13) 代換
(15) $\overline{MB}\times\overline{BP}=\overline{BC}^2$	由(14) 等量乘法公理
(16) $\angle ABM=\angle M=90°$	由(1) ABMN為正方形
(17) $\angle PQM=\angle BPQ=90°$	由(3) $\overline{CQ}\perp\overline{MN}$ & $\overline{CQ}\perp\overline{AB}$
(18) 四邊形PQMB為矩形	由(16) & (17) 四個角都是直角的四邊形為矩形
(19) 矩形PQMB面積 $=\overline{MB}\times\overline{BP}$ $=\overline{BC}^2$ $=$正方形BCDF面積，如圖9.1-82(e)	由(18) & 矩形面積等於長與寬之乘積 & (15) $\overline{MB}\times\overline{BP}=\overline{BC}^2$ 已證
(20) 同理可證： 　　矩形APQN 面積$=\overline{AC}^2$ 　　$=$正方形ACEG面積， 　　如圖9.1-82(f)	重複(1)~(19)步驟 同理可證
(21) 正方形ABMN面積$=\overline{AB}^2$	由(1) 以$\overline{AB}$為邊長作正方形ABMN & 正方形面積為邊長的平方
(22) 　正方形ABMN面積 　$=$矩形APQN 面積$+$矩形PQMB面積	如圖9.1-82(g)所示 全量等於分量之和
(23) 所以$\overline{AB}^2=\overline{AC}^2+\overline{BC}^2$	由(19)~(22) 代換

Q.E.D.

例題 **9.1-78**

 已知　如圖9.1-83，△ABC為直角三角形，∠ACB＝90°

 求證　$\overline{AC}^2+\overline{BC}^2=\overline{AB}^2$

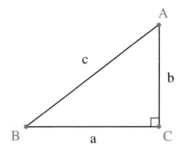

圖 9.1-83

 想法

(1) 在代數第四章乘法公式中有提到$(a+b)^2=a^2+b^2+2ab$，若再與畢氏定理$a^2+b^2=c^2$相結合，可得$(a+b)^2=c^2+2ab=c^2+4\times\dfrac{1}{2}ab$

(2) $(a+b)^2$為以$(a+b)$為邊長之正方形面積、c^2為以c為邊長之正方形面積、$\dfrac{1}{2}ab$為以ab為底與高之三角形面積

(3) 若能有一正方形面積為$(a+b)^2$，另有一正方形面積為c^2，再加上4個面積為$\dfrac{1}{2}ab$的三角形；且他們之間的關係符合$(a+b)^2=c^2+4\times\dfrac{1}{2}ab$，即可得畢氏定理$a^2+b^2=c^2$。

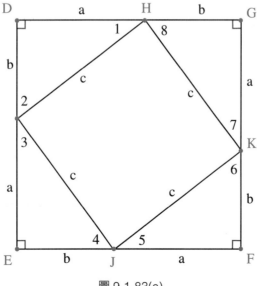

圖 9.1-83(a)

證明

敘述	理由
(1) 假設 $\overline{BC}$＝a、$\overline{AC}$＝b、$\overline{AB}$＝c	假設
(2) 以(a＋b)為邊長作正方形DEFG，則 $\overline{DE}＝\overline{EF}＝\overline{FG}＝\overline{GD}$＝(a＋b)、∠D＝∠E＝∠F＝∠G＝90°；接著分別在 $\overline{DE}$、$\overline{EF}$、$\overline{FG}$、$\overline{GD}$ 上取點I、J、K、H，使得 $\overline{IE}＝\overline{JF}＝\overline{KG}＝\overline{HD}$＝a、$\overline{ID}＝\overline{JE}＝\overline{KF}＝\overline{HG}$＝b；最後連接 $\overline{IJ}$、$\overline{JK}$、$\overline{KH}$、$\overline{HI}$，如圖9.1-83(a)	作圖
(3) 在△DHI與△GKH中 $\overline{ID}＝\overline{HG}$ ∠D＝∠G $\overline{HD}＝\overline{KG}$	如圖9.1-83(a)所示 由(2) $\overline{ID}＝\overline{HG}$＝b 由(2) ∠D＝∠G＝90° 由(2) $\overline{KG}＝\overline{HD}$＝a
(4) △DHI ≅ △GKH	由(3) & 根據S.A.S.三角形全等定理
(5) ∠1＝∠7、∠2＝∠8 & $\overline{HI}＝\overline{KH}$	由(4) & 兩全等三角形對應角相等 & 兩全等三角形對應邊相等
(6)△DHI中，∠1＋∠2＋∠D＝180°	如圖9.1-83(a)所示，三角形三內角和為180°
(7) ∠1＋∠2＝180°－∠D ＝180°－90°＝90°	由(6) 等量減法公理 & 由(2) ∠D＝90°
(8) ∠1＋∠8＝90°	由(7) ∠1＋∠2＝90° & (5) ∠2＝∠8 代換
(9) ∠1＋∠8＋∠IHK＝180°	D、H、G三點共線 & 平角為180°
(10) ∠IHK＝180°－(∠1＋∠8) ＝180°－90°＝90°	由(9) 等量減法公理 & (8) ∠1＋∠8＝90°
(11) 同理可證：∠HIJ＝90° & $\overline{HI}＝\overline{IJ}$	重複(3)～(10)步驟 同理可證

(12) 同理可證： 　　∠IJK＝90° & $\overline{IJ}＝\overline{JK}$	重複(3)〜(10)步驟 同理可證
(13) 同理可證： 　　∠JKH＝90° & $\overline{JK}＝\overline{KH}$	重複(3)〜(10)步驟 同理可證
(14) 四邊形HIJK中， 　　$\overline{HI}＝\overline{IJ}＝\overline{JK}＝\overline{KH}$ & 　　∠IHK＝∠HIJ＝∠IJK＝∠JKH 　　　　＝90°	如圖9.1-83(a)所示 由(5) $\overline{HI}＝\overline{KH}$、(10) ∠IHK＝90° & (11) & (12) & (13) 已證
(15) 四邊形HIJK為正方形	由(14) & 四邊等長且四個內角都為 直角的四邊形為正方形
(16) 　正方形DEFG面積 　　＝△DHI面積＋△EIJ面積＋ 　　　△FJK面積＋△GKH面積＋ 　　　正方形HIJK面積	如圖9.1-83(a)所示 全量等於分量之和
(17) 　$(a＋b)^2$ 　　$＝\dfrac{1}{2}ab＋\dfrac{1}{2}ab＋\dfrac{1}{2}ab＋\dfrac{1}{2}ab＋c^2$	由(16) & 正方形DEFG面積＝$(a＋b)^2$ & △DHI面積＝△EIJ面積 ＝△FJK面積＝△GKH面積＝$\dfrac{1}{2}ab$ & 正方形HIJK面積＝c^2
(18) $a^2＋2ab＋b^2＝2ab＋c^2$	由(17)式展開
(19) $a^2＋b^2＝c^2$	由(18) 等量減法公理
(20) 所以 $\overline{AC}^2＋\overline{BC}^2＝\overline{AB}^2$	由(1) 假設 & (19) $a^2＋b^2＝c^2$

Q.E.D.

習題 9-1

習題9.1-1　如圖9.1-84，ABCD為矩形，$\overline{AB}$＝6公分，$\overline{AD}$＝8公分，則矩形ABCD的面積為何？

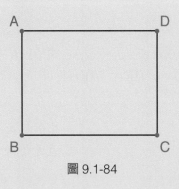

圖 9.1-84

習題9.1-2　如圖9.1-85，已知正方形ABCD面積為25平方公分，則$\overline{AB}$＝？

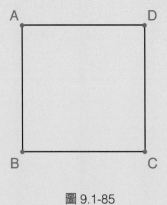

圖 9.1-85

習題9.1-3　如圖9.1-86，已知四邊形ABCD為平行四邊形，$\overline{CE} \perp \overline{BC}$，且$\overline{BC}=10$公分，$\overline{CE}=6$公分，則平行四邊形ABCD面積為何？

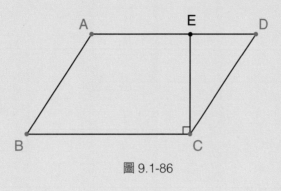

圖 9.1-86

習題9.1-4　如圖9.1-87，已知四邊形ABCD為平行四邊形，$\overline{CE} \perp \overline{BC}$，且平行四邊形ABCD面積＝80平方公分，$\overline{BC}=10$公分，則$\overline{CE}=$？

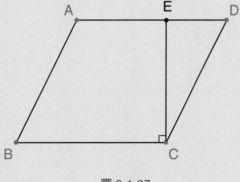

圖 9.1-87

習題9.1-5　如圖9.1-88，平行四邊形ABCD的周長為20公分，$\overline{AE} \perp \overline{CD}$，
若$\overline{AD}$＝4公分，$\overline{AE}$＝3公分，求平行四邊形ABCD的面積。

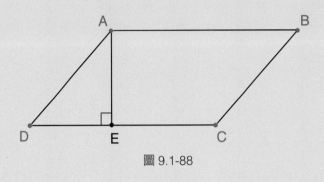

圖 9.1-88

習題9.1-6　有一長方形與一平行四邊形等面積，已知長方形之長為9公尺，寬為8
公尺，平形四邊形之底長為12公尺，試求此平行四邊形之高為多少？

習題9.1-7　如圖9.1-89，△ABC中，$\overline{AD} \perp \overline{BC}$，若$\overline{BC}$＝14公分，$\overline{AD}$＝8公分，
則△ABC面積為何？

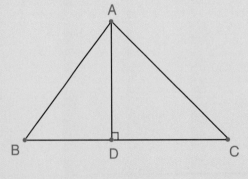

圖 9.1-89

習題9.1-8　如圖9.1-90，△ABC中，$\overline{AD} \perp \overline{BC}$，若$\overline{BC}$＝6公分，$\overline{CD}$＝8公分，$\overline{AD}$＝10公分，則△ABC面積為何？

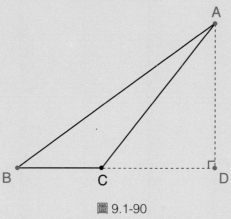

圖 9.1-90

習題9.1-9　如圖9.1-91，△ABC中，$\overline{AD} \perp \overline{BC}$，若$\overline{BC}$＝12公分，△ABC面積為48平方公分，則$\overline{AD}$＝？

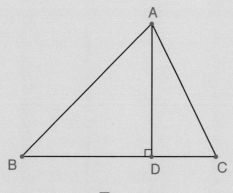

圖 9.1-91

習題9.1-10　如圖9.1-92，已知△ABC為直角三角形，若∠B＝30°，∠A＝60°，∠C＝90°，且$\overline{AB}$＝12公分，則△ABC面積為何？

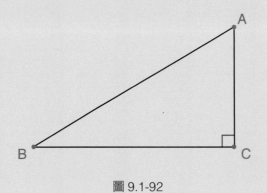

圖 9.1-92

習題9.1-11　如圖9.1-93，已知△ABC為直角三角形，若∠B＝30°，∠C＝60°，∠CAB＝90°，且$\overline{AM}\perp\overline{BC}$，$\overline{AM}$＝6公分，則△ABC面積為何？

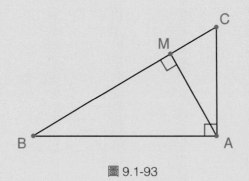

圖 9.1-93

習題9.1-12　如圖9.1-94，已知△ABC為等腰直角三角形，若$\overline{AB}$＝12公分，則△ABC面積為何？

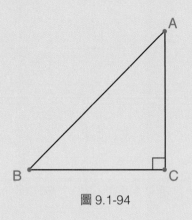

圖 9.1-94

習題9.1-13　如圖9.1-95，已知△ABC為等腰直角三角形，∠C＝90°，若△ABC面積為32平方公分，則$\overline{AB}$＝？

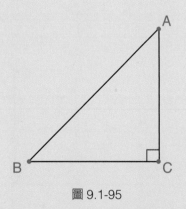

圖 9.1-95

習題9.1-14 有一個正三角形的邊長為4公分,則此正三角形的面積為_____。

習題9.1-15 若一正三角形的面積為25√3平方公分,則此正三角形的邊長為_____。

習題9.1-16 如圖9.1-96,已知△ABC為直角三角形,∠ACB=90°,若 $\overline{AC}$=6公分,$\overline{BC}$=8公分,且 $\overline{AB}\perp\overline{CE}$,則 $\overline{CE}$=?

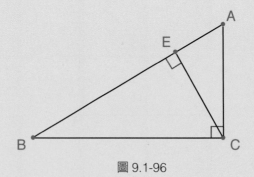

圖 9.1-96

習題9.1-17　如圖9.1-97，已知△ABC為直角三角形，∠B＝30°，∠ACB＝90°，∠A＝60°，若 $\overline{AC}$＝5公分，且 $\overline{AB}$⊥$\overline{CD}$，則 $\overline{CD}$＝？

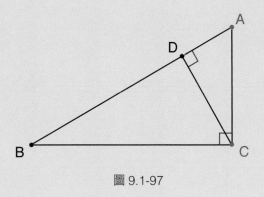

圖 9.1-97

習題9.1-18　如圖9.1-98，已知△ABC為等腰直角三角形，∠ACB＝90°，若△ABC面積為32平方公分，且 $\overline{AB}$⊥$\overline{CD}$，則 $\overline{CD}$＝？

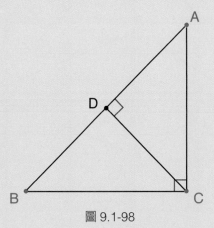

圖 9.1-98

習題9.1-19　如圖9.1-99，已知四邊形ABCD為菱形，$\overline{AC}$與$\overline{BD}$為其兩對角線，若 $\overline{AC}=2$公分，$\overline{BD}=5$公分，則菱形ABCD面積為何？

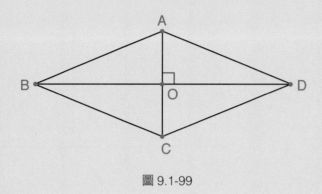

圖 9.1-99

習題9.1-20　如圖9.1-100，已知四邊形ABCD為鳶形，$\overline{AC}$與$\overline{BD}$為其兩對角線，若鳶形ABCD面積＝16平方公分，$\overline{AC}=4$公分，則$\overline{BD}=$？

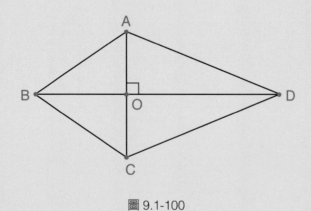

圖 9.1-100

習題9.1-21　如圖9.1-101，平行四邊形ABCD中，$\overline{AE}$、$\overline{AF}$分別為$\overline{BC}$、$\overline{CD}$邊上的高，又$\overline{CD}$＝5公分，$\overline{BC}$＝4公分，$\overline{AF}$＝3公分，求$\overline{AE}$。

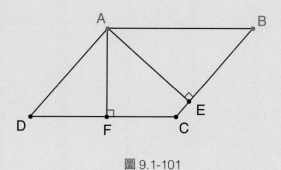

圖 9.1-101

習題9.1-22　如圖9.1-102，平行四邊形ABCD中，$\overline{AC}$為對角線，△ABC的面積為8平方公分，求平行四邊形ABCD的面積。

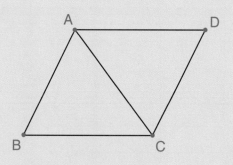

圖 9.1-102

習題9.1-23　如圖9.1-103，四邊形ABCD為長方形，四邊形BCED為平行四邊形，若△BCD的面積為3平方單位，求四邊形ABCE的面積。

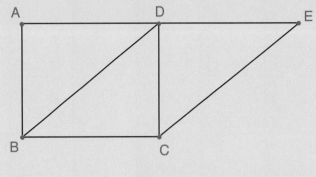

圖 9.1-103

習題9.1-24　如圖9.1-104，平行四邊形ABCD的面積為36平方公分，$\overline{EF}\,/\!/\,\overline{AB}$，$\overline{GH}\,/\!/\,\overline{AD}$，求四邊形EGFH的面積。

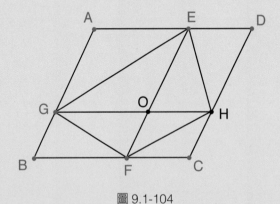

圖 9.1-104

習題9.1-25　如圖9.1-105，長方形ABCD中，$\overline{AB}=5$公分，$\overline{BC}=4$公分，E點落在 $\overline{CD}$上，求灰色區域的面積。

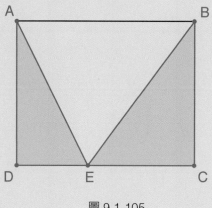

圖 9.1-105

習題9.1-26　如圖9.1-106，平行四邊形ABCD中，$\overline{AE}=4$公分，$\overline{DE}=3$公分， ∠AED＝90°，求四邊形ABCD的面積。

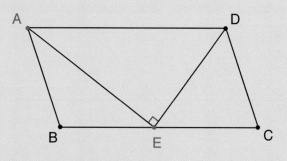

圖 9.1-106

習題9.1-27　如圖9.1-107，已知L//M，四邊形EFHG與IFHJ皆為平行四邊形，若四邊形EFHG面積為12平方公分，則四邊形IFHJ面積為何？

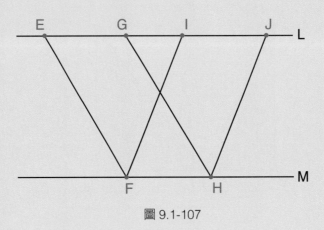

圖 9.1-107

習題9.1-28　如圖9.1-108，已知L//M，若△EFH面積為8平方公分，則：
(1) △EFG面積為何？　　　(2) △EFI面積為何？

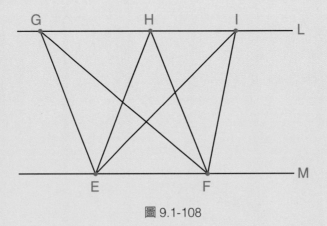

圖 9.1-108

習題9.1-29　如圖9.1-109，已知 $\overline{BD}:\overline{CD}=3:4$，若△ABD面積為9平方公分，則△ACD面積為何？

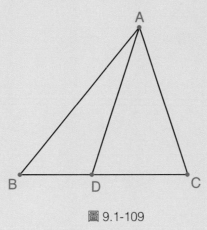

圖 9.1-109

習題9.1-30　如圖9.1-110，已知L//M，$\overline{EF}:\overline{HI}=3:4$，若△EFG面積為9平方公分，則△HIJ的面積為何？

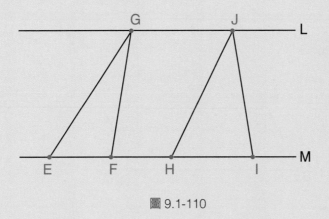

圖 9.1-110

習題9.1-31　如圖9.1-111，$\overline{AE}$、$\overline{BF}$、$\overline{CD}$為△ABC的三中線，G點為△ABC的重心，已知△ABC 面積為42平方公分，求：

(1) △AGD面積為何？

(2) △BGC面積為何？

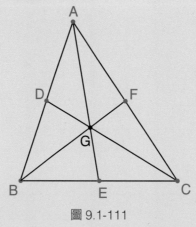

圖 9.1-111

習題9.1-32　如圖9.1-112，四邊形ABCD為平行四邊形，E點為$\overline{AB}$中點，$\overline{BD}$與$\overline{CE}$相交於F點，若△BFC面積為5平方公分，則平行四邊形ABCD面積為何？

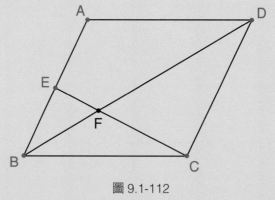

圖 9.1-112

習題9.1-33　如圖9.1-113，I為直角三角形ABC的內心，若∠A＝90°，且 $\overline{AB}$ ＝5公分，$\overline{AC}$ ＝12公分，已知△AIC的面積為5平方公分，試求△BIC的面積。

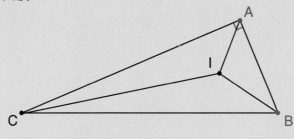

圖 9.1-113

習題9.1-34　如圖9.1-114，E點為四邊形ABCD兩對角線 $\overline{AC}$ 與 $\overline{BD}$ 的交點，已知△ADE面積為3平方公分，△BCE面積為2平方公分，△ABE面積為4平方公分，則△CDE面積為何？

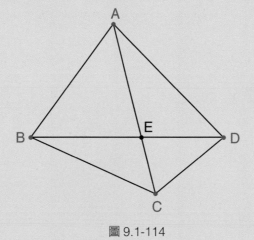

圖 9.1-114

習題9.1-35　如圖9.1-115，梯形ABCD中，兩對角線$\overline{AC}$與$\overline{BD}$相交於E點，若△ADE面積為5平方公分，△BCE面積為20平方公分，求△ABE面積與△DCE面積各為何？

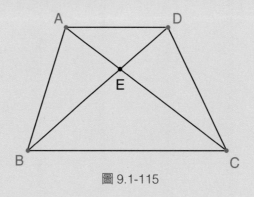

圖 9.1-115

習題9.1-36　如圖9.1-116，四邊形ABCD為平行四邊形，兩對角線$\overline{AC}$與$\overline{BD}$相交於E點，若△ABE面積為8平方公分，則ABCD面積為何？

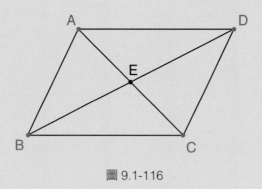

圖 9.1-116

習題9.1-37　如圖9.1-117，平行四邊形ABCD中，對角線 $\overline{AC}$ 與 $\overline{BD}$ 相交於O點，若 $\overline{OE} \perp \overline{CD}$，$\overline{OE}$＝2公分，$\overline{BC}$＝6公分，且平行四邊形ABCD的周長為28公分，求平行四邊形ABCD的面積。

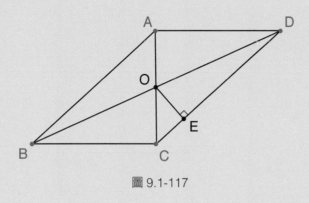

圖 9.1-117

習題9.1-38　如圖9.1-118，平行四邊形ABCD與CDEF中，P、Q分別為其對角線交點，已知四邊形CPDQ面積為10平方公分，△CQF面積為4平方公分，求四邊形ABCD的面積。

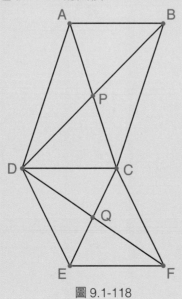

圖 9.1-118

習題9.1-39　如圖9.1-119，已知△ABC中，$\overline{AB}$＝2公分、$\overline{BC}$＝3公分、$\overline{AC}$＝4公分，則△ABC的面積為何？

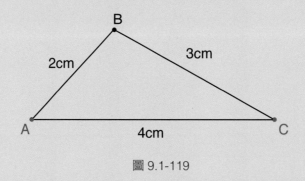

圖 9.1-119

習題9.1-40　如圖9.1-120，梯形ABCD中，$\overline{AB}$、$\overline{CD}$為兩底，$\overline{BE}$為高，且$\overline{AB}$＝6公分，$\overline{CD}$＝14公分，$\overline{BE}$＝8公分，則梯形ABCD面積為何？

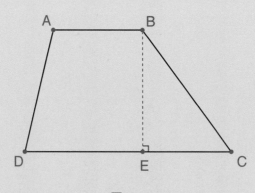

圖 9.1-120

習題9.1-41　如圖9.1-121，梯形ABCD中，$\overline{AB}$、$\overline{CD}$為兩底，$\overline{BE}$為高，且$\overline{AB}=8$公分，$\overline{BE}=10$公分，若梯形ABCD面積為140平方公分，則$\overline{CD}=$？

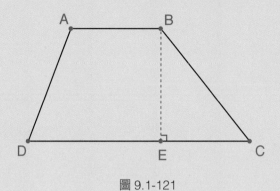

圖 9.1-121

習題9.1-42　如圖9.1-122，等腰梯形ABCD中，$\overline{AB}$、$\overline{CD}$為兩底，且$\overline{AB}=6$公分，$\overline{CD}=18$公分，若$\overline{BC}=10$公分，則梯形ABCD面積為何？

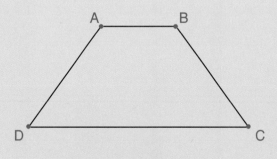

圖 9.1-122

習題9.1-43　如圖9.1-123，等腰梯形ABCD中，$\overline{AD}/\!/\overline{BC}$，若$\overline{AD}$＝7公分，$\overline{BC}$＝25公分，$\overline{AB}$＝15公分，求梯形ABCD的面積。

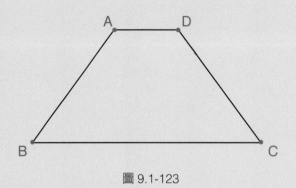

圖 9.1-123

習題9.1-44　如圖9.1-124，梯形ABCD中，$\overline{AD}/\!/\overline{BC}$，$\overline{EF}$為梯形中線，$\overline{AG}$為梯形的高，已知$\overline{EF}$＝22公分，$\overline{AG}$＝16公分，求梯形ABCD的面積。

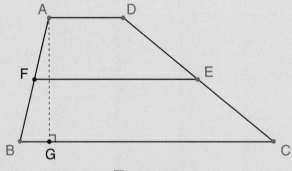

圖 9.1-124

習題9.1-45　如圖9.1-125，已知梯形ABCD中，$\overline{AD}//\overline{BC}$，$\overline{EF}$為梯形中線，$\overline{AG}$為梯形的高，若$\overline{AG}=2$公分，且梯形ABCD的面積為8平方公分，求$\overline{EF}=$？

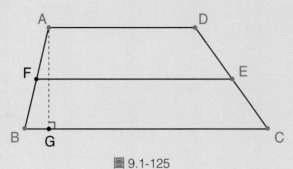

圖 9.1-125

習題9.1-46　如圖9.1-126，$\triangle ABC \sim \triangle A'B'C'$，$\overline{AD}$與$\overline{A'D'}$分別為$\overline{BC}$與$\overline{B'C'}$上的高，若$\overline{AD}=4$公分，$\overline{A'D'}=3$公分，則$\dfrac{\triangle ABC面積}{\triangle A'B'C面積}$為何？

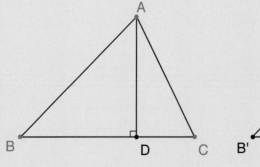
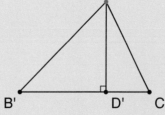

圖 9.1-126

習題9.1-47　如圖9.1-127，六邊形ABCDEF與六邊形$A_1B_1C_1D_1E_1F_1$相似，已知
$\overline{AB}=3$公分、$\overline{A_1B_1}=2$公分，若六邊形ABCDEF面積為21平方公分，
則六邊形$A_1B_1C_1D_1E_1F_1$面積為何？

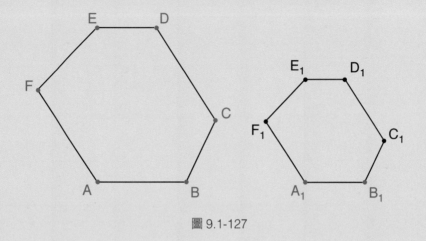

圖9.1-127

9.2 節　正多邊形與圓形的面積及周長

定義 9.2-1

正多邊形
正多邊形的每一邊相等且每一角相等。

如圖9.2-1中左圖為正四邊形，右圖為正五邊形，圖9.2-2的左圖為正六邊形，右圖為正八邊形。

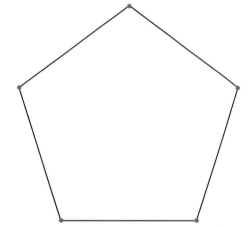

正四邊形　　　　　　　　　　　正五邊形

圖 9.2-1

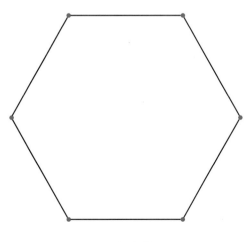
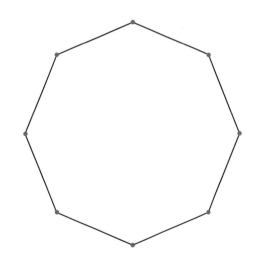

正六邊形　　　　　　　　　　　正八邊形

圖 9.2-2

定理 9.2-1

正多邊形外接圓定理
任何邊數的正多邊形必有一外接圓。

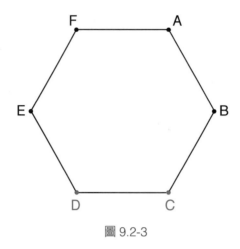

圖 9.2-3

已知 如圖9.2-3，ABCDEF為正多邊形

求證 正多邊形ABCDEF必有一外接圓

想法 作過A、B、C三點的圓，圓心O，則 $\overline{OA} = \overline{OB} = \overline{OC}$ 等於圓的半徑，若能證得 $\overline{OD} = \overline{OE} = \overline{OF}$ 等於圓的半徑，則以O為圓心，以 $\overline{OA}$ 為半徑的圓必過正多邊形的頂點ABCDEF

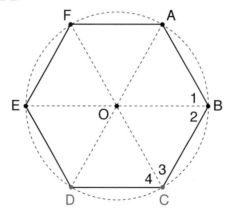

圖 9.2- 3(a)

敘　述	理　由
(1) 作過A、B、C三點的圓，圓心為 　　O點，連接$\overline{OA}$、$\overline{OB}$、$\overline{OC}$、$\overline{OD}$、 　　$\overline{OE}$、$\overline{OF}$，其中$\overline{OA}=\overline{OB}=\overline{OC}$， 　　如圖9.2-3(a)所示	過不在同一直線上的三點可作一圓， 過兩點可作一線段 同圓的半徑相等
(2) $\angle ABC=\angle BCD$ & $\overline{AB}=\overline{DC}$ 　　(即$\angle 1+\angle 2=\angle 3+\angle 4$)	已知ABCDEF為正多邊形 & 正多邊形的每一邊相等且每一角相等
(3) △OBC為等腰三角形	由(1) $\overline{OB}=\overline{OC}$ & 等腰三角形定義
(4) $\angle 2=\angle 3$	由(3) & 等腰三角形的兩底角相等
(5) $\angle 1=\angle 4$	由(2) & (4) 等量減等量其差相等
(6) 在△OAB與△ODC中 　　$\overline{AB}=\overline{DC}$ 　　$\angle 1=\angle 4$ 　　$\overline{OB}=\overline{OC}$	如圖9.2-3(a)所示 由(2) $\overline{AB}=\overline{DC}$ 由(5) $\angle 1=\angle 4$ 已證 由(1) $\overline{OB}=\overline{OC}$
(7) △OAB ≅ △ODC	由(6) & 根據S.A.S. 三角形全等定理
(8) $\overline{OA}=\overline{OD}$	由(7) & 兩全等三角形對應邊相等
(9) 所以D點在圓O的圓周上	由(8) & 與圓心的距離等於半徑的點 必在圓周上
(10) 同理可證： 　　　圓O過其他正多邊形的各頂點	同(2)~(9) 同理可證
(11) 故正多邊形必有一外接圓	由(9) & (10) 正多邊形的各頂點皆在圓周上

Q. E. D.

定理
9.2-2

正多邊形內切圓定理

任何邊數的正多邊形必有一內切圓。

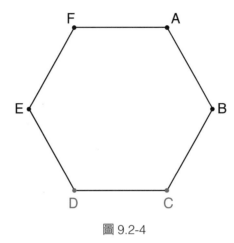

圖 9.2-4

已知 如圖9.2-4，ABCDEF為正多邊形

求證 正多邊形ABCDEF必有一內切圓

想法 證明正多邊形的各邊與內切圓的圓心等距離

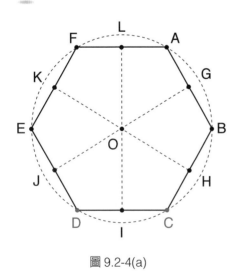

圖 9.2-4(a)

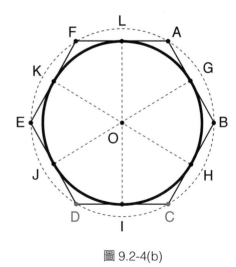

圖 9.2-4(b)

證明

敘　述	理　由
(1) 作正多邊形ABCDEF的外接圓，設圓心為O點，則 $\overline{AB}$、$\overline{BC}$、$\overline{CD}$、$\overline{DE}$、$\overline{EF}$、$\overline{FA}$ 皆為圓O上之弦；再由圓心作各邊的垂直線，則 $\overline{OG}$、$\overline{OH}$、$\overline{OI}$、$\overline{OJ}$、$\overline{OK}$、$\overline{OL}$ 分別為 $\overline{AB}$、$\overline{BC}$、$\overline{CD}$、$\overline{DE}$、$\overline{EF}$、$\overline{FA}$ 之弦心距，如圖9.2-4(a)所示	正多邊形的外接圓定理 圓周上兩點連線為此圓之弦 垂直線作圖 圓心到弦的垂直線段為弦心距
(2) $\overline{AB}=\overline{BC}=\overline{CD}=\overline{DE}=\overline{EF}=\overline{FA}$	已知ABCDEF為正多邊形 & 正多邊形的每一邊相等
(3) $\overline{OG}=\overline{OH}=\overline{OI}=\overline{OJ}=\overline{OK}=\overline{OL}$	由(2) & (1) $\overline{OG}$、$\overline{OH}$、$\overline{OI}$、$\overline{OJ}$、$\overline{OK}$、$\overline{OL}$ 分別為 $\overline{AB}$、$\overline{BC}$、$\overline{CD}$、$\overline{DE}$、$\overline{EF}$、$\overline{FA}$ 之弦心距 & 等弦之弦心距等長
(4) 以O為圓心，$\overline{OG}$為半徑作圓，如上圖9.2-4(b)所示	圓的作圖
(5) 此圓必過G、H、I、J、K、L	由(4) & (3) $\overline{OG}=\overline{OH}=\overline{OI}=\overline{OJ}=\overline{OK}=\overline{OL}$ 皆為圓之半徑
(6) 多邊形的各邊都與圓O相切於一點，分別為G、H、I、J、K、L (即正多邊形各邊與圓O相切)	由(5) & 與圓相交於一點的直線為圓的切線
(7) 故正多邊形必有一內切圓	由(6) 已證

Q. E. D.

定義 9.2-2

正多邊形的中心
正多邊形外接圓或內切圓的圓心，叫做此正多邊形的中心。

如圖9.2-5，O點為此正六邊形ABCDEF的中心。

定義 9.2-3

正多邊形的半徑（頂心距）
正多邊形外接圓的半徑，叫做此正多邊形的半徑也叫做頂心距。

如圖9.2-5，$\overline{OA}$為正六邊形ABCDEF的半徑（頂心距）。

定義 9.2-4

正多邊形的中心角
正多邊形一邊兩端點與兩半徑所成的夾角，叫做此正多邊形的中心角。

如圖9.2-5，∠COD為正六邊形ABCDEF的中心角。

定義 9.2-5

正多邊形的邊心距
正多邊形內切圓的半徑，叫做此正多邊形的邊心距。

如圖9.2-5，$\overline{OL}$ 為正六邊形ABCDEF的邊心距。

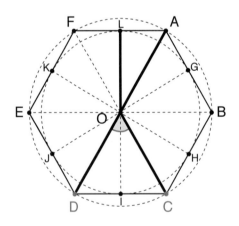

圖 9.2-5

定理 9.2-3

正多邊形面積定理

正多邊形的面積等於周長與邊心距乘積的一半。

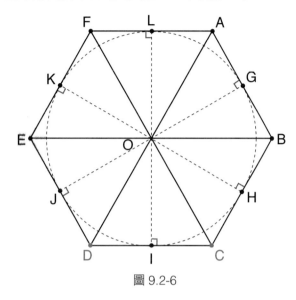

圖 9.2-6

 已知　如圖9.2-6，ABCDEF為正多邊形，O點為其中心，

$\overline{OG} = \overline{OH} = \overline{OI} = \overline{OJ} = \overline{OK} = \overline{OL}$ 為其邊心距。

 求證　正多邊形ABCDEF面積 $= \dfrac{(\overline{AB} + \overline{BC} + \overline{CD} + \overline{DE} + \overline{EF} + \overline{FA}) \times \overline{OG}}{2}$

 想法　將多邊形分為n個全等的三角形，求三角形的面積。

 證明

敘述	理由
(1) 圓O為此正多邊形內切圓，其中 $\overline{OG} \perp \overline{AB}$、$\overline{OH} \perp \overline{BC}$、$\overline{OI} \perp \overline{CD}$、 $\overline{OJ} \perp \overline{DE}$、$\overline{OK} \perp \overline{EF}$、$\overline{OL} \perp \overline{FA}$	已知ABCDEF為正多邊形，O點為其中心，$\overline{OG} = \overline{OH} = \overline{OI} = \overline{OJ} = \overline{OK} = \overline{OL}$ 為其邊心距
(2) △OAB中，$\overline{AB}$為底、$\overline{OG}$為高 $\triangle OAB = \dfrac{\overline{AB} \times \overline{OG}}{2}$	由(1) $\overline{OG} \perp \overline{AB}$ & 三角形面積為底與高乘積的一半
(3) △OBC中，$\overline{BC}$為底、$\overline{OH}$為高 $\triangle OBC = \dfrac{\overline{BC} \times \overline{OH}}{2}$	由(1) $\overline{OH} \perp \overline{BC}$ & 三角形面積為底與高乘積的一半

(4) △OCD中，$\overline{CD}$ 為底、$\overline{OI}$ 為高 $\triangle OCD = \dfrac{\overline{CD} \times \overline{OI}}{2}$	由(1) $\overline{OI} \perp \overline{CD}$ & 三角形面積為底與高乘積的一半
(5) △ODE中，$\overline{DE}$ 為底、$\overline{OJ}$ 為高 $\triangle ODE = \dfrac{\overline{DE} \times \overline{OJ}}{2}$	由(1) $\overline{OJ} \perp \overline{DE}$ & 三角形面積為底與高乘積的一半
(6) △OEF中，$\overline{EF}$ 為底、$\overline{OK}$ 為高 $\triangle OEF = \dfrac{\overline{EF} \times \overline{OK}}{2}$	由(1) $\overline{OK} \perp \overline{EF}$ & 三角形面積為底與高乘積的一半
(7) △OFA中，$\overline{FA}$ 為底、$\overline{OL}$ 為高 $\triangle OFA = \dfrac{\overline{FA} \times \overline{OL}}{2}$	由(1) $\overline{OL} \perp \overline{FA}$ & 三角形面積為底與高乘積的一半
(8) 　多邊形ABCDEF的面積 　$= \triangle OAB + \triangle OBC + \triangle OCD +$ 　$\triangle ODE + \triangle OEF + \triangle OFA$	如圖9.2-6所示 全量等於分量之和
(9) 　多邊形ABCDEF的面積 　$= \dfrac{\overline{AB} \times \overline{OG}}{2} + \dfrac{\overline{BC} \times \overline{OH}}{2} + \dfrac{\overline{CD} \times \overline{OI}}{2} +$ 　$\dfrac{\overline{DE} \times \overline{OJ}}{2} + \dfrac{\overline{EF} \times \overline{OK}}{2} + \dfrac{\overline{FA} \times \overline{OL}}{2}$ 　$= \dfrac{\overline{AB} \times \overline{OG}}{2} + \dfrac{\overline{BC} \times \overline{OG}}{2} + \dfrac{\overline{CD} \times \overline{OG}}{2} +$ 　$\dfrac{\overline{DE} \times \overline{OG}}{2} + \dfrac{\overline{EF} \times \overline{OG}}{2} + \dfrac{\overline{FA} \times \overline{OG}}{2}$ 　$= \dfrac{(\overline{AB} + \overline{BC} + \overline{CD} + \overline{DE} + \overline{EF} + \overline{FA}) \times \overline{OG}}{2}$	將(2)~(7)代入(8)得 將已知 $\overline{OG} = \overline{OH} = \overline{OI} = \overline{OJ} =$ $\overline{OK} = \overline{OL}$ 代入 分配律，提出 $\overline{OG}$
(10) 　所以正多邊形ABCDEF面積 　$= \dfrac{(\overline{AB} + \overline{BC} + \overline{CD} + \overline{DE} + \overline{EF} + \overline{FA}) \times \overline{OG}}{2}$	由(9) 已證

Q. E. D.

例題 **9.2-1**

如圖9.2-7，ABCDEF為邊長為2公分的正六邊形，O點為其中心，已知此正六邊形內切圓半徑為√3公分，求正六邊形ABCDEF面積為何？

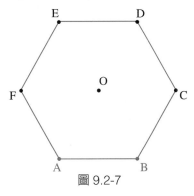

圖 9.2-7

 想法　正多邊形的面積等於周長與邊心距乘積的一半

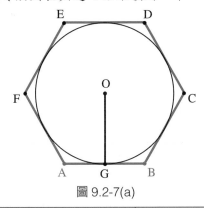

圖 9.2-7(a)

 解

敘述	理由
(1) 以 O 點 為 圓 心 ， 作 正 六 邊 形 ABCDEF的內切圓，圓O與$\overline{AB}$相切於G點，連接$\overline{OG}$，如圖9.2-7(a)所示，則$\overline{OG}$為正六邊形之邊心距	正多邊形內切圓的圓心為此正多邊形的中心 & 正多邊形內切圓的半徑，叫做此正正多邊形的邊心距
(2) $\overline{OG}=\sqrt{3}$公分	由(1) $\overline{OG}$為正六邊形之邊心距 & 已知此正六邊形內切圓半徑為$\sqrt{3}$公分
(3) 　正六邊形ABCDEF周長　$=6\times\overline{AB}=6\times(2公分)=12公分$	正多邊形各邊長相等 & 已知ABCDEF為邊長為2公分的正六邊形
(4) 　正六邊形ABCDEF面積　$=\dfrac{(12公分)\times(\sqrt{3}公分)}{2}$ $=6\sqrt{3}$平方公分	正多邊形的面積等於周長與邊心距乘積的一半 & (3) 正六邊形ABCDEF周長＝12公分 & (2) 邊心距$\overline{OG}=\sqrt{3}$公分

例題 9.2-2

若ABCDEFGH為一邊長2公分、面積64平方公分的正八邊形，求此正八邊形內切圓半徑為何？

(1) 正多邊形的面積等於周長與邊心距乘積的一半
(2) 正多邊形內切圓的半徑，叫做此正多邊形的邊心距

敘述	理由
(1)　正八邊形ABCDEFGH周長 ＝8×(2公分)＝16公分	正多邊形各邊長相等 & 已知ABCDEFGH為邊長為2公分的正八邊形
(2)　64平方公分 ＝$\dfrac{(16公分)×正八邊形邊心距}{2}$	正多邊形的面積等於周長與邊心距乘積的一半 & 已知ABCDEFGH為面積為64平方公分的正八邊形 & (1) 正八邊形ABCDEFGH周長＝16公分
(3)　(16公分)×正八邊形邊心距 ＝(64平方公分)×2	由(2) 等量乘法公理
(4)　正八邊形邊心距 ＝(64平方公分)×2÷(16公分) ＝8公分	由(3) 等量除法公理
(5) 正八邊形內切圓半徑＝8公分	正多邊形內切圓的半徑，叫做此正多邊形的邊心距 & (3) 正八邊形邊心距＝8公分 已證

定理
9.2-4

正多邊形相似定理

兩個邊數相等的正多邊形必相似。

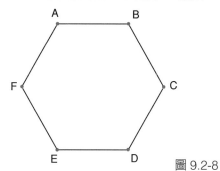
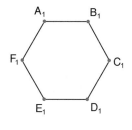

圖 9.2-8

如圖9.2-8，ABCDEF與$A_1B_1C_1D_1E_1F_1$為相同邊數的正n多邊形。

ABCDEF與$A_1B_1C_1D_1E_1F_1$相似。

想法

證明兩正n多邊形的對應角相等，對應邊的比相等。

敘述	理由
(1) $\angle A = \angle B = \angle C = \angle D = \angle E = \angle F$ $= (n-2) \times 180° \div n$	已知ABCDEF為正n多邊形 & 正n多邊形每個內角皆為 $(n-2) \times 180° \div n$（例題6.4-9）
(2) $\angle A_1 = \angle B_1 = \angle C_1 = \angle D_1 = \angle E_1 = \angle F_1$ $= (n-2) \times 180° \div n$	已知$A_1B_1C_1D_1E_1$為正n多邊形 & 正n多邊形每個內角皆為 $(n-2) \times 180° \div n$（例題6.4-9）
(3) $\angle A = \angle A_1$、$\angle B = \angle B_1$、$\angle C = \angle C_1$、$\angle D = \angle D_1$、$\angle E = \angle E_1$、$\angle F = \angle F_1$	由(1) & (2)
(4) $\overline{AB} = \overline{BC} = \overline{CD} = \overline{DE} = \overline{EF} = \overline{FA}$	已知ABCDEF為正n多邊形
(5) $\overline{A_1B_1} = \overline{B_1C_1} = \overline{C_1D_1} = \overline{D_1E_1} = \overline{E_1F_1} = \overline{F_1A_1}$	已知$A_1B_1C_1D_1E_1F_1$為正n多邊形
(6) $\dfrac{\overline{AB}}{\overline{A_1B_1}} = \dfrac{\overline{BC}}{\overline{B_1C_1}} = \dfrac{\overline{CD}}{\overline{C_1D_1}} = \dfrac{\overline{DE}}{\overline{D_1E_1}} = \dfrac{\overline{EF}}{\overline{E_1F_1}} = \dfrac{\overline{FA}}{\overline{F_1A_1}}$	由(4) & (5) 等量除等量其商相等
(7) 所以ABCDEF與$A_1B_1C_1D_1E_1F_1$相似	由(3) & (6) 對應角相等，對應邊的比相等的兩正n多邊形相似

Q. E. D.

定理 9.2-5

正多邊形周長比定理

兩個邊數相等的正多邊形的周長比，等於邊長比或半徑比或邊心距比。

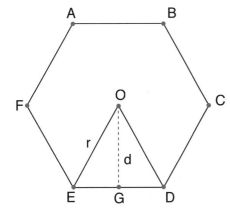
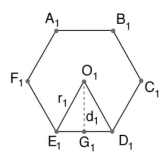

圖 9.2-9

如圖9.2-9，ABCDEF與$A_1B_1C_1D_1E_1F_1$為相同邊數的正n多邊形，正n多邊形ABCDEF的邊長為a、周長為L、半徑為r、邊心距為d；正n多邊形$A_1B_1C_1D_1E_1F_1$的邊長為a_1、周長為L_1、半徑為r_1、邊心距為d_1。

$$\frac{L}{L_1} = \frac{a}{a_1} = \frac{r}{r_1} = \frac{d}{d_1}$$

利用兩相似三角形的對應高的比等於對應邊的比，證明兩相似正多邊形邊的比等於半徑比，再證明周長的比等於邊心距的比。

敘述	理由
(1) 正n多邊形ABCDEF與正n多邊形 $A_1B_1C_1D_1E_1F_1$相似	已知ABCDEF與$A_1B_1C_1D_1E_1F_1$為相同邊數的正n多邊形 & 正多邊形相似定理
(2) $\triangle DOE \sim \triangle D_1O_1E_1$	由(1) & 相似多邊形分成定理（定理8.2-9）
(3) $\triangle DOE$中，$\overline{OE} = r$	已知正n多邊形ABCDEF的半徑為r
(4) $\triangle D_1O_1E_1$中，$\overline{O_1E_1} = r_1$	已知正n多邊形$A_1B_1C_1D_1E_1F_1$的半徑為r_1
(5) $\dfrac{\overline{DE}}{\overline{D_1E_1}} = \dfrac{\overline{OE}}{\overline{O_1E_1}} = \dfrac{r}{r_1}$	由(2) & 兩相似多邊形對應邊成比例 & (3) $\overline{OE} = r$ & (4) $\overline{O_1E_1} = r_1$

(6) $\dfrac{\overline{DE}}{\overline{D_1E_1}} = \dfrac{a}{a_1} = \dfrac{L}{L_1}$	由(1) & 相似多邊形周長比定理(定理 8.2-1) & 已知正n多邊形ABCDEF的邊長為a、周長為L；正n多邊形$A_1B_1C_1D_1E_1F_1$的邊長為a_1、周長為L_1
(7) $\dfrac{L}{L_1} = \dfrac{a}{a_1} = \dfrac{r}{r_1}$	由(5) & (6) 遞移律
(8) $\triangle DOE$中，$\overline{OG}=d$為$\overline{DE}$上的高	已知正n多邊形ABCDEF的邊心距為d
(9) $\triangle D_1O_1E_1$中，$\overline{O_1G_1}=d_1$為$\overline{D_1E_1}$上的高	已知正n多邊形$A_1B_1C_1D_1E_1F_1$的邊心距為d_1
(10) $\dfrac{\overline{OG}}{\overline{O_1G_1}} = \dfrac{\overline{OE}}{\overline{O_1E_1}}$ (即$\dfrac{d}{d_1} = \dfrac{r}{r_1}$)	由(2) & 兩相似三角形對應高的比等於對應邊的比(定理 8.2-8) & (8) $\overline{OG}=d$、(9) $\overline{O_1G_1}=d_1$、(3) $\overline{OE}=r$、(4) $\overline{O_1E_1}=r_1$
(11) 所以$\dfrac{L}{L_1} = \dfrac{a}{a_1} = \dfrac{r}{r_1} = \dfrac{d}{d_1}$	由(7) & (10) 遞移律

Q. E. D.

例題 9.2-3

如圖9.2-10，ABCDEF與$A_1B_1C_1D_1E_1F_1$分別為邊長為3公分及2公分的正六邊形，O點與O_1點分別為其中心，$\overline{OG} \perp \overline{AB}$、$\overline{O_1G_1} \perp \overline{A_1B_1}$，則：

(1) $\dfrac{\overline{OA}}{\overline{O_1A_1}} = ?$ (2) $\dfrac{\overline{OG}}{\overline{O_1G_1}} = ?$

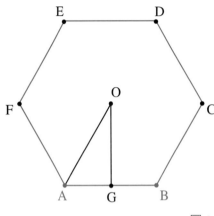

圖 9.2-10

想法

(1) 正多邊形的中心為此正多邊形外接圓與內切圓圓心

(2) 正多邊形外接圓半徑為此正多邊形的半徑（或稱為頂心距）

(3) 正多邊形內切圓半徑為此正多邊形的邊心距

(4) 兩個邊數相等的正多邊形的周長比，等於邊長比或半徑比或邊心距比

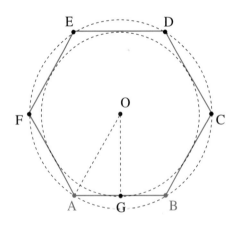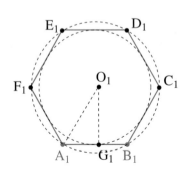

圖 9.2-10(a)

敘述	理由
(1) 以O點為圓心，分別以$\overline{OA}$、$\overline{OG}$ 為半徑作正六邊形ABCDEF的外接圓與內切圓；以O_1點為圓心，分別以$\overline{O_1A_1}$、$\overline{O_1G_1}$為半徑作正六邊形$A_1B_1C_1D_1E_1F_1$的內切圓；如圖9.2-10(a)； 其中$\overline{OA}$為正六邊形ABCDEF的半徑 $\overline{O_1A_1}$為正六邊形$A_1B_1C_1D_1E_1F_1$的半徑 $\overline{OG}$為正六邊形ABCDEF的邊心距 $\overline{O_1G_1}$為正六邊形$A_1B_1C_1D_1E_1F_1$的邊心距	已知O點與O_1點分別為正六邊形ABCDEF與正六邊形$A_1B_1C_1D_1E_1F_1$的中心 & 正多邊形的中心為此正多邊形外接圓與內切圓圓心 & 正多邊形外接圓半徑為此正多邊形的半徑 & 已知$\overline{OG} \perp \overline{AB}$、$\overline{O_1G_1} \perp \overline{A_1B_1}$ & 正多邊形內切圓半徑為此正多邊形的邊心距
(2) $\dfrac{\overline{OA}}{\overline{O_1A_1}} = \dfrac{\overline{AB}}{\overline{A_1B_1}} = \dfrac{3公分}{2公分} = \dfrac{3}{2}$	由(1) & 兩邊數相等的正多邊形的半徑比等於邊長比 & 已知正六邊形ABCDEF與$A_1B_1C_1D_1E_1F_1$的邊長分別為3公分及2公分
(3) $\dfrac{\overline{OG}}{\overline{O_1G_1}} = \dfrac{\overline{AB}}{\overline{A_1B_1}} = \dfrac{3公分}{2公分} = \dfrac{3}{2}$	由(1) & 兩邊數相等的正多邊形的邊心距比等於邊長比 & 已知正六邊形ABCDEF與$A_1B_1C_1D_1E_1F_1$的邊長分別為3公分及2公分

定理 9.2-6

正多邊形面積比定理

兩個邊數相等的正多邊形的面積比，等於邊長的平方比或半徑的平方比或邊心距的平方比。

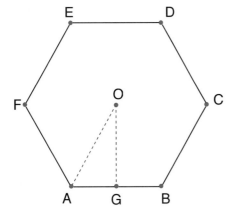
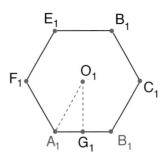

圖 9.2-11

已知

如圖9.2-11，ABCDEF與$A_1B_1C_1D_1E_1F_1$為相同邊數的正n多邊形，正n多邊形ABCDEF的邊長為a、周長為L、半徑為r、邊心距為d；正n多邊形$A_1B_1C_1D_1E_1F_1$的邊長為a_1、半徑為r_1、邊心距為d_1。

求證

$$\frac{\text{正n多邊形ABCDEF面積}}{\text{正n多邊形}A_1B_1C_1D_1E_1F_1\text{面積}} = \frac{a^2}{a_1^2} = \frac{r^2}{r_1^2} = \frac{d^2}{d_1^2}$$

想法

(1) 利用定理9.2-3 正多邊形面積定理：

正多邊形的面積等於周長與邊心距乘積的一半

(2) 利用定理 9.2-5 正多邊形周長比定理：

兩個邊數相等的正多邊形的周長比，等於邊長比或半徑比或邊心距比

證明

敘述	理由
(1) $\dfrac{\text{正n多邊形ABCDEF周長}}{\text{正n多邊形}A_1B_1C_1D_1E_1F_1\text{周長}}$ $= \dfrac{a}{a_1} = \dfrac{r}{r_1} = \dfrac{d}{d_1}$	正多邊形周長比定理：兩個邊數相等的正多邊形的周長比，等於邊長比或半徑比或邊心距比 & 已知正n多邊形ABCDEF的邊長為a、半徑為r、邊心距為d；正n多邊形$A_1B_1C_1D_1E_1F_1$的邊長為a_1、半徑為r_1、邊心距為d_1

(2) $\dfrac{\text{正n多邊形ABCDEF面積}}{\text{正n多邊形}A_1B_1C_1D_1E_1F_1\text{面積}}$

$=\dfrac{\dfrac{1}{2}\times\text{正n多邊形ABCDEF周長}\times d}{\dfrac{1}{2}\times\text{正n多邊形}A_1B_1C_1D_1E_1F_1\text{周長}\times d_1}$

$=\dfrac{\text{正n多邊形ABCDEF周長}\times d}{\text{正n多邊形}A_1B_1C_1D_1E_1F_1\text{周長}\times d_1}$

$=(\dfrac{\text{正n多邊形ABCDEF周長}}{\text{正n多邊形}A_1B_1C_1D_1E_1F_1\text{周長}})\times(\dfrac{d}{d_1})$

正多邊形面積定理：正多邊形的面積等於周長與邊心距乘積的一半 & 已知正n多邊形ABCDEF的邊心距為d；正n多邊形$A_1B_1C_1D_1E_1F_1$的邊心距為d_1 & 倍比定理

(3) $\dfrac{\text{正n多邊形ABCDEF面積}}{\text{正n多邊形}A_1B_1C_1D_1E_1F_1\text{面積}}$

$=(\dfrac{d}{d_1})\times(\dfrac{d}{d_1})=\dfrac{d^2}{d_1^2}$

將(1) $\dfrac{\text{正n多邊形ABCDEF周長}}{\text{正n多邊形}A_1B_1C_1D_1E_1F_1\text{周長}}$ $=\dfrac{d}{d_1}$ 代入(2)式得

(4) $\dfrac{\text{正n多邊形ABCDEF面積}}{\text{正n多邊形}A_1B_1C_1D_1E_1F_1\text{面積}}$

$=(\dfrac{a}{a_1})\times(\dfrac{a}{a_1})=\dfrac{a^2}{a_1^2}$

將(1) $\dfrac{\text{正n多邊形ABCDEF周長}}{\text{正n多邊形}A_1B_1C_1D_1E_1F_1\text{周長}}$ $=\dfrac{a}{a_1}$ & (1) $\dfrac{d}{d_1}=\dfrac{a}{a_1}$ 代入(2)式得

(5) $\dfrac{\text{正n多邊形ABCDEF面積}}{\text{正n多邊形}A_1B_1C_1D_1E_1F_1\text{面積}}$

$=(\dfrac{r}{r_1})\times(\dfrac{r}{r_1})=\dfrac{r^2}{r_1^2}$

將(1) $\dfrac{\text{正n多邊形ABCDEF周長}}{\text{正n多邊形}A_1B_1C_1D_1E_1F_1\text{周長}}$ $=\dfrac{r}{r_1}$ & (1) $\dfrac{d}{d_1}=\dfrac{r}{r_1}$ 代入(2)式得

所以 $\dfrac{\text{正n多邊形ABCDEF面積}}{\text{正n多邊形}A_1B_1C_1D_1E_1F_1\text{面積}}$

$=(\dfrac{a}{a_1})\times(\dfrac{r}{r_1})=\dfrac{d^2}{d_1^2}$

由(3)、(4) & (5) 遞移律

Q. E. D.

例題 9.2-4

如圖9.2-12所示，ABCDEF與$A_1B_1C_1D_1E_1F_1$皆為正六邊形，已知正六邊形ABCDEF邊長為4公分、面積為$24\sqrt{3}$平方公分，正六邊形$A_1B_1C_1D_1E_1F_1$面積為$6\sqrt{3}$平方公分，且$\overline{OA}$、$\overline{O_1A_1}$分別為正六邊形ABCDEF與正六邊形$A_1B_1C_1D_1E_1F_1$的半徑，$\overline{OG}$、$\overline{O_1G_1}$分別為正六邊形ABCDEF與正六邊形$A_1B_1C_1D_1E_1F_1$的邊心距，則：

(1) $\overline{A_1B_1}=$?　　　(2) $\dfrac{\overline{OA}}{O_1A_1}=$?　　　(3) $\dfrac{\overline{OG}}{O_1G_1}=$?

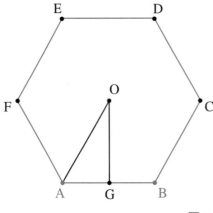
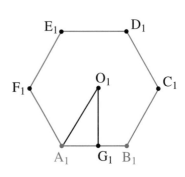

圖 9.2-12

 想法　兩個邊數相等的正多邊形的面積比，等於邊長的平方比或半徑的平方比或邊心距的平方比

 解

敘述	理由
(1) $\dfrac{正n多邊形ABCDEF面積}{正n多邊形A_1B_1C_1D_1E_1F_1面積}$ $=\dfrac{\overline{AB}^2}{A_1B_1}=\dfrac{\overline{OA}^2}{O_1A_1}=\dfrac{\overline{OG}^2}{O_1G_1{}^2}$	已知ABCDEF與$A_1B_1C_1D_1E_1F_1$皆為正六邊形，$\overline{OA}$、$\overline{O_1A_1}$分別為正六邊形ABCDEF與正六邊形$A_1B_1C_1D_1E_1F_1$的半徑，$\overline{OG}$、$\overline{O_1G_1}$分別為正六邊形ABCDEF與正六邊形$A_1B_1C_1D_1E_1F_1$的邊心距 & 兩個邊數相等的正多邊形的面積比，等於邊長的平方比或半徑的平方比或邊心距的平方比

(2) $\dfrac{24\sqrt{3}\,\text{平方公分}}{6\sqrt{3}\,\text{平方公分}}=\dfrac{(4\text{公分})^2}{\overline{A_1B_1}^2}$ $=\dfrac{\overline{OA}^2}{\overline{O_1A_1}}=\dfrac{\overline{OG}^2}{\overline{O_1G_1}^2}$	由(1) & 已知正六邊形ABCDEF邊長為4公分、面積為$24\sqrt{3}$平方公分，正六邊形$A_1B_1C_1D_1E_1F_1$面積為$6\sqrt{3}$平方公分
(3) $\overline{A_1B_1}^2=\dfrac{(6\sqrt{3}\,\text{平方公分})\times(4\text{公分})^2}{24\sqrt{3}\,\text{平方公分}}$ $=4\text{平方公分}$	由(2)$\dfrac{24\sqrt{3}\,\text{平方公分}}{6\sqrt{3}\,\text{平方公分}}=\dfrac{(4\text{公分})^2}{\overline{A_1B_1}^2}$求$\overline{A_1B_1}^2$
(4) $\overline{A_1B_1}=-2\text{公分}$ 或 $\overline{A_1B_1}=2\text{公分}$	由(3) 求平方根
(5) $\overline{A_1B_1}=2\text{公分}$	由(4) & $\overline{A_1B_1}$為長度必大於0
(6) $\dfrac{24\sqrt{3}\,\text{平方公分}}{6\sqrt{3}\,\text{平方公分}}=\dfrac{\overline{OA}^2}{\overline{O_1A_1}}=\dfrac{\overline{OG}^2}{\overline{O_1G_1}^2}$	由(2)$\dfrac{24\sqrt{3}\,\text{平方公分}}{6\sqrt{3}\,\text{平方公分}}=\dfrac{\overline{OA}^2}{\overline{O_1A_1}^2}=\dfrac{\overline{OG}^2}{\overline{O_1G_1}^2}$
(7) $\dfrac{\overline{OA}^2}{\overline{O_1A_1}^2}=\dfrac{\overline{OG}^2}{\overline{O_1G_1}^2}=4$	由(6) & 倍比定理
(8) $\dfrac{\overline{OA}}{\overline{O_1A_1}}=\dfrac{\overline{OG}}{\overline{O_1G_1}}=-2$ 或 $\dfrac{\overline{OA}}{\overline{O_1A_1}}=\dfrac{\overline{OG}}{\overline{O_1G_1}}=2$	由(7) 求平方根
(9) $\dfrac{\overline{OA}}{\overline{O_1A_1}}=\dfrac{\overline{OG}}{\overline{O_1G_1}}=2$	由(8) & $\overline{OA}$、$\overline{O_1A_1}$、$\overline{OG}$、$\overline{O_1G_1}$皆為長度，其比值必大於0

圓的圓周是曲線，不能用單位線段直接量圓的周長，也不能用單位面積直接量圓的面積，但觀查圖9.2-13，我們可以知道當圓的內接多邊形邊數逐漸倍增，多邊形的周界漸大，且逐漸接近圓周，內接多邊形的面積也接近圓面積；而圓的外切多邊形邊數逐漸倍增，多邊形的周界漸小，也逐漸接近圓周，外切多邊形的面積也接近圓面積；所以圓周或圓面積，我們可以看做是邊數無限多的內接或外切多邊形的周長或面積。

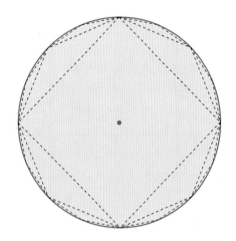 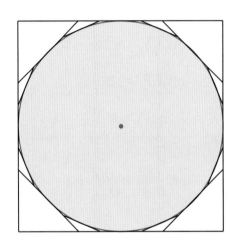

圖 9.2-13

定義 9.2-6

圓周率
圓周與直徑的比值為一常數，這常數叫做圓周率，通常以希臘字母「π」來表示，其值為 3.1415926535897…，一般取近似值為3.14。

定理
9.2-6

圓周比定理
兩圓的圓周比等於兩圓的半徑比。

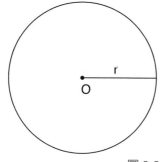

圖 9.2-14

已知　如圖9.2-14，圓O與圓O`的半徑分別為r與r`，圓周分別為C與C`

求證　C：C`＝r：r`

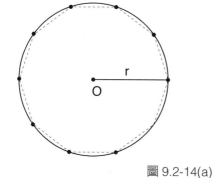
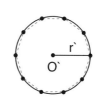

圖 9.2-14(a)

想法　利用正多邊形周長比定理（定理 9.2-5）

證明

敘述	理由
(1) 在兩圓內分別作相同邊數的正多邊形，設正多邊形的周界分別為L與L`如圖9.2-14(a)所示	作圖
(2) L：L`＝r：r`	由(1) & 已知圓O與圓O`的半徑分別為r與r` & 正多邊形周長比定理
(3) 將兩正多邊形的邊數無限倍增，則可當作 L＝C、L`＝C`	無限多邊數正多邊形與接近圓的關係
(4) 所以C：C`＝r：r`	由(2) & (3) 代換

例題 9.2-5

如圖9.2-15，已知圓O半徑為3公分、圓O_1半徑為2公分，求圓O與圓O_1周長之比。

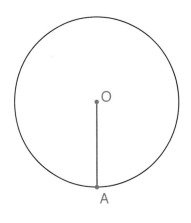
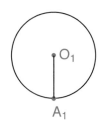

圖 9.2-15

 想法　兩圓的圓周比等於兩圓的半徑比

 解

敘述	理由
(1) $\overline{OA}$ ＝3公分、$\overline{O_1A_1}$ ＝2公分	已知圓O半徑為3公分、圓O_1半徑為2公分
(2)　　圓O周長：圓O_1周長 　　＝$\overline{OA}$：$\overline{O_1A_1}$ 　　＝(3公分)：(2公分) 　　＝3：2	兩圓的圓周比等於兩圓的半徑比 ＆ (1) ＆ 倍比定理

例題 9.2-6

如圖9.2-16，有甲、乙、丙三同心圓，圓心為O點，其中甲圓半徑$\overline{OC}=1$公分、乙圓半徑$\overline{OB}=2$公分、丙圓半徑$\overline{OA}=3$公分，求甲、乙、丙三圓周長之比為何？

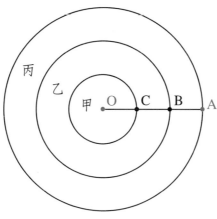

圖 9.2-16

兩圓的圓周比等於兩圓的半徑比

敘述	理由
(1)　甲圓周長：乙圓周長：丙圓周長 　　$=\overline{OC}:\overline{OB}:\overline{OA}$ 　　$=(1公分):(2公分):(3公分)$ 　　$=1:2:3$	兩圓的圓周比等於兩圓的半徑比 & 已知甲圓半徑$\overline{OC}=1$公分、乙圓半徑 $\overline{OB}=2$公分、丙圓半徑$\overline{OA}=3$公分 & 倍比定理

定理
9.2-7

圓周長定理

圓周長等於直徑乘以圓周率。

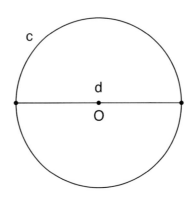

圖 9.2-17

 如圖9.2-17，圓的周長為C，直徑為d

 圓周長C＝d×π

 利用圓周率定義：圓周與直徑的比值為圓周率

敘述	理由
(1) $\dfrac{c}{d}=\pi$	圓周率定義 & 已知圓的周長為C，直徑為d
(2) 所以C＝d×π	由(1) 等量乘法公理

Q. E. D.

例題 9.2-7

如圖9.2-18，已知圓O半徑$\overline{OA}$＝3公分，則圓O周長為何？

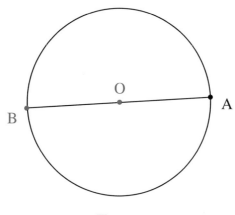

圖 9.2-18

 想法　圓周長等於直徑乘以圓周率

 解

敘述	理由
(1) 圓O直徑$\overline{AB}$＝$2\overline{OA}$ 　　　　＝2×(3公分)＝6公分	直徑為半徑的2倍 & 已知圓O半徑$\overline{OA}$＝3公分
(2) 圓O周長＝(6公分)×π＝6π公分	圓周長等於直徑乘以圓周率 & (1) 圓O直徑＝6公分

例題 **9.2-8**

如圖9.2-19，圓O_1與圓O_2內切，且圓O_1半徑$\overline{O_1A}$為圓O_2直徑，已知$\overline{O_1A}=10$公分，求圓O_2的周長為何？

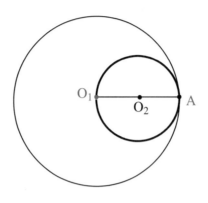

圖 9.2-19

 圓周長等於直徑乘以圓周率

敘　述	理　由
(1) 圓O_2的周長$=\overline{O_1A}\times\pi$ $\qquad=(10公分)\times\pi$ $\qquad=10\pi$公分	圓周長等於直徑乘以圓周率 & 已知圓O_1半徑$\overline{O_1A}$為圓O_2直徑，且$\overline{O_1A}=10$公分

例題 **9.2-9**

如圖9.2-20，圓O_1與圓O_2內切，且圓O_1半徑$\overline{O_1A}$為圓O_2直徑，已知$\overline{O_2A}=10$公分，求圓O_1的周長為何？

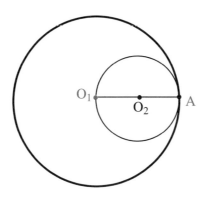

圖 9.2-20

 想法　圓周長等於直徑乘以圓周率

 解

敘述	理由
(1) $\overline{O_1A}=2\,\overline{O_2A}$ $\qquad=2\times(10公分)$ $\qquad=20公分$	直徑為半徑的2倍 & 已知圓O_1半徑$\overline{O_1A}$為圓O_2直徑， 且$\overline{O_1A}=10$公分
(2) 圓O_1直徑$=2\overline{O_1A}$ $\qquad\quad=2\times(20公分)$ $\qquad\quad=40公分$	直徑為半徑的2倍 & 由(1) $\overline{O_1A}=20$公分　已證
(3) 圓O_1的周長$=$圓O_1直徑$\times\pi$ $\qquad\qquad=(40公分)\times\pi$ $\qquad\qquad=40\pi公分$	圓周長等於直徑乘以圓周率 & 由(2) 圓O_1直徑$=40$公分　已證

例題 9.2-10

如圖9.2-21，3個小圓O_1、圓O_2、圓O_3為等圓且O_1、O_2、O_3三點均在$\overline{AD}$上，已知圓O_1、圓O_2外切於B點，圓O_1、圓O_3外切於C點，且圓O_2、圓O_3分別與大圓O_1內切於A、D兩點，若大圓O_1半徑$\overline{O_1A}=12$公分，求圓O_3的周長為何？

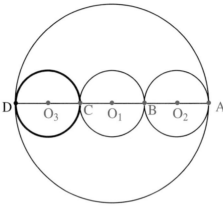

圖 9.2-21

 圓周長等於直徑乘以圓周率

敘述	理由
(1) 大圓O_1直徑$\overline{AD}=2\overline{O_1A}$ $=2\times(12$公分$)$ $=24$公分	圓直徑為圓半徑的2倍 & 已知大圓O_1半徑$\overline{O_1A}=12$公分
(2) 小圓O_1直徑$\overline{BC}$ $=$小圓O_2直徑$\overline{AB}$ $=$小圓O_3直徑$\overline{CD}$	已知小圓O_1、圓O_2、圓O_3為等圓 & 等圓直徑相等
(3) $\overline{AD}=\overline{BC}+\overline{AB}+\overline{CD}$ $=\overline{CD}+\overline{CD}+\overline{CD}=3\overline{CD}$	如圖9.2-21，全量等於分量之和 & 由(2) $\overline{BC}=\overline{AB}=\overline{CD}$
(4) $\overline{CD}=\overline{AD}\div3=(24$公分$)\div3=8$公分	由(3) 等量除法公理 & 由(1) $\overline{AD}=24$公分
(5) 圓O_3的周長$=$圓O_3直徑$\overline{CD}\times\pi$ $=(8$公分$)\times\pi$ $=8\pi$公分	圓周長等於直徑乘以圓周率 & 由(4) 圓O_3直徑$\overline{CD}=8$公分

例題 **9.2-11**

如圖9.2-22，正方形ABCD和圓O的周長相同，若正方形ABCD邊長為10π公分，請問圓O的半徑是多少？

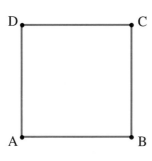
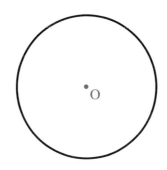

圖 9.2-22

想法

(1) 正方形四邊等長
(2) 圓周長等於直徑乘以圓周率

解

敘述	理由
(1)　正方形ABCD周長 　　＝4×正方形ABCD邊長 　　＝4×(10π公分) 　　＝40π公分	正方形四邊等長 & 周長定義 & 已知正方形ABCD邊長為10π公分
(2) 圓O的周長＝正方形ABCD周長 　　　　　　＝40π公分	已知正方形ABCD和圓O的周長相同 & 由(1)正方形ABCD周長＝40π公分
(3) 圓O直徑×π＝40π公分	圓周長等於直徑乘以圓周率 & 由(2) 圓O的周長＝40π公分
(4) 圓O直徑＝(40π公分)÷π＝40公分	由(3) 等量除法公理
(5) 圓O半徑＝(40公分)÷2＝20公分	圓半徑為圓直徑的一半 & 由(4) 圓O直徑＝40公分

例題 9.2-12

如圖9.2-23，正三角形ABC和圓O的周長相同，若圓O半徑為9公分，請問正三角形ABC的邊長是多少？

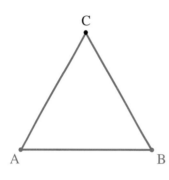
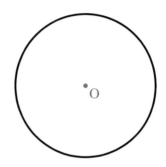

圖 9.2-23

 想法
(1) 正三角形三邊等長
(2) 圓周長等於直徑乘以圓周率

 解

敘述	理由
(1) 圓O直徑＝2×(9公分)＝18公分	直徑為半徑的2倍 & 已知圓O半徑為9公分
(2) 圓O的周長＝圓O直徑×π 　　　　　　　＝(18公分)×π 　　　　　　　＝18π 公分	圓周長等於直徑乘以圓周率 & 由(1) 圓O直徑＝18公分
(3) 正三角形ABC周長＝圓O周長 　　　　　　　　　　＝18π公分	已知正三角形ABC和圓O的周長相同 & 由(2) 圓O的周長＝18π公分
(4)　正三角形ABC的邊長 　　＝正三角形ABC周長÷3 　　＝(18π公分)÷3 　　＝6π公分	正三角形三邊等長 & 由(3) 正三角形ABC周長＝18π公分

例題 **9.2-13**

已知

如圖9.2-24，圓O為正方形ABCD的內切圓，E、F、G、H為切點

求證

(1) $\overline{FH}$ 為圓O直徑

(2) $\overline{FH} = \overline{AB}$

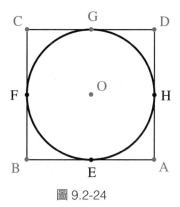

圖 9.2-24

想法

(1) 若可證得F、O、H三點共線且$\overline{FH} = 2\overline{OF}$，則可證得$\overline{FH}$為圓O直徑

(2) 若能證明四邊形ABFH為矩形，則可證得$\overline{FH} = \overline{AB}$

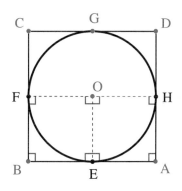

圖 9.2-24(a)

證明

敘述	理由
(1) 連接$\overline{OE}$、$\overline{OF}$、$\overline{OH}$，如圖9.2-24(a) 所示；則$\overline{OE} = \overline{OF} = \overline{OH}$ 且$\overline{OE} \perp \overline{AB}$、$\overline{OF} \perp \overline{BC}$、$\overline{OH} \perp \overline{AD}$ (即∠OEB＝∠OEA＝90°、 ∠OFB＝90°、∠OHA＝90°)	作圖 & 已知圓O為正方形 ABCD的內切圓，E、F、H為 切點 & 同圓半徑皆相等 & 過 切點的半徑與切線垂直
(2) ∠A＝∠B＝90° (即$\overline{BA} \perp \overline{AD}$ & $\overline{AB} \perp \overline{BC}$)	已知ABCD為正方形 & 正方形 四個內角皆為直角
(3) 四邊形AEOH中， ∠A＋∠OEA＋∠EOH＋∠OHA＝360°	如圖9.2-24(a) & n多邊形內角和為(n－2)×180°

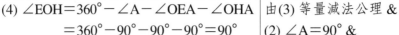

(4) $\angle EOH = 360° - \angle A - \angle OEA - \angle OHA$ $\quad = 360° - 90° - 90° - 90° = 90°$	由(3) 等量減法公理 & (2) $\angle A = 90°$ & (1) $\angle OEA = 90°$、$\angle OHA = 90°$
(5) $\angle A = \angle OEA = \angle EOH = \angle OHA = 90°$	由(2) $\angle A = 90°$ & (4) $\angle EOH = 90°$ & (1) $\angle OEA = 90°$、 $\angle OHA = 90°$ 遞移律
(6) 四邊形AEOH為矩形	由(5) 四個內角皆為直角的四邊形為矩形
(7) $\overline{OE} = \overline{HA}$ & $\overline{OH} = \overline{AE}$	由(6) & 矩形兩組對邊等長
(8) $\overline{OE} = \overline{HA} = \overline{OH} = \overline{AE}$	由(7) & (1) $\overline{OE} = \overline{OH}$ 遞移律
(9) 四邊形AEOH為正方形	由(6) & (8) 四邊等長的矩形為正方形
(10) 同理可證： $\quad \angle B = \angle OEB = \angle EOF = \angle OFB = 90°$ $\quad \overline{OE} = \overline{BE} = \overline{FB} = \overline{OF}$ $\quad$ 四邊形BEOF為正方形	同(1)～(9) 同理可證
(11) $\angle EOF + \angle EOH = 90° + 90° = 180°$	由(10) $\angle EOF = 90°$ & (4) $\angle EOH = 90°$
(12) F、O、H三點共線	由(11) 平角為180°
(13) $\overline{FH} = \overline{OF} + \overline{OH} = \overline{OF} + \overline{OF} = 2\overline{OF}$	全量等於分量之和
(14) 所以$\overline{FH}$為圓O直徑	由(12) & (13) 圓直徑為圓半徑的2倍
(15) 四邊形ABFH中， $\quad \angle A = \angle B = \angle BFH = \angle FHA = 90°$	如圖9.2-24(a) & (12) F、O、H三點共線 & 由(5) $\angle A = \angle OHA = 90°$ & (10) $\angle B = \angle OFB = 90°$ 遞移律
(16) 四邊形ABFH為矩形	由(15) & 四個內角皆為直角的四邊形為矩形
(17) 所以$\overline{FH} = \overline{AB}$	由(16) & 矩形對邊相等

$$\text{Q.E.D.}$$

結論：由例題9.2-13，我們得到下列結果：正方形內切圓之兩對邊切點連線為圓之直徑。

例題 **9.2-14**

如圖9.2-25，圓O為正方形ABCD的內切圓，E、F、G、H為切點，已知正方形ABCD的周長為20公分，則圓O的周長是多少公分？

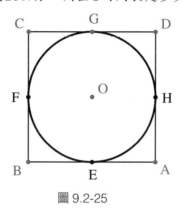

圖 9.2-25

(1) 利用例題9.2-13結論：$\overline{FH}$為圓O直徑 & $\overline{FH}=\overline{AB}$

(2) 圓周長等於直徑乘以圓周率

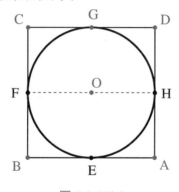

圖 9.2-25(a)

敘述	理由
(1) 連接$\overline{FH}$，如圖9.2-25(a)所示；則$\overline{FH}$為圓O直徑 & $\overline{FH}=\overline{AB}$	作圖 & 已知圓O為正方形ABCD的內切圓，E、F、G、H為切點 & 根據例題9.2-13結論
(2) $\overline{AB}$＝(20公分)÷4＝5公分	正方形四邊等長 & 已知正方形ABCD的周長為20公分
(3) 圓O直徑$\overline{FH}=\overline{AB}$＝5公分	由(1) & (2) 遞移律
(4) 圓O的周長＝圓O直徑$\overline{FH}×π$ ＝(5公分)×π ＝5π公分	圓周長等於直徑乘以圓周率 & 由(3) 圓O直徑$\overline{FH}$＝5公分

例題 9.2-15

如圖9.2-26，矩形PQRS由正方形PQIH與正方形HIRS所組成，圓O_1與圓O_2分別為正方形PQIH與正方形HIRS的內切圓，已知圓O_1與圓O_2外切於G點，且矩形PQRS的四邊分別切圓O_1與圓O_2於A、B、C、D、E、F點，若$\overline{PQ}=8$公分，求灰色部分周長為何？

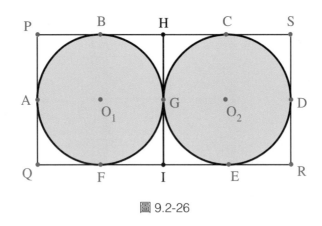

圖 9.2-26

(1) 利用例題9.2-13結論：$\overline{BF}$ 為圓O_1直徑 & $\overline{BF}=\overline{PQ}$

$\overline{CE}$ 為圓O_2直徑 & $\overline{CE}=\overline{RS}$

(2) 圓周長等於直徑乘以圓周率

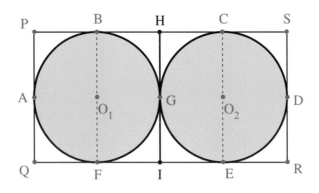

圖 9.2-26(a)

解

敘述	理由
(1) 連接 $\overline{BF}$、$\overline{CE}$，如圖9.2-26(a)；則 $\overline{BF}$ 為圓O_1直徑 & $\overline{BF}=\overline{PQ}$ $\overline{CE}$ 為圓O_2直徑 & $\overline{CE}=\overline{RS}$	作圖 & 已知矩形PQRS的四邊分別切圓O_1與圓O_2於A、B、C、D、E、F點 & 根據例題9.2-13結論
(2) $\overline{RS}=\overline{PQ}=8$公分	已知PQRS為矩形 & 矩形對邊等長 & 已知 $\overline{PQ}=8$公分
(3) 圓O_1直徑 $\overline{BF}=\overline{PQ}=8$公分 圓$O_2$直徑 $\overline{CE}=\overline{RS}=8$公分	由(1) & (2) 遞移律
(4) 圓O_1的周長＝圓O_1直徑 $\overline{BF}\times\pi$ $\quad=(8$公分$)\times\pi$ $\quad=8\pi$公分 圓O_2的周長＝圓O_2直徑 $\overline{CE}\times\pi$ $\quad=(8$公分$)\times\pi$ $\quad=8\pi$公分	圓周長等於直徑乘以圓周率 & 由(3) 圓O_1直徑 $\overline{BF}=8$公分 $\qquad$ 圓O_2直徑 $\overline{CE}=8$公分
(5) 灰色部分周長 ＝圓O_1的周長＋圓O_2的周長 ＝$(8\pi$公分$)+(8\pi$公分$)$ ＝16π公分	如圖9.2-26(a) 周長定義 & 由(4) 圓O_1的周長＝8π公分 $\qquad$ 圓O_2的周長＝8π公分

接著，讓我們將第七章所學的定理7.2-5垂直於弦的直徑定理，以及第八章所學的畢氏定理，搭配上圓周長定理，來練習以下例題9.2-16。

例題 9.2-16

如圖9.2-27，已知圓O的一弦 $\overline{AB}=8$ 公分，弦心距 $\overline{OC}=3$ 公分，則圓O周長為何？

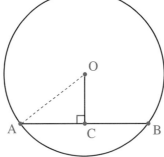

圖 9.2-27

想法
(1) 利用定理7.2-5垂直於弦的直徑定理得知 $\overline{OC}$ 垂直平分 $\overline{AB}$，得 $\overline{AC}$ 長度
(2) 利用畢氏定理求得圓 $\overline{OA}$ 長度
(3) 圓周長等於直徑與圓周率的乘積

解

敘述	理由
(1) $\overline{OC}\perp\overline{AB}$，$\angle OCA=90°$	已知 $\overline{OC}$ 為弦心距
(2) △ACO為直角三角形	由(1) & 直角三角形定義
(3) C點為 $\overline{AB}$ 中點， $\overline{AC}=\overline{BC}=\dfrac{1}{2}\overline{AB}$ $=\dfrac{1}{2}\times(8公分)=4公分$	由(1) & 定理7.2-5垂直於弦的直徑定理 $\overline{OC}$ 垂直平分 $\overline{AB}$ & 已知弦 $\overline{AB}=8$ 公分
(4) △ACO中， $\overline{OA}^2=\overline{AC}^2+\overline{OC}^2$ $=(4公分)^2+(3公分)^2$ $=25平方公分$	由(2) △ACO為直角三角形 & 畢氏定理 & 已知 $\overline{OA}=3$ 公分 & (3) $\overline{AC}=4$ 公分
(5) $\overline{OA}=5公分$ 或 $\overline{OA}=-5公分$	由(4) 求平方根
(6) $\overline{OA}=5公分$	由(5) & $\overline{OA}$ 為線段長度必大於0
(7) 圓O周長$=2\overline{OA}\times\pi$ $=2\times(5公分)\times\pi$ $=10\pi公分$	圓周長等於直徑與圓周率的乘積 & 圓直徑為圓半徑的2倍 & 由(6) $\overline{OA}=5$ 公分 已證

定理
9.2-8

圓弧長定理

圓弧長＝$\dfrac{\text{圓心角度}}{360°}$×圓周長。

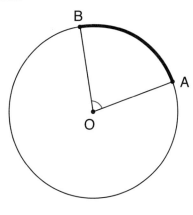

圖 9.2-28

已知　如圖9.2-28，圓O中，∠AOB為圓心角，且圓O周長為C

求證　$\overparen{AB}$長度＝$\dfrac{\angle AOB}{360°}$×C

想法　圓弧長為圓周長的一部分

證明

敘述	理由
(1) $\overparen{AB}$度數＝∠AOB	弧的度數為所對圓心角的度數 & 已知∠AOB為圓心角
(2) $\overparen{AB}$長度＝$\dfrac{\angle AOB}{360°}$× 圓O周長	圓周度數為360° & 比例關係
(3) 所以$\overparen{AB}$長度＝$\dfrac{\angle AOB}{360°}$× C	由(2) & 已知圓O周長為C 代換

Q. E. D.

例題 9.2-17

如圖9.2-29，圓O半徑為5公分，圓心角∠AOB＝60°，則：

(1) 圓O周長＝？　　(2) $\overarc{AB}$ 長度＝？　　(3) $\overarc{ACB}$ 長度＝？

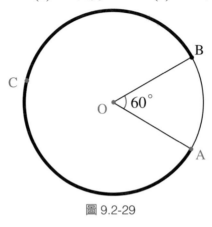

圖 9.2-29

想法　　圓弧長＝$\dfrac{圓心角度}{360°}×$圓周長

解

敘述	理由
(1) 圓O直徑＝2×(5公分)＝10公分	直徑為半徑的2倍 & 已知圓O半徑為5公分
(2) 圓O周長＝(10公分)×π＝10π公分	圓周長等於直徑乘以圓周率 & (1) 圓O直徑＝10公分
(3) $\overarc{AB}$ 長度＝$\dfrac{60°}{360°}×$圓O周長 ＝$\dfrac{60°}{360°}×(10π公分)$ ＝$\dfrac{5π}{3}$公分	圓弧長＝$\dfrac{圓心角度}{360°}×$圓周長 & 已知圓心角∠AOB＝60° & (2) 圓O周長＝10π公分
(4) $\overarc{AB}$ 長度＋$\overarc{ACB}$ 長度＝圓O周長	全量等於分量之和
(5) $\overarc{ACB}$ 長度＝圓O周長－$\overarc{AB}$ 長度 ＝$(10π公分)－(\dfrac{5π}{3}公分)$ ＝$\dfrac{25π}{3}$公分	由(4) 等量減法公理 & (2) 圓O周長＝10π公分 & (3) $\overarc{AB}$ 長度＝$\dfrac{5π}{3}$公分

例題 **9.2-18**

如圖9.2-30，圓O半徑為12公分，$\overset{\frown}{AB}$ 長度＝4π公分，則：

(1) 圓O周長＝？　　(2) 圓心角∠AOB＝？　　(3) $\overset{\frown}{ACB}$ 長度＝？

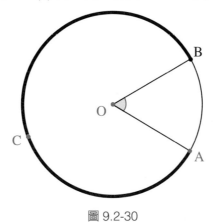

圖 9.2-30

想法　弧長＝$\dfrac{圓心角度}{360°}$×圓周長

解

敘述	理由
(1) 圓O直徑＝2×(12公分)＝24公分	直徑為半徑的2倍 & 已知圓O半徑為12公分
(2) 圓O周長＝(24公分)×π＝24π公分	圓周長等於直徑乘以圓周率 & (1) 圓O直徑＝24公分
(3) $\overset{\frown}{AB}$ 長度＝$\dfrac{\angle AOB}{360°}$×圓O周長	弧長＝$\dfrac{圓心角度}{360°}$×圓周長 & $\overset{\frown}{AB}$ 所對的圓心角為∠AOB
(4) 4π公分＝$\dfrac{\angle AOB}{360°}$×(24π公分)	由(3) & 已知 $\overset{\frown}{AB}$＝4π公分 & (2) 圓O周長＝24π公分
(5) ∠AOB＝60°	由(4) 求∠AOB之值
(6) $\overset{\frown}{AB}$ 長度＋$\overset{\frown}{ACB}$ 長度＝圓O周長	全量等於分量之和
(7) $\overset{\frown}{ACB}$ 長度＝圓O周長－$\overset{\frown}{AB}$ 長度 ＝(24π公分)－(4π公分) ＝20π公分	由(6) 移項 & (2) 圓O周長＝24π公分 & 已知 $\overset{\frown}{AB}$ 長度＝4π公分

例題 9.2-19

如圖9.2-31，OAB為半徑為5公分、圓心角為45°的扇形，求扇形OAB的周長為何？

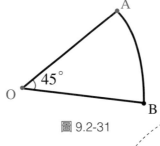

圖 9.2-31

 想法

(1)扇形OAB的周長＝$\overparen{AB}+\overline{OA}+\overline{OB}$

(2)弧長＝$\dfrac{圓心角度}{360°}×$圓周長

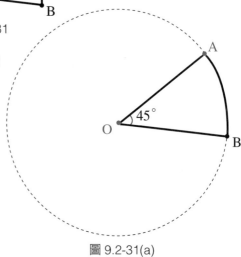

圖 9.2-31(a)

 解

敘述	理由
(1) 以O點為圓心，$\overline{OA}$ 為半徑完成此圓，如圖9.2-31(a)所示	作圖
(2) 圓O直徑＝$2\overline{OA}$ ＝2×(5公分)＝10公分	直徑為半徑的2倍 & 已知OAB為半徑為5公分的扇形
(3) 圓O周長＝(10公分)×π ＝10π公分	圓周長等於直徑乘以圓周率 & (2) 圓O直徑＝10公分
(4) $\overparen{AB}=\dfrac{45°}{360°}×$圓O周長 ＝$\dfrac{45°}{360°}×(10π公分)=\dfrac{5π}{4}$公分	弧長＝$\dfrac{圓心角度}{360°}×$圓周長 & 已知OAB為圓心角為45°的扇形 & (3) 圓O周長＝10π公分
(5) 扇形OAB的周長 ＝$\overparen{AB}+\overline{OA}+\overline{OB}$ ＝$(\dfrac{5π}{4}+5+5)$ 公分 ＝$(10+\dfrac{5π}{4})$公分	圓周長定義 & (4) $\overparen{AB}=\dfrac{5π}{4}$公分 & 已知OAB為半徑為5公分的扇形

例題 **9.2-20**

圖9.2-32為兩個半徑同為5公分的半圓外切所形成的圖形，求此圖形的周長為何？

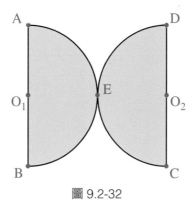

圖 9.2-32

(1)此圖形的周長＝$\overparen{AEB}$ ＋$\overline{AB}$ ＋$\overparen{CED}$ ＋$\overline{CD}$

(2)弧長＝$\dfrac{\text{圓心角度}}{360°}$×圓周長

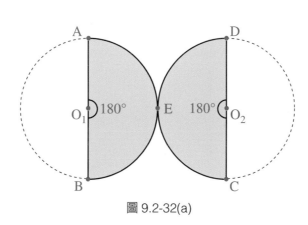

圖 9.2-32(a)

解

敘述	理由
(1) 分別以 O_1、O_2 為圓心，$\overline{O_1A}$、$\overline{O_2C}$ 為半徑完成此兩圓，如圖9.2-32(a)；其中 $\overline{O_1A}=\overline{O_2C}=5$ 公分	作圖 & 已知此圖形為兩個半徑同為5公分的半圓所形成的圖形
(2) 圓O_1直徑$\overline{AB}$＝圓O_2直徑$\overline{CD}$ $=2\overline{O_1A}=2\overline{O_2C}=2\times(5$公分$)=10$公分	直徑為半徑的2倍 & (1) $\overline{O_1A}=\overline{O_2C}=5$公分
(3) 圓O_1周長＝圓O_2周長 $=(10$公分$)\times\pi=10\pi$公分	圓周長等於直徑乘以圓周率 & (2) 圓O_1直徑＝圓O_2直徑＝10公分
(4) $\overparen{AEB}=\dfrac{180°}{360°}\times$圓$O_1$周長 $=\dfrac{180°}{360°}\times(10\pi$公分$)=5\pi$公分 $\overparen{CED}=\dfrac{180°}{360°}\times$圓$O_2$周長 $=\dfrac{180°}{360°}\times(10\pi$公分$)=5\pi$公分	弧長$=\dfrac{圓心角度}{360°}\times$圓周長 & 已知此圖形為兩個半徑同為5公分的半圓所形成的圖形 & 半圓圓心角為180° & 由(3) 圓O_1周長＝圓O_2周長 $=10\pi$公分
(5) 此圖形的周長 $=\overparen{AEB}+\overline{AB}+\overparen{CED}+\overline{CD}$ $=(5\pi+10+5\pi+10)$ 公分 $=(20+10\pi)$ 公分	周長定義 & (2) 圓O_1直徑$\overline{AB}$＝圓O_2直徑$\overline{CD}$ $=10$公分 & (4) $\overparen{AEB}=\overparen{CED}=5\pi$公分

例題 **9.2-21**

圖9.2-33為三個半圓所圍成的圖形，其三個圓心O_1、O_2、O_3皆在$\overline{AD}$上，已知小圓半徑$\overline{O_2A}=\overline{O_3C}=5$公分、大圓半徑$\overline{O_1B}=10$公分，請問著色部分的圖形周長是多少公分？

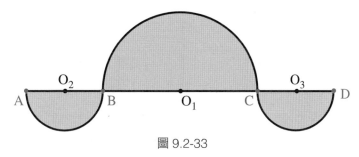

圖 9.2-33

想法

(1)此圖形的周長$=\overparen{AEB}+\overparen{BFC}+\overparen{CED}+\overline{AD}$

(2)弧長$=\dfrac{圓心角度}{360°}\times$圓周長

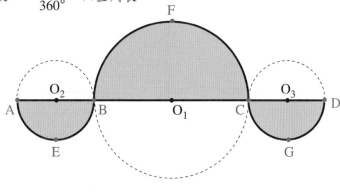

圖 9.2-33(a)

解

敘述	理由
(1) 分別以O_1、O_2、O_3為圓心，$\overline{O_1B}$、$\overline{O_2A}$、$\overline{O_3C}$、為半徑完成此三圓，如圖9.2-33(a)：其中$\overline{BC}$為圓O_1直徑、$\overline{AB}$為圓O_2直徑、$\overline{CD}$為圓O_3直徑	作圖 & 已知此圖形為三個半圓所圍成的圖形，其三個圓心O_1、O_2、O_3皆在$\overline{AD}$上，且小圓半徑$\overline{O_2A}=\overline{O_3C}$ $=5$公分、大圓半徑$\overline{O_1B}=10$公分
(2)　圓O_2直徑$\overline{AB}=$圓O_3直徑$\overline{CD}$　$=2\overline{O_2A}=2\overline{O_3C}=2\times(5$公分$)$　$=10$公分	直徑為半徑的2倍 & 已知小圓半徑$\overline{O_2A}=\overline{O_3C}=5$公分
(3)　圓O_2周長$=$圓O_3周長　$=(10$公分$)\times\pi=10\pi$公分	圓周長等於直徑乘以圓周率 & (2) 圓O_2直徑$=$圓O_3直徑$=10$公分

(4) $\overparen{AEB}=\dfrac{180°}{360°}\times$圓$O_2$周長 $\\ \qquad=\dfrac{180°}{360°}\times(10\pi$公分$)=5\pi$公分 $\\ \overparen{CGD}=\dfrac{180°}{360°}\times$圓$O_3$周長 $\\ \qquad=\dfrac{180°}{360°}\times(10\pi$公分$)=5\pi$公分	弧長$=\dfrac{圓心角度}{360°}\times$圓周長 & 已知此圖形為三個半圓所圍成的圖形 & 半圓圓心角為180° & 由(3) 圓O_2周長$=$圓O_3周長 $\\ \qquad\qquad=10\pi$公分
(5) 圓O_1直徑$\overline{BC}=2\overline{O_1B}$ $\\ \qquad\qquad=2\times(10$公分$)=20$公分	直徑為半徑的2倍 & 已知大圓半徑 $\overline{O_1B}=10$公分
(6) 圓O_1周長$=(20$公分$)\times\pi=20\pi$公分	圓周長等於直徑乘以圓周率 & (5) 圓O_1直徑$=20$公分
(7) $\overparen{BFC}=\dfrac{180°}{360°}\times$圓$O_1$周長 $\\ \qquad=\dfrac{180°}{360°}\times(20\pi$公分$) \\ \qquad=10\pi$公分	弧長$=\dfrac{圓心角度}{360°}\times$圓周長 & 已知此圖形為三個半圓所圍成的圖形 & 半圓圓心角為180° & 由(6) 圓O_1周長$=20\pi$公分
(8) $\overline{AD}=\overline{AB}+\overline{BC}+\overline{CD}$ $\\ \qquad=(10$公分$)+(20$公分$)+(10$公分$) \\ \qquad=40$公分	已知三個圓心O_1、O_2、O_3皆在$\overline{AD}$上 & 全量等於分量之和 & (2) $\overline{AB}=\overline{CD}=10$公分、 (5) $\overline{BC}=20$公分
(9) 　此圖形的周長 $\\ =\overparen{AEB}+\overparen{BFC}+\overparen{CGD}+\overline{AD} \\ =(5\pi+10\pi+5\pi+40)$公分 $\\ =(40+20\pi)$公分	全量等於分量之和 & (4) $\overparen{AEB}=\overparen{CGD}=5\pi$公分、 (7) $\overparen{BFC}=10\pi$公分、 (8) $\overline{AD}=40$公分

例題 9.2-22

圖9.2-34中，圓O_1與O_2為兩半徑為5公分的等圓，已知兩圓相交於A、B兩點，且O_1在圓O_2的圓周之上、O_2在圓O_1的圓周之上，求灰色部分的周長為何？

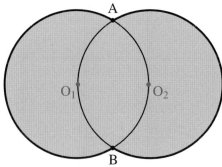

圖 9.2-34

(1)灰色部分的周長＝$\overparen{ACB} + \overparen{ADB}$

(2)弧長＝$\dfrac{圓心角度}{360°} \times 圓周長$

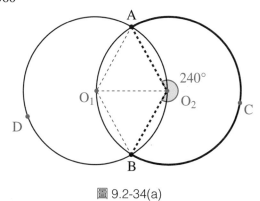

圖 9.2-34(a)

敘述	理由
(1) 連接$\overline{AO_1}$、$\overline{BO_1}$、$\overline{BO_2}$、$\overline{AO_2}$及$\overline{O_1O_2}$ 如圖9.2-34(a)； 其中$\overline{AO_1}=\overline{BO_1}=\overline{O_1O_2}$為圓$O_1$半徑 $\overline{AO_2}=\overline{BO_2}=\overline{O_1O_2}$為圓$O_2$半徑	作圖 & 已知兩圓相交於A、B兩點，且O_1在圓O_2的圓周之上、O_2在圓O_1的圓周之上
(2)　$\overline{AO_1}=\overline{BO_1}=\overline{O_1O_2}=\overline{AO_2}=\overline{BO_2}$ ＝5公分	由(1) 遞移律 & 已知圓O_1與O_2為兩半徑為5公分的等圓
(3) $\triangle AO_1O_2$為正三角形	由(2) $\overline{AO_1}=\overline{O_1O_2}=\overline{AO_2}$ & 正三角形定義

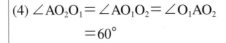

(4) $\angle AO_2O_1 = \angle AO_1O_2 = \angle O_1AO_2$ $\quad = 60°$	由(3) & 正三角形為等角三角形
(5) $\triangle BO_1O_2$為正三角形 $\quad \angle BO_2O_1 = \angle BO_1O_2 = \angle O_1BO_2$ $\quad = 60°$	由(2) $\overline{BO_1} = \overline{O_1O_2} = \overline{BO_2}$ & 等邊三角形也是等角三角形
(6) $\quad \angle AO_2O_1 + \angle BO_2O_1 + \angle AO_2B$ $= 360°$	全量等於分量之和 & 周角為360°
(7) $\angle AO_2B = 360° - \angle AO_2O_1 - \angle BO_2O_1$ $\quad = 360° - 60° - 60°$ $\quad = 240°$	由(6) 等量減法公理 & (4) $\angle AO_2O_1 = 60°$、(6) $\angle BO_2O_1 = 60°$
(8) 圓O_2直徑$= 2\overline{AO_2}$ $\quad = 2 \times (5公分) = 10公分$	直徑為半徑的2倍 & 由(2) $\overline{AO_2} = 5$公分
(9) 圓O_2周長$=$圓O_2直徑$\times \pi$ $\quad = (10公分) \times \pi$ $\quad = 10\pi$公分	圓周長等於直徑乘以圓周率 & 由(8) 圓O_2直徑$= 10$公分
(10) $\overset{\frown}{ACB} = \dfrac{240°}{360°} \times$圓$O_2$周長 $\quad = \dfrac{240°}{360°} \times (10\pi公分)$ $\quad = \dfrac{20\pi}{3}$公分	弧長$= \dfrac{圓心角度}{360°} \times$圓周長 & 由(7) $\angle AO_2B = 240°$ & 由(9) 圓O_2周長$= 10\pi$公分
(11) 同理可證：$\overset{\frown}{ADB} = \dfrac{20\pi}{3}$公分	同(1)~(10)步驟 同理可證
(12) $\quad$灰色部分的周長 $= \overset{\frown}{ACB} + \overset{\frown}{ADB}$ $= (\dfrac{20\pi}{3} + \dfrac{20\pi}{3})$公分 $= \dfrac{40\pi}{3}$公分	全量等於分量之和 由(10) $\overset{\frown}{ACB} = \dfrac{20\pi}{3}$公分 & (11) $\overset{\frown}{ADB} = \dfrac{20\pi}{3}$公分

例題 9.2-23

如圖9.2-35，圓A、圓B、圓C為三個半徑為5公分的等圓，已知三個圓兩兩外切，圓A與圓B外切於D點，圓B與圓C外切於E點，圓C與圓A外切於F點，求灰色部分的周長為何？

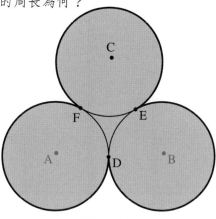

圖 9.2-35

(1)灰色部分的周長＝$\overparen{EGF}+\overparen{DHF}+\overparen{DIE}$

(2)弧長＝$\dfrac{圓心角度}{360°}×圓周長$

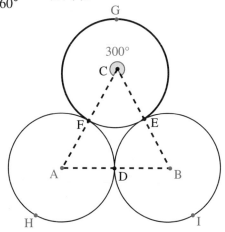

圖 9.2-35(a)

敘述	理由
(1) 連接$\overline{AB}$、$\overline{BC}$、$\overline{CA}$，如圖9.2-35(a)，其中$\overline{AB}$通過D點、$\overline{BC}$通過E點、$\overline{CA}$通過F點	作圖 & 已知圓A與圓B外切於D點，圓B與圓C外切於E點，圓C與圓A外切於F點 & 相切兩圓的連心線，必過切點
(2) $\overline{AD}=\overline{AF}=\overline{BD}=\overline{BE}=\overline{CE}=\overline{CF}$ $=5$公分	已知圓A、圓B、圓C為三個半徑為5公分的等圓

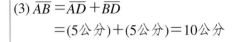

(3) $\overline{AB}=\overline{AD}+\overline{BD}$ $\quad=(5公分)+(5公分)=10公分$	全量等於分量之和 & 由(2) $\overline{AD}=\overline{BD}=5公分$
(4) $\overline{BC}=\overline{BE}+\overline{CE}$ $\quad=(5公分)+(5公分)=10公分$	全量等於分量之和 & 由(2) $\overline{BE}=\overline{CE}=5公分$
(5) $\overline{CA}=\overline{CF}+\overline{AF}$ $\quad=(5公分)+(5公分)=10公分$	全量等於分量之和 & 由(2) $\overline{CF}=\overline{AF}=5公分$
(6) △ABC為正三角形 $\quad\angle A=\angle B=\angle C=60°$	由(3)、(4) & (5) 等邊三角形也是等角三角形
(7) 優角$\angle ECF$＋銳角$\angle ECF=360°$	全量等於分量之和 & 周角為360°
(8) 優角$\angle ECF=360°-$銳角$\angle ECF$ $\quad=360°-60°=300°$	由(7) 等量減法公理 & (6) 銳角$\angle ECF=60°$
(9) 圓C直徑$=2\overline{CE}$ $\quad=2×(5公分)=10公分$	直徑為半徑的2倍 & (2) $\overline{CE}=5公分$
(10) 圓C周長＝圓C直徑×π $\quad=(10公分)×π$ $\quad=10π公分$	圓周長等於直徑乘以圓周率 & 由(9) 圓C直徑$=10公分$
(11) $\overset{\frown}{EGF}=\dfrac{300°}{360°}×圓C周長$ $\quad=\dfrac{300°}{360°}×(10π公分)$ $\quad=\dfrac{25π}{3}公分$	弧長$=\dfrac{圓心角度}{360°}×圓周長$ & 由(8) 優角$\angle ECF=300°$ & 由(10) 圓C周長$=10π公分$
(12) 同理可證：$\overset{\frown}{DHF}=\dfrac{25π}{3}公分$ $\qquad\qquad\overset{\frown}{DIE}=\dfrac{25π}{3}公分$	同(1)～(11) 步驟
(13) 　灰色部分的周長 $\quad=\overset{\frown}{EGF}+\overset{\frown}{DHF}+\overset{\frown}{DIE}$ $\quad=(\dfrac{25π}{3}+\dfrac{25π}{3}+\dfrac{25π}{3})公分$ $\quad=25π公分$	全量等於分量之和 & (11) $\overset{\frown}{EGF}=\dfrac{25π}{3}公分$ (12) $\overset{\frown}{DHF}=\dfrac{25π}{3}公分$、 $\qquad\overset{\frown}{DIE}=\dfrac{25π}{3}公分$

例題 **9.2-24**

圖9.2-36為在正方形ABCD中，分別以正方形四個邊為直徑畫半圓所形成的圖形，且四個半圓相交於O點，若正方形邊長為5公分，求灰色部分圖形的周長為何？

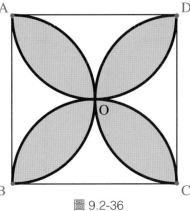

圖 9.2-36

(1)灰色部分圖形的周長＝$\overgroup{AOB}$＋$\overgroup{BOC}$＋$\overgroup{COD}$＋$\overgroup{DOA}$

(2)弧長＝$\dfrac{圓心角度}{360°}$×圓周長

敘述	理由
(1) $\overline{AB}=\overline{BC}=\overline{CD}=\overline{DA}$＝5公分	已知正方形邊長為5公分
(2)　以$\overline{AB}$為直徑的圓周長 　　＝$\overline{AB}$×π＝(5公分)×π＝5π公分	圓周長等於直徑乘以圓周率 & (1)$\overline{AB}$＝5公分
(3)　以$\overline{AB}$為直徑的半圓周長$\overgroup{AOB}$ 　　＝$\dfrac{180°}{360°}$×以$\overline{AB}$為直徑的圓周長 　　＝$\dfrac{180°}{360°}$×(5π公分)＝$\dfrac{5\pi}{2}$公分	弧長＝$\dfrac{圓心角度}{360°}$×圓周長 & 已知此圖形為分別以正方形四個邊為直徑畫半圓所形成的圖形 & 半圓圓心角為180° & (2)以$\overline{AB}$為直徑的圓周長＝5π公分
(4) 同理可證： 　　$\overgroup{BOC}=\overgroup{COD}=\overgroup{DOA}=\dfrac{5\pi}{2}$公分	同(1)〜(3)步驟 同理可證
(5)　灰色部分圖形的周長 　　＝$\overgroup{AOB}$＋$\overgroup{BOC}$＋$\overgroup{COD}$＋$\overgroup{DOA}$ 　　＝($\dfrac{5\pi}{2}$＋$\dfrac{5\pi}{2}$＋$\dfrac{5\pi}{2}$＋$\dfrac{5\pi}{2}$) 公分 　　＝10π公分	全量等於分量之和 & (3)$\overgroup{AOB}$＝$\dfrac{5\pi}{2}$公分 & (4)$\overgroup{BOC}=\overgroup{COD}=\overgroup{DOA}=\dfrac{5\pi}{2}$公分

例題 9.2-25

圖9.2-37為在正方形ABCD中，分別以正方形四個頂點為圓心，正方形邊長為半徑畫弧所形成的圖形，且四個弧分別相交於E、F、G、H四點，若正方形邊長為5公分，求粗線部分圖形的周長為何？

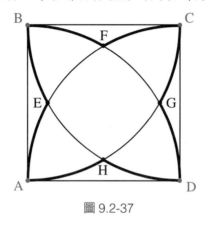

圖 9.2-37

(1)粗線部分圖形的周長＝$\overarc{AE}+\overarc{AH}+\overarc{BF}+\overarc{BE}+\overarc{CF}+\overarc{CG}+\overarc{DH}+\overarc{DG}$

(2)弧長＝$\dfrac{圓心角度}{360°}×圓周長$

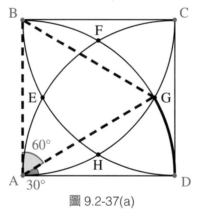

圖 9.2-37(a)

敘述	理由
(1) 連接$\overline{AG}$、$\overline{BG}$，如圖9.2-37(a)	作圖
(2) $\overline{AB}=\overline{BC}=\overline{CD}=\overline{DA}=5$公分 　　∠DAB＝∠ABC＝∠BCD＝∠CDA 　　＝90°	已知ABCD為正方形 & 正方形四邊等長、四個角皆為直角 & 已知正方形邊長為5公分

(3) $\overline{AG}=\overline{AB}=5$公分 　　$\overline{BC}=\overline{AB}=5$公分	已知此圖形為正方形四個頂點為圓心，正方形邊長為半徑畫弧所形成的圖形，且四個弧分別相交於E、F、G、H四點 & 同圓半徑皆相等 & (2) $\overline{AB}=5$公分
(4) $\overline{AG}=\overline{BG}=\overline{AB}=5$公分 　　△ABG為正三角形	由(3) 遞移律 & 等邊三角形為正三角形
(5) $\angle BAG=\angle AGB=\angle GBA=60°$	由(4) & 正三角形三內角皆為60°
(6) $\angle BAG+\angle GAD=\angle DAB$	如圖9.2-37(a)，全量等於分量之和
(7) $\angle GAD=\angle DAB-\angle BAG$ 　　　　$=90°-60°=30°$	由(6) 等量減法公理 & (2) $\angle DAB=90°$ & (5) $\angle BAG=60°$
(8)　以$\overline{AB}$為半徑的圓周長 　　$=2\overline{AB}\times\pi=2\times(5$公分$)\times\pi$ 　　$=10\pi$公分	圓周長等於直徑乘以圓周率 & 圓直徑為半徑的2倍 & (2) $\overline{AB}=5$公分
(9)　$\overset{\frown}{DG}$ 　　$=\dfrac{30°}{360°}\times$以$\overline{AB}$為半徑的圓周長 　　$=\dfrac{30°}{360°}\times(10\pi$公分$)=\dfrac{5\pi}{6}$公分	弧長$=\dfrac{圓心角度}{360°}\times$圓周長 & 由(7) $\angle GAD=30°$ & (8) 以$\overline{AB}$為半徑的圓周長$=10\pi$公分
(10) 同理可證： 　　$\overset{\frown}{AE}=\overset{\frown}{AH}=\overset{\frown}{BF}=\overset{\frown}{BE}=\overset{\frown}{CF}=\overset{\frown}{CG}=$ 　　$\overset{\frown}{DH}=\dfrac{5\pi}{6}$公分	同(1)～(9)步驟 同理可證 題目所求 全量等於分量之和
(11) 粗線部分圖形的周長 　　$=\overset{\frown}{AE}+\overset{\frown}{AH}+\overset{\frown}{BF}+\overset{\frown}{BE}+\overset{\frown}{CF}+\overset{\frown}{CG}$ 　　$+\overset{\frown}{DH}+\overset{\frown}{DG}$ 　　$=(\dfrac{5\pi}{6}+\dfrac{5\pi}{6}+\dfrac{5\pi}{6}+\dfrac{5\pi}{6}+\dfrac{5\pi}{6}+\dfrac{5\pi}{6}$ 　　$+\dfrac{5\pi}{6}+\dfrac{5\pi}{6})$公分 　　$=\dfrac{20\pi}{3}$公分	由(9) $\overset{\frown}{DG}=\dfrac{5\pi}{6}$公分 & (10) $\overset{\frown}{AE}=\overset{\frown}{AH}=\overset{\frown}{BF}=\overset{\frown}{BE}=\overset{\frown}{CF}=$ 　　$\overset{\frown}{CG}=\overset{\frown}{DH}=\dfrac{5\pi}{6}$公分

例題 9.2-26

圖9.2-38為兩個半圓與一個矩形所形成的圖形，其中兩個半圓分別以$\overline{AB}$、$\overline{CD}$為直徑，矩形ABCD的長邊$\overline{BC}$＝20公分、短邊$\overline{AB}$＝10公分，求灰色部分的圖形周長為何？

圖 9.2-38

想法

(1) 灰色部分圖形的周長＝$\overparen{AB}$＋$\overline{BC}$＋$\overparen{CD}$＋$\overline{AD}$

(2) 弧長＝$\dfrac{圓心角度}{360°}$×圓周長

解

敘述	理由
(1) $\overline{AD}$＝$\overline{BC}$＝20公分 　　$\overline{CD}$＝$\overline{AB}$＝10公分	已知ABCD為矩形 & 矩形兩組對邊等長 & 已知$\overline{BC}$＝20公分、$\overline{AB}$＝10公分
(2)　以$\overline{AB}$為直徑的圓周長 　　＝$\overline{AB}$×π＝(10公分)×π＝10π公分	圓周長等於直徑乘以圓周率 & (1) $\overline{AB}$＝10公分
(3)　$\overparen{AB}$ 　　＝$\dfrac{180°}{360°}$×以$\overline{AB}$為直徑的圓周長 　　＝$\dfrac{180°}{360°}$×(10π公分)＝5π公分	弧長＝$\dfrac{圓心角度}{360°}$×圓周長 & 已知兩個半圓分別以$\overline{AB}$、$\overline{CD}$為直徑 & 半圓的圓心角為180° & (2) 以$\overline{AB}$為直徑的圓周長＝10π公分
(4)　以$\overline{CD}$為直徑的圓周長 　　＝$\overline{CD}$×π＝(10公分)×π＝10π公分	圓周長等於直徑乘以圓周率 & (1) $\overline{CD}$＝10公分
(5)　$\overparen{CD}$ 　　＝$\dfrac{180°}{360°}$×以$\overline{CD}$為直徑的圓周長 　　＝$\dfrac{180°}{360°}$×(10π公分)＝5π公分	弧長＝$\dfrac{圓心角度}{360°}$×圓周長 & 已知兩個半圓分別以$\overline{AB}$、$\overline{CD}$為直徑 & 半圓的圓心角為180° & (4) 以$\overline{CD}$為直徑的圓周長＝10π公分
(6)　灰色部分的圖形周長 　　＝$\overparen{AB}$＋$\overline{BC}$＋$\overparen{CD}$＋$\overline{AD}$ 　　＝(5π＋20＋5π＋20) 公分 　　＝(40＋10π) 公分	全量等於分量之和 & (1) $\overline{AD}$＝$\overline{BC}$＝20公分 & (3) $\overparen{AB}$＝5π公分 & (5) $\overparen{CD}$＝5π公分

例題 9.2-27

圖9.2-39中，圓O₁與圓O₂外切，與$\overline{AB}$為$\overline{CD}$兩圓的外公切線，已知兩圓半徑皆為2公分，若想用一線段圍繞兩圓，則此線段至少需多少公分？

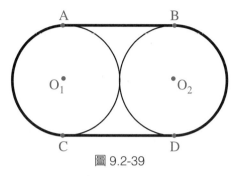

圖 9.2-39

想法

(1)此線段至少需$=\overparen{AC}+\overline{AB}+\overparen{BD}+\overline{CD}$

(2)弧長$=\dfrac{圓心角度}{360°}\times圓周長$

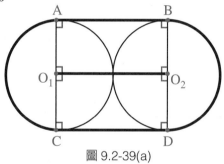

圖 9.2-39(a)

解

敘述	理由
(1) 連接 $\overline{O_1O_2}$、$\overline{O_1A}$、$\overline{O_1C}$、$\overline{O_2B}$、$\overline{O_2D}$，如圖9.2-39(a)所示，其中 $\overline{O_1A}\perp\overline{AB}$、$\overline{O_1C}\perp\overline{CD}$、$\overline{O_2B}\perp\overline{AB}$、$\overline{O_2D}\perp\overline{CD}$ (即∠BAO₁＝∠ABO₂＝∠DCO₁＝∠CDO₂＝90°)	作圖 & 已知$\overline{AB}$與$\overline{CD}$為兩圓的外公切線 & 圓心與切點的連線垂直切線
(2) 在四邊形AO₁O₂B中 $\overline{O_1A}/\!/\overline{O_2B}$ $\overline{O_1A}=\overline{O_2B}=2$公分	如圖9.2-39(a)所示 由(1) $\overline{O_1A}\perp\overline{AB}$、$\overline{O_2B}\perp\overline{AB}$ & 垂直於同一線段的兩線互相平行 已知兩圓半徑皆為2公分
(3) 四邊形AO₁O₂B為平行四邊形	由(2) & 一組對邊平行且相等的四邊形為平行四邊形

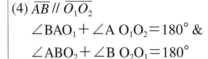

(4) $\overline{AB} \parallel \overline{O_1O_2}$ $\angle BAO_1 + \angle AO_1O_2 = 180°$ & $\angle ABO_2 + \angle BO_2O_1 = 180°$	由(3) 平行四邊形對邊互相平行 & 兩平行線間同側內角互補
(5) $\angle AO_1O_2 = 180° - \angle BAO_1$ $= 180° - 90° = 90°$ & $\angle BO_2O_1 = 180° - \angle ABO_2$ $= 180° - 90° = 90°$	由(4) 等量減法公理 & (1) $\angle BAO_1 = \angle ABO_2 = 90°$
(6) $\angle BAO_1 = \angle ABO_2 = \angle AO_1O_2$ $= \angle BO_2O_1 = 90°$	由(1) $\angle BAO_1 = \angle ABO_2 = 90°$ & (5) $\angle AO_1O_2 = \angle BO_2O_1 = 90°$ 遞移律
(7) 四邊形 AO_1O_2B 為矩形	由(3) & (6) 四個角都為直角的平行四邊形為矩形
(8) $\overline{AB} = \overline{O_1O_2} = 2 \times (2公分) = 4公分$	由(7) 矩形對邊相等 & 已知圓 O_1 與圓 O_2 外切，且兩圓半徑皆為2公分
(9) 同理可證： $\angle DCO_1 = \angle CDO_2 = \angle CO_1O_2$ $= \angle DO_2O_1 = 90°$ & 四邊形 CO_1O_2D 為矩形 & $\overline{CD} = \overline{O_1O_2} = 2 \times (2公分) = 4公分$	重複(1)～(8)步驟 同理可證
(10) $\angle AO_1C + \angle AO_1O_2 + \angle CO_1O_2$ $= 360°$ $\angle BO_2D + \angle BO_2O_1 + \angle DO_2O_1$ $= 360°$	如圖9.2-39(a)所示 全量等於分量之和
(11) $\angle AO_1C = 360° - \angle AO_1O_2 - \angle CO_1O_2$ $= 360° - 90° - 90°$ $= 180°$ $\angle BO_2D = 360° - \angle BO_2O_1 - \angle DO_2O_1$ $= 360° - 90° - 90°$ $= 180°$	由(10) 等量減法公理 & (6) $\angle AO_1O_2 = \angle BO_2O_1 = 90°$ & (9) $\angle CO_1O_2 = \angle DO_2O_1 = 90°$

(12) AO_1C 與 BO_2D 皆為圓心角為 $180°$ 的扇形	由(11) & $\overline{O_1A}$、$\overline{O_1C}$、$\overline{O_2B}$、$\overline{O_2D}$ 皆為圓半徑
(13) 圓O_1直徑＝圓O_2直徑 　　　＝$2×(2公分)＝4公分$	圓的直徑為圓半徑的2倍 & 已知兩圓半徑皆為2公分
(14) 圓O_1周長＝圓O_2周長 　　　＝$(4公分)×\pi＝4\pi公分$	圓周長等於直徑乘以圓周率 & (13) 圓O_1直徑＝圓O_2直徑＝4公分
(15) $\overparen{AC}＝\dfrac{180°}{360°}×圓O_1周長$ 　　　＝$\dfrac{180°}{360°}×(4\pi公分)＝2\pi公分$	弧長＝$\dfrac{圓心角度}{360°}×圓周長$ & 由(12) AO_1C為圓心角為$180°$的扇形 & (14) 圓O_1周長＝4π公分
(16) $\overparen{BD}＝\dfrac{180°}{360°}×圓O_2周長$ 　　　＝$\dfrac{180°}{360°}×(4\pi公分)＝2\pi公分$	弧長＝$\dfrac{圓心角度}{360°}×圓周長$ & 由(12) BO_2D為圓心角為$180°$的扇形 & (14) 圓O_2周長＝4π公分
(17) 　此線段至少需 　　＝$\overparen{AC}＋\overline{AB}＋\overparen{BD}＋\overline{CD}$ 　　＝$2\pi公分＋4公分＋2\pi公分＋4公分$ 　　＝$(8＋4\pi)公分$	全量等於分量之和 & (15) $\overparen{AC}＝2\pi$公分　(16) $\overparen{BD}＝2\pi$公分 (8) $\overline{AB}＝4$公分　(9) $\overline{CD}＝4$公分

例題 9.2-28

圖9.2-40是用三個半徑皆為2 cm的圓兩兩外切所排列成的形體。若想用一條緞帶環繞此形體一周，則此緞帶至少需要＿＿＿＿cm。

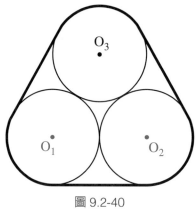

圖 9.2-40

(1)此線段至少需＝$\overparen{AB}+\overline{BC}+\overparen{CD}+\overline{DE}+\overparen{EF}+\overline{AF}$

(2)弧長＝$\dfrac{圓心角度}{360°}×圓周長$

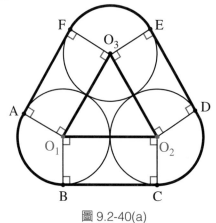

圖 9.2-40(a)

敘述	理由
(1) 在圖形上標示出三圓的圓心O_1、O_2、O_3；再標示出圓O_1與圓O_3外公切線$\overline{AF}$、圓O_2與圓O_3外公切線$\overline{DE}$、圓O_1與圓O_2外公切線$\overline{BC}$；連接$\overline{O_1O_2}$、$\overline{O_2O_3}$、$\overline{O_3O_1}$、$\overline{O_1A}$、$\overline{O_1B}$、$\overline{O_2C}$、$\overline{O_2D}$、$\overline{O_3E}$、$\overline{O_3F}$；如圖9.2-40(a)所示	作圖

(2) $\angle AFO_3 = \angle FAO_1 = \angle FO_3O_1 = \angle AO_1O_3$ 　$= 90°$ & 四邊形 AO_1O_3F 為矩形 & 　$\overline{AF} = \overline{O_1O_3} = 2 \times (2公分) = 4公分$	由例題9.2-27可得知
(3) $\angle BCO_2 = \angle CBO_1 = \angle BO_1O_2 = \angle CO_2O_1$ 　$= 90°$ & 四邊形 BO_1O_2C 為矩形 & 　$\overline{BC} = \overline{O_1O_2} = 2 \times (2公分) = 4公分$	由例題9.2-27可得知
(4) $\angle DEO_3 = \angle EDO_2 = \angle DO_2O_3 = \angle EO_3O_2$ 　$= 90°$ & 四邊形 DO_2O_3E 為矩形 & 　$\overline{DE} = \overline{O_2O_3} = 2 \times (2公分) = 4公分$	由例題9.2-27可得知
(5) $\triangle O_1O_2O_3$ 中 　$\overline{O_1O_3} = \overline{O_1O_2} = \overline{O_2O_3} = 4公分$	如圖9.2-40(a)所示 已知圖形為三個半徑皆為2cm 的圓兩兩外切所排列成的形體
(6) $\triangle O_1O_2O_3$ 為正三角形	由(5) & 等邊三角形為正三角形
(7) $\angle O_1O_2O_3 = \angle O_2O_3O_1 = \angle O_3O_1O_2 = 60°$	由(6) & 正三角形三個內角皆 為60°
(8) 　$\angle AO_1B + \angle AO_1O_3 + \angle BO_1O_2 + \angle O_3O_1O_2$ 　$= 360°$ 　$\angle CO_2D + \angle CO_2O_1 + \angle DO_2O_3 + \angle O_1O_2O_3$ 　$= 360°$ 　$\angle EO_3F + \angle EO_3O_2 + \angle FO_3O_1 + \angle O_2O_3O_1$ 　$= 360°$	如圖9.2-40(a)所示 全量等於分量之和
(9) 　$\angle AO_1B$ 　$= 360° - \angle AO_1O_3 - \angle BO_1O_2 - \angle O_3O_1O_2$ 　$= 360° - 90° - 90° - 60° = 120°$ 　$\angle CO_2D$ 　$= 360° - \angle CO_2O_1 - \angle DO_2O_3 - \angle O_1O_2O_3$ 　$= 360° - 90° - 90° - 60° = 120°$ 　$\angle EO_3F$ 　$= 360° - \angle EO_3O_2 - \angle FO_3O_1 - \angle O_2O_3O_1$ 　$= 360° - 90° - 90° - 60° = 120°$	由(8) 等量減法公理& (2) $\angle AO_1O_3 = \angle FO_3O_1 = 90°$ (3) $\angle BO_1O_2 = \angle CO_2O_1 = 90°$ (4) $\angle DO_2O_3 = \angle EO_3O_2 = 90°$ 　& (7) 　$\angle O_1O_2O_3 = \angle O_2O_3O_1$ 　$= \angle O_3O_1O_2 = 60°$

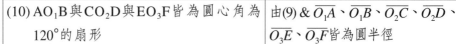

(10) AO_1B 與 CO_2D 與 EO_3F 皆為圓心角為 $120°$ 的扇形	由(9) & $\overline{O_1A}$、$\overline{O_1B}$、$\overline{O_2C}$、$\overline{O_2D}$、$\overline{O_3E}$、$\overline{O_3F}$ 皆為圓半徑
(11) 圓 O_1 直徑＝圓 O_2 直徑＝圓 O_3 直徑 $=2×(2\text{公分})=4\text{公分}$	圓的直徑為圓半徑的2倍 & 已知圖形為三個半徑皆為2 cm 的圓兩兩外切所排列成的形體
(12) 圓 O_1 周長＝圓 O_2 周長＝圓 O_3 周長 $=(4\text{公分})×\pi=4\pi\text{公分}$	圓周長等於直徑乘以圓周率 & (11) 圓 O_1 直徑＝圓 O_2 直徑 ＝圓 O_3 直徑＝4公分
(13) $\overset{\frown}{AB}=\dfrac{120°}{360°}×圓O_1周長$ $=\dfrac{120°}{360°}×(4\pi\text{公分})=\dfrac{4\pi}{3}\text{公分}$	弧長 $=\dfrac{圓心角度}{360°}×圓周長$ & 由(10) AO_1B 為圓心角為 $120°$ 的扇形 & (12)圓 O_1 周長＝4π公分
(14) $\overset{\frown}{CD}=\dfrac{120°}{360°}×圓O_2周長$ $=\dfrac{120°}{360°}×(4\pi\text{公分})=\dfrac{4\pi}{3}\text{公分}$	弧長 $=\dfrac{圓心角度}{360°}×圓周長$ & 由(10) CO_2D 為圓心角為 $120°$ 的扇形 & (12)圓 O_2 周長＝4π公分
(15) $\overset{\frown}{EF}=\dfrac{120°}{360°}×圓O_3周長$ $=\dfrac{120°}{360°}×(4\pi\text{公分})=\dfrac{4\pi}{3}\text{公分}$	弧長 $=\dfrac{圓心角度}{360°}×圓周長$ & 由(10) EO_3F 為圓心角為 $120°$ 的扇形 & (12)圓 O_3 周長＝4π公分
(16) 此線段至少需 $=\overset{\frown}{AC}+\overline{BC}+\overset{\frown}{CD}+\overline{DE}+\overset{\frown}{EF}+\overline{AF}$ $=\dfrac{4\pi}{3}\text{公分}+4\text{公分}+\dfrac{4\pi}{3}\text{公分}+4\text{公分}$ $+\dfrac{4\pi}{3}\text{公分}+4\text{公分}$ $=(12+4\pi)\text{公分}$	全量等於分量之和 & (13) $\overset{\frown}{AB}=\dfrac{4\pi}{3}\text{公分}$ (14) $\overset{\frown}{CD}=\dfrac{4\pi}{3}\text{公分}$ (15) $\overset{\frown}{EF}=\dfrac{4\pi}{3}\text{公分}$ & (2) $\overline{AF}=4\text{公分}$ (3) $\overline{BC}=4\text{公分}$ (4) $\overline{DE}=4\text{公分}$

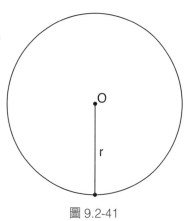

定理
9.2-9

圓面積定理
圓面積等於圓周率與圓半徑平方的乘積。

圖 9.2-41

 已知

如圖9.2-41，圓O的半徑為r，面積為A

 求證

圓面積 $A = \pi \times r^2$

 想法

作圓的外切正多邊形並利用圓周長定理

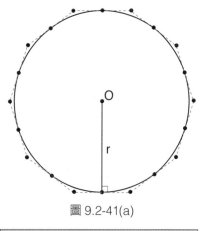

圖 9.2-41(a)

 證明

敘述	理由
(1) 作圓的外切正多邊形，如圖9.2-41(a)，設其的周長為L，面積為B	作圖 假設
(2) $B = \dfrac{1}{2} \times r \times L$	由(1) & 正多邊形面積定理 & 已知圓O的半徑為r
(3) 若將外切正多邊形的邊數無限倍增，則 $B = A$，$L = $ 圓周長 $= \pi \times 2r$	無限多邊數正多邊形與接近圓的關係 & 已知圓O的半徑為r，面積為A & (1) 假設外切正多邊形的周長為L，面積為B & 圓周長等於圓周率乘以直徑
(4) $A = \dfrac{1}{2} \times r \times (\pi \times 2r) = \pi \times r^2$	由(2) & (3) 代換
(5) 所以圓面積 $A = \pi \times r^2$	由(4) 已證

Q. E. D.

例題 9.2-29

圖9.2-42中，圓O為半徑5公分的圓，求圓O面積為何？

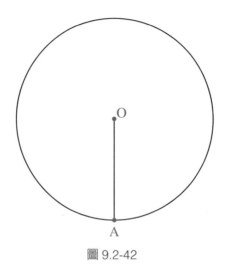

圖 9.2-42

圓面積等於圓周率與圓半徑平方的乘積

敘述	理由
(1) 圓O半徑 $\overline{OA}$ ＝5公分	已知圓O為半徑5公分的圓
(2) 圓O面積＝π×$\overline{OA}^2$ ＝π×(5公分)^2 ＝25π平方公分	圓面積等於圓周率與圓半徑平方的乘積 & 由(1) 圓O半徑 $\overline{OA}$ ＝5公分

例題 9.2-30

圖9.2-43中，3個小圓O₁、圓O₂、圓O₃為等圓且O₁、O₂、O₃三點均在$\overline{AD}$上，已知圓O₁、圓O₂外切於B點，圓O₁、圓O₃外切於C點，且圓O₂、圓O₃分別與大圓O₁內切於A、D兩點，若大圓O₁半徑$\overline{O_1A}$＝12公分，求灰色部分圖形的面積為何？

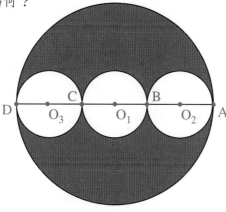

圖 9.2-43

(1)　灰色部分圖形的面積
　　＝大圓O₁面積－小圓O₁面積－小圓O₂面積－小圓O₃面積
(2) 圓面積等於圓周率與圓半徑平方的乘積

敘述	理由
(1)　大圓O₁面積 　　　＝$\pi \times \overline{O_1A}^2$ 　　　＝$\pi \times (12公分)^2$＝144π平方公分	圓面積等於圓周率與圓半徑平方的乘積 & 已知大圓O₁半徑$\overline{O_1A}$＝12公分
(2) 大圓O₁直徑$\overline{OA}$＝$2\overline{O_1A}$ 　　　　　　　　＝$2 \times (12公分)$ 　　　　　　　　＝24公分	圓直徑為圓半徑的2倍 & 已知大圓O₁半徑$\overline{O_1A}$＝12公分
(3)　　小圓O₁直徑$\overline{BC}$ 　　＝小圓O₂直徑$\overline{AB}$ 　　＝小圓O₃直徑$\overline{CD}$	已知小圓O₁、圓O₂、圓O₃為等圓 & 等圓直徑相等
(4) $\overline{AD}$＝$\overline{BC}$＋$\overline{AB}$＋$\overline{CD}$ 　　　＝$\overline{CD}$＋$\overline{CD}$＋$\overline{CD}$＝$3\overline{CD}$	如圖9.2-43所示，全量等於分量之和 & 由(3) $\overline{BC}$＝$\overline{AB}$＝$\overline{CD}$

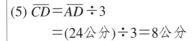

(5) $\overline{CD}=\overline{AD}\div3$ $\quad=(24公分)\div3=8公分$	由(4) 等量除法公理 & 由(2) $\overline{AD}=24公分$
(6) 小圓O_1直徑$\overline{BC}$ $\quad=$小圓O_2直徑$\overline{AB}$ $\quad=$小圓O_3直徑$\overline{CD}=8公分$	由(4) & (5) 遞移律
(7) 小圓O_1半徑$\overline{O_1B}$ $\quad=\overline{BC}\div2=(8公分)\div2=4公分$ $\quad$小圓O_2半徑$\overline{O_2A}$ $\quad=\overline{AB}\div2=(8公分)\div2=4公分$ $\quad$小圓O_3半徑$\overline{O_3C}$ $\quad=\overline{CD}\div2=(8公分)\div2=4公分$	由(6) & 半徑為直徑的一半
(8) 小圓O_1面積 $\quad=\pi\times\overline{O_1B}^2$ $\quad=\pi\times(4公分)^2=16\pi平方公分$ $\quad$小圓O_2面積 $\quad=\pi\times\overline{O_2A}^2$ $\quad=\pi\times(4公分)^2=16\pi平方公分$ $\quad$小圓O_3面積 $\quad=\pi\times\overline{O_3C}^2$ $\quad=\pi\times(4公分)^2=16\pi平方公分$	圓面積等於圓周率與圓半徑平方的乘積 & (6) 小圓O_1半徑$\overline{O_1B}$ $\quad=$小圓O_2半徑$\overline{O_2A}$ $\quad=$小圓O_3半徑$\overline{O_3C}=4公分$
(9) 灰色部分圖形的面積 $\quad=$大圓O_1面積$-$小圓O_1面積$-$ $\quad$小圓O_2面積$-$小圓O_3面積 $\quad=(144\pi-16\pi-16\pi-16\pi)平方$ $\quad$公分 $\quad=96\pi平方公分$	全量等於分量之和 & (1) 大圓O_1面積$=144\pi平方公分$、 (8) 小圓O_1面積$=$小圓O_2面積 $\quad=$小圓O_3面積$=16\pi平方公分$

例題 9.2-31

如圖9.2-44，圓O為正方形ABCD的內切圓，E、F、G、H為四個切點，若正方形ABCD邊長為10公分，則灰色部分圖形面積為何？

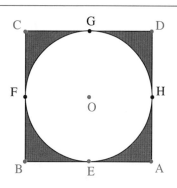

圖 9.2-44

 想法

(1) 灰色部分圖形面積
　　＝正方形ABCD面積－圓O面積
(2) 利用例題9.2-13結論：
　　$\overline{FH}$為圓O直徑，且$\overline{FH}=\overline{AB}$

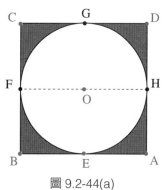

圖 9.2-44(a)

 解

敘述	理由
(1) 連接$\overline{FH}$，如圖9.2-44(a)所示，則$\overline{FH}$為圓O直徑，且$\overline{FH}=\overline{AB}=10$公分	作圖 & 已知圓O為正方形ABCD的內切圓，E、F、G、H為四個切點 & 利用例題9.2-13結論 & 已知正方形ABCD邊長為10公分
(2) 圓O半徑$\overline{OF}=\overline{FH}\div2$ $=(10公分)\div2=5$公分	同圓半徑為直徑的一半 & 由(1) 圓O直徑$\overline{FH}=10$公分
(3) 圓O面積$=\pi\times\overline{OF}^2=\pi\times(5公分)^2$ $=25\pi$平方公分	圓面積等於圓周率與圓半徑平方的乘積 & 由(2) 圓O半徑$\overline{OF}=5$公分
(4) 正方形ABCD面積$=\overline{AB}^2=(10公分)^2$ $=100$平方公分	正方形面積為邊長的平方 & 已知正方形ABCD邊長為10公分
(5) 灰色部分圖形面積 ＝正方形ABCD面積－圓O面積 $=(100平方公分)-(25\pi平方公分)$ $=(100-25\pi)$平方公分	全量等於分量之和 & (4)正方形ABCD面積=100平方公分 (3) 圓O面積=25π平方公分

定理
9.2-10

扇形面積定理

扇形面積$=\dfrac{\textbf{圓心角度}}{360°}\times\textbf{圓面積}$。

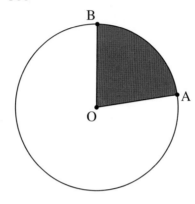

圖 9.2-45

如圖9.2-45，圓O中，∠AOB為圓心角，且圓O面積為A

求證 扇形OAB面積$=\dfrac{\angle AOB}{360°}\times A$

想法 扇形面積為圓面積的一部分

敘述	理由
(1) 扇形OAB面積$=\dfrac{\angle AOB}{360°}\times$圓O面積	已知∠AOB為圓心角 & 比例關係
(2) 所以扇形OAB面積$=\dfrac{\angle AOB}{360°}\times A$	由(1) & 已知圓O面積為A代換

Q. E. D.

例題 9.2-32

如圖9.2-46，$\overline{OA}$、$\overline{OB}$為圓O的半徑，且$\overline{OA}=\overline{OB}=8$公分。若∠AOB＝135°，
則：

(1) 灰色部分為何圖形？

(2) 灰色部分為圓O的幾倍？

(3) 灰色部分的面積為何？

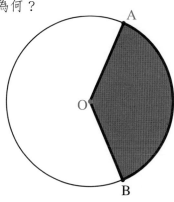

圖 9.2-46

(1) 扇形定義

(2) 周角為360°

(3) 扇形面積＝$\dfrac{圓心角度}{360°}\times$圓面積

敘述	理由
(1) 灰色部分為扇形OAB	已知$\overline{OA}$、$\overline{OB}$為圓O的半徑 & 扇形定義
(2) 扇形OAB為圓O的($\dfrac{135°}{360°}=\dfrac{3}{8}$)倍	周角為360° & 已知扇形OAB的圓心角∠AOB＝135°
(3) 圓O面積＝$\pi\times\overline{OA}^2$ ＝$\pi\times(8公分)^2$ ＝64π平方公分	圓面積等於圓周率與圓半徑平方的乘積 & 已知圓O半徑$\overline{OA}=8$公分
(4) 　扇形OAB的面積 ＝$\dfrac{135°}{360°}\times$圓O面積 ＝$\dfrac{3}{8}\times(64\pi平方公分)$ ＝24π平方公分	扇形面積＝$\dfrac{圓心角度}{360°}\times$圓面積 & (3) 圓O面積＝64π平方公分　已證

例題 **9.2-33**

圖9.2-47中，兩同心圓的半徑 $\overline{OA}=8$ 公分，$\overline{OC}=5$ 公分，
且 $\angle AOB=100°$，則灰色部分面積為何？

想法

灰色部分面積＝扇形OAB的面積
　　　　　　　－扇形OCD的面積

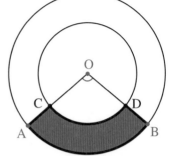

圖 9.2-47

解

敘述	理由
(1)　以 $\overline{OA}$ 為半徑的圓O面積 　$=\pi\times\overline{OA}^2$ 　$=\pi\times(8公分)^2=64\pi$平方公分	圓面積等於圓周率與圓半徑平方的乘積 & 已知圓的半徑 $\overline{OA}=8$公分
(2)　扇形OAB的面積 　$=\dfrac{100°}{360°}\times$以 $\overline{OA}$ 為半徑的圓O面積 　$=\dfrac{100°}{360°}\times(64\pi$平方公分$)$ 　$=\dfrac{160\pi}{9}$平方公分	扇形面積$=\dfrac{圓心角度}{360°}\times$圓面積 & 已知扇形OAB圓心角$\angle AOB=100°$ &(1)　以 $\overline{OA}$ 為半徑的圓O面積 　　　　$=64\pi$平方公分
(3)　以 $\overline{OC}$ 為半徑的圓O面積 　$=\pi\times\overline{OC}^2$ 　$=\pi\times(5公分)^2=25\pi$平方公分	圓面積等於圓周率與圓半徑平方的乘積 & 已知圓的半徑 $\overline{OC}=5$公分
(4)　扇形OCD的面積 　$=\dfrac{100°}{360°}\times$以 $\overline{OC}$ 為半徑的圓O面積 　$=\dfrac{100°}{360°}\times(25\pi$平方公分$)$ 　$=\dfrac{125\pi}{18}$平方公分	扇形面積$=\dfrac{圓心角度}{360°}\times$圓面積 & 已知扇形OCD圓心角$\angle COD=100°$ &(3)　以 $\overline{OC}$ 為半徑的圓O面積 　　　　$=25\pi$平方公分
(5)　灰色部分面積 　$=$扇形OAB面積$-$扇形OCD的面積 　$=\dfrac{160\pi}{9}$平方公分$-\dfrac{125\pi}{18}$平方公分 　$=\dfrac{65\pi}{6}$平方公分	如圖9.2-47所示 全量等於分量之和 & (2) 扇形OAB面積$=\dfrac{160\pi}{9}$平方公分 (4) 扇形OCD面積$=\dfrac{125\pi}{18}$平方公分

例題 9.2-34

圖9.2-48中，兩同心圓的半徑 $\overline{OA}$ ＝12公分 $\overline{OC}$ ＝5公分。若 $\overparen{AB}$ 長度＝4π公分，則：

(1) $\overparen{CD}$ 長度＝？

(2) 灰色部分面積為何？

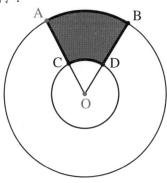

圖 9.2-48

 (1) 先求出 $\overparen{AB}$ 與 $\overparen{CD}$ 所對的圓心角度數，再求出 $\overparen{CD}$ 長度

(2) 灰色部分面積＝扇形OAB的面積－扇形OCD的面積

敘述	理由
(1) 以 $\overline{OA}$ 為半徑的圓O周長 ＝ $2\overline{OA} \times \pi = 2 \times$ (12公分) $\times \pi$ ＝24π公分	圓周長等於直徑乘以圓周率 & 直徑為半徑的2倍 & 已知 $\overline{OA}$ ＝12公分
(2) $\overparen{AB}$ 長度 ＝ $\dfrac{\angle AOB}{360°} \times$ 以 $\overline{OA}$ 為半徑的圓O周長	$\overparen{AB}$ 所對的圓心角為∠AOB & 周角為360°
(3) 4π公分＝ $\dfrac{\angle AOB}{360°} \times$ (24π公分)	由(2) & 已知 $\overparen{AB}$ 長度＝4π公分 & (1)以 $\overline{OA}$ 為半徑的圓O周長＝24π公分
(4) ∠AOB＝60°（即∠COD＝60°）	由(3) 求∠AOB之值
(5) 以 $\overline{OC}$ 為半徑的圓O周長 ＝ $2\overline{OC} \times \pi = 2 \times$ (5公分) $\times \pi$ ＝10π公分	圓周長等於直徑乘以圓周率 & 直徑為半徑的2倍 & 已知 $\overline{OC}$ ＝5公分

(6) $\overset{\frown}{CD}$ 長度	$\overset{\frown}{CD}$ 所對的圓心角為 ∠COD &
$=\dfrac{\angle COD}{360°}\times$ 以 $\overline{OC}$ 為半徑的圓O周長	周角為 360° & (4) ∠COD＝60° &
$=\dfrac{60°}{360°}\times(10\pi$ 公分$)=\dfrac{5\pi}{3}$ 公分	(5) 以 $\overline{OC}$ 為半徑的圓O周長＝10π公分
(7) 以 $\overline{OA}$ 為半徑的圓O面積	圓面積等於圓周率與圓半徑平方的
$=\pi\times\overline{OA}^2$	乘積 & 已知圓的半徑 $\overline{OA}$＝12公分
$=\pi\times(12$ 公分$)^2＝144\pi$ 平方公分	
(8) 扇形OAB的面積	扇形面積＝$\dfrac{圓心角度}{360°}\times$圓面積 &
$=\dfrac{60°}{360°}\times$ 以 $\overline{OA}$ 為半徑的圓O面積	(4) 扇形OAB圓心角 ∠AOB＝60° &
$=\dfrac{60°}{360°}\times(144\pi$ 平方公分$)$	(7) 以 $\overline{OA}$ 為半徑的圓O面積
$=24\pi$ 平方公分	＝144π平方公分
(9) 以 $\overline{OC}$ 為半徑的圓O面積	圓面積等於圓周率與圓半徑平方的
$=\pi\times\overline{OC}^2$	乘積 & 已知圓的半徑 $\overline{OC}$＝5公分
$=\pi\times(5$ 公分$)^2＝25\pi$ 平方公分	
(10) 扇形OCD的面積	扇形面積＝$\dfrac{圓心角度}{360°}\times$圓面積 &
$=\dfrac{60°}{360°}\times$ 以 $\overline{OC}$ 為半徑的圓O面積	(4) 扇形OCD圓心角 ∠COD＝60° &
$=\dfrac{60°}{360°}\times(25\pi$ 平方公分$)$	(9) 以 $\overline{OC}$ 為半徑的圓O面積
$=\dfrac{25\pi}{6}$ 平方公分	＝25π平方公分
(11) 灰色部分面積	如圖9.2-48所示
＝扇形OAB的面積－扇形OCD 的面積	全量等於分量之和 &
$=24\pi$ 平方公分$-\dfrac{25\pi}{6}$ 平方公分	(8)扇形OAB面積＝24π平方公分
$=\dfrac{119\pi}{6}$ 平方公分	(10)扇形OCD面積＝$\dfrac{25\pi}{6}$平方公分

例題 **9.2-35**

圖9.2-49為兩個半徑同為5公分的半圓外切所形成的圖形，求此圖形的面積為何？

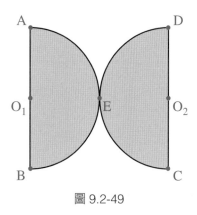

圖 9.2-49

(1) 此圖形的面積＝半圓O_1AB面積＋半圓O_2CD面積

(2) 扇形面積＝$\dfrac{圓心角度數}{360°}$×圓面積

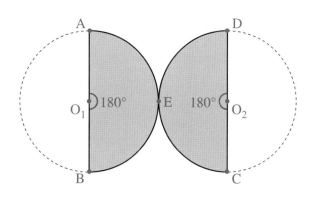

圖 9.2-49(a)

解

敘述	理由
(1) 分別以 O_1、O_2 為圓心，$\overline{O_1A}$、$\overline{O_2C}$ 為半徑完成此兩圓，如圖9.2-49(a)；其中 $\overline{O_1A}=\overline{O_2C}=5$公分	作圖 & 已知此圖形為兩個半徑同為5公分的半圓所形成的圖形
(2) 以 $\overline{O_1A}$ 為半徑的圓 O_1 面積 $=\pi\times\overline{O_1A}^2$ $=\pi\times(5公分)^2=25\pi$平方公分	圓面積等於圓周率與圓半徑平方的乘積 & 由(1) $\overline{O_1A}=5$公分
(3) 半圓 O_1AB 的面積 $=\dfrac{180°}{360°}\times$以 $\overline{O_1A}$ 為半徑的圓 O_1 面積 $=\dfrac{180°}{360°}\times(25\pi$平方公分$)$ $=\dfrac{25\pi}{2}$平方公分	已知此圖形為兩個半徑同為5公分的半圓所形成的圖形 & 扇形面積$=\dfrac{圓心角度}{360°}\times$圓面積 & 半圓圓心角為180° & (2) 以 $\overline{O_1A}$ 為半徑的圓 O_1 面積 $=25\pi$平方公分
(4) 以 $\overline{O_2C}$ 為半徑的圓 O_2 面積 $=\pi\times\overline{O_2C}^2$ $=\pi\times(5公分)^2=25\pi$平方公分	圓面積等於圓周率與圓半徑平方的乘積 & 由(1) $\overline{O_2C}=5$公分
(5) 半圓 O_2CD 的面積 $=\dfrac{180°}{360°}\times$以 $\overline{O_2C}$ 為半徑的圓 O_2 面積 $=\dfrac{180°}{360°}\times(25\pi$平方公分$)$ $=\dfrac{25\pi}{2}$平方公分	已知此圖形為兩個半徑同為5公分的半圓所形成的圖形 & 扇形面積$=\dfrac{圓心角度}{360°}\times$圓面積 & 半圓圓心角為180° & (4) 以 $\overline{O_2C}$ 為半徑的圓 O_2 面積 $=25\pi$平方公分
(6) 此圖形的面積 $=$半圓O_1AB面積$+$半圓O_2CD面積 $=(\dfrac{25\pi}{2}$平方公分$)+(\dfrac{25\pi}{2}$平方公分$)$ $=25\pi$平方公分	全量等於分量之和 & (3)半圓O_1AB的面積$=\dfrac{25\pi}{2}$平方公分、 (5)半圓O_2CD的面積$=\dfrac{25\pi}{2}$平方公分

例題 **9.2-36**

圖9.2-50為三個半圓所圍成的圖形，其三個圓心O_1、O_2、O_3皆在$\overline{AD}$上，已知小圓半徑$\overline{O_2A}=\overline{O_3C}=5$公分、大圓半徑$\overline{O_1B}=10$公分，請問著色部分的圖形面積為何？

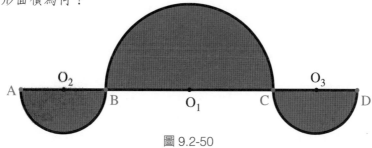

圖 9.2-50

(1)　著色部分的圖形面積

　　＝半圓O_1BC面積＋半圓O_2AB面積＋半圓O_3CD面積

(2) 扇形面積＝$\dfrac{圓心角度}{360°}×$圓面積

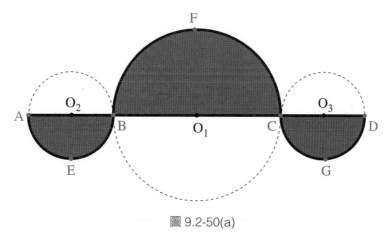

圖 9.2-50(a)

敘述	理由
(1)分別以O_1、O_2、O_3為圓心，以$\overline{O_1B}$、$\overline{O_2A}$、$\overline{O_3C}$為半徑完成此三圓，如圖9.2-50(a)	作圖
(2)　以$\overline{O_1B}$為半徑的圓O_1面積 　　$=\pi×\overline{O_1B}^2$ 　　$=\pi×(10公分)^2=100\pi$平方公分	圓面積等於圓周率與圓半徑平方的乘積 & 已知$\overline{O_1B}=10$公分

(3)　半圓O_1BC的面積 　　$=\dfrac{180°}{360°}\times$以$\overline{O_1B}$為半徑的圓$O_1$面積 　　$=\dfrac{180°}{360°}\times(100\pi$平方公分$)$ 　　$=50\pi$平方公分	已知此圖形為三個半圓所圍成的圖 形 & 扇形面積$=\dfrac{圓心角度}{360°}\times$圓面積 & 半圓圓心角為$180°$ & (2)　以$\overline{O_1B}$為半徑的圓O_1面積 　　　$=100\pi$平方公分
(4)　以$\overline{O_2A}$為半徑的圓O_2面積 　　$=\pi\times\overline{O_2A}^2$ 　　$=\pi\times(5$公分$)^2=25\pi$平方公分	圓面積等於圓周率與圓半徑平方的 乘積 & 已知$\overline{O_2A}=5$公分
(5)　半圓O_2AB的面積 　　$=\dfrac{180°}{360°}\times$以$\overline{O_2A}$為半徑的圓$O_2$面積 　　$=\dfrac{180°}{360°}\times(25\pi$平方公分$)$ 　　$=\dfrac{25\pi}{2}$平方公分	已知此圖形為三個半圓所圍成的圖 形 & 扇形面積$=\dfrac{圓心角度}{360°}\times$圓面積 & 半圓圓心角為$180°$ & (4)　以$\overline{O_2A}$為半徑的圓O_2面積 　　　$=25\pi$平方公分
(6)　以$\overline{O_3C}$為半徑的圓O_3面積 　　$=\pi\times\overline{O_3C}^2$ 　　$=\pi\times(5$公分$)^2=25\pi$平方公分	圓面積等於圓周率與圓半徑平方的 乘積 & 已知$\overline{O_3C}=5$公分
(7)　半圓O_3CD的面積 　　$=\dfrac{180°}{360°}\times$以$\overline{O_3C}$為半徑的圓$O_3$面積 　　$=\dfrac{180°}{360°}\times(25\pi$平方公分$)$ 　　$=\dfrac{25\pi}{2}$平方公分	已知此圖形為三個半圓所圍成的圖 形 & 扇形面積$=\dfrac{圓心角度}{360°}\times$圓面積 & 半圓圓心角為$180°$ & (6)　以$\overline{O_3C}$為半徑的圓O_3面積 　　　$=25\pi$平方公分
(8)　著色部分的圖形面積 　　$=$半圓O_1BC面積$+$半圓O_2AB面積 　　　$+$半圓O_3CD面積 　　$=(50\pi+\dfrac{25\pi}{2}+\dfrac{25\pi}{2})$平方公分 　　$=75\pi$平方公分	全量等於分量之和 & (3) 半圓O_1BC的面積$=50\pi$平方公 　　分、 (5) 半圓O_2AB的面積$=\dfrac{25\pi}{2}$平方公 　　分、 (7) 半圓O_3CD的面積$=\dfrac{25\pi}{2}$平方公分

例題 9.2-37

圖9.2-51中，大的半圓的圓心為D點、直徑為$\overline{AB}$；小圓的圓心為C點、直徑為$\overline{DE}$，$\overline{DE} \perp \overline{AB}$。且小圓與半圓相切於E點，若$\overline{AB} = 20$公分，則灰色部分圖形面積為何？

想法

灰色部分圖形面積
＝半圓DAB面積－圓C面積

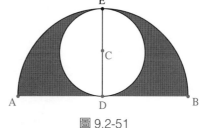

圖 9.2-51

解

敘述	理由
(1) $\overline{DE}$也是半圓DAB半徑	已知小圓與半圓相切於E點 & 半徑定義
(2) 半圓D半徑$\overline{DA} = \overline{DB} = \overline{DE}$ $= \overline{AB} \div 2$ $= (20公分) \div 2$ $= 10$公分	同圓半徑為直徑的一半 & 已知大的半圓的圓心為D點、直徑為$\overline{AB}$，且$\overline{AB} = 20$公分
(3) 以$\overline{DA}$為半徑的圓面積 $= \pi \times \overline{DA}^2$ $= \pi \times (10公分)^2 = 100\pi$平方公分	圓面積等於圓周率與圓半徑平方的乘積 & (2) 半圓D半徑$\overline{DA} = 10$公分
(4) 半圓DAB面積 $= \dfrac{180°}{360°} \times$以$\overline{DA}$為半徑的圓面積 $= \dfrac{180°}{360°} \times (100\pi平方公分)$ $= 50\pi$平方公分	扇形面積$= \dfrac{圓心角度}{360°} \times$圓面積 & 半圓圓心角為180° & (3) 以$\overline{DA}$為半徑的圓面積$= 100\pi$平方公分
(5) 圓C半徑$\overline{CD} = \overline{CE} = \overline{DE} \div 2$ $= (10公分) \div 2$ $= 5$公分	同圓半徑為直徑的一半 & (2) $\overline{DE} = 10$公分
(6) 圓C面積$= \pi \times \overline{CD}^2 = \pi \times (5公分)^2$ $= 25\pi$平方公分	圓面積等於圓周率與圓半徑平方的乘積 & (5) 圓C半徑$\overline{CD} = 5$公分
(7) 灰色部分圖形面積 $=$半圓DAB面積－圓C面積 $= (50\pi - 25\pi)$平方公分 $= 25\pi$平方公分	全量等於分量之和 & (4) 半圓DAB面積$= 50\pi$平方公分、 (6) 圓C面積$= 25\pi$平方公分

例題 **9.2-38**

圖9.2-52中，大的半圓的圓心為F點、直徑為$\overline{AD}$；三個小半圓的圓心分別為E點、F點及G點，直徑分別為$\overline{CD}$、$\overline{BC}$及$\overline{AB}$；已知$\overline{CD}=\overline{BC}=\overline{AB}$，且$\overline{AD}=24$公分，則灰色部分圖形面積為何？

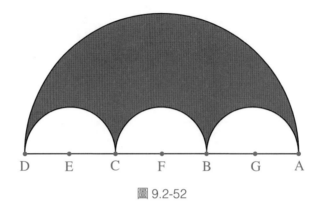

圖 9.2-52

　　灰色部分圖形面積
＝半圓FAD面積－半圓ECD面積－半圓FBC面積－半圓GAB面積

敘述	理由
(1) 大半圓F半徑$\overline{FA}=\overline{FD}$ $=\overline{AD}\div2$ $=(24公分)\div2$ $=12$公分	同圓半徑為直徑的一半 & 已知大的半圓的圓心為F點、直徑為$\overline{AD}$，且$\overline{AD}=24$公分
(2) 　以$\overline{FA}$為半徑的圓面積 $=\pi\times\overline{FA}^2$ $=\pi\times(12公分)^2=144\pi$平方公分	圓面積等於圓周率與圓半徑平方的乘積 & (1) 大半圓F半徑$\overline{FA}=12$公分 已證
(3) 　半圓FAD面積 $=\dfrac{180°}{360°}\times$以$\overline{FA}$為半徑的圓面積 $=\dfrac{180°}{360°}\times(144\pi平方公分)$ $=72\pi$平方公分	扇形面積$=\dfrac{圓心角度}{360°}\times$圓面積 & 已知大的半圓的圓心為F點、直徑為$\overline{AD}$ & 半圓圓心角為180° & (2)以$\overline{FA}$為半徑的圓面積$=144\pi$平方公分
(4) $\overline{AD}=\overline{CD}+\overline{BC}+\overline{AB}$	全量等於分量之和

(5) 24公分＝$\overline{AB}$＋$\overline{AB}$＋$\overline{AB}$	由(4) & 已知$\overline{CD}$＝$\overline{BC}$＝$\overline{AB}$，且$\overline{AD}$＝24公分
(6) $\overline{AB}$＝(24公分)÷3＝8公分	由(5) 求$\overline{AB}$之值
(7) $\overline{CD}$＝$\overline{BC}$＝$\overline{AB}$＝8公分	由(6) & 已知$\overline{CD}$＝$\overline{BC}$＝$\overline{AB}$ 遞移律
(8) 小半圓E半徑$\overline{EC}$＝$\overline{ED}$ 　　　　　　　＝$\overline{CD}$÷2 　　　　　　　＝(8公分)÷2 　　　　　　　＝4公分 　小半圓F半徑$\overline{FB}$＝$\overline{FC}$ 　　　　　　　＝$\overline{BC}$÷2 　　　　　　　＝(8公分)÷2 　　　　　　　＝4公分 　小半圓G半徑$\overline{GA}$＝$\overline{GB}$ 　　　　　　　＝$\overline{AB}$÷2 　　　　　　　＝(8公分)÷2 　　　　　　　＝4公分	同圓半徑為直徑的一半 & 三個小半圓的圓心分別為E點、F點 及G點，直徑分別為$\overline{CD}$、$\overline{BC}$及$\overline{AB}$ & (7) $\overline{CD}$＝$\overline{BC}$＝$\overline{AB}$＝8公分 已證
(9) 　以$\overline{EC}$為半徑的圓面積 　　＝$\pi \times \overline{EC}^2$ 　　＝$\pi \times (4公分)^2$＝16π平方公分 　　以$\overline{FB}$為半徑的圓面積 　　＝$\pi \times \overline{FB}^2$ 　　＝$\pi \times (4公分)^2$＝16π平方公分 　　以$\overline{GA}$為半徑的圓面積 　　＝$\pi \times \overline{GA}^2$ 　　＝$\pi \times (4公分)^2$＝16π平方公分	圓面積等於圓周率與圓半徑平方的乘積 & (8) 　小半圓E半徑$\overline{EC}$ 　　　＝小半圓F半徑$\overline{FB}$ 　　　＝小半圓G半徑$\overline{GA}$ 　　　＝4公分

(10)　半圓ECD面積

$= \dfrac{180°}{360°} \times$ 以 $\overline{EC}$ 為半徑的圓面積

$= \dfrac{180°}{360°} \times (16\pi$ 平方公分$)$

$= 8\pi$ 平方公分

半圓FBC面積

$= \dfrac{180°}{360°} \times$ 以 $\overline{FB}$ 為半徑的圓面積

$= \dfrac{180°}{360°} \times (16\pi$ 平方公分$)$

$= 8\pi$ 平方公分

半圓GAB面積

$= \dfrac{180°}{360°} \times$ 以 $\overline{GA}$ 為半徑的圓面積

$= \dfrac{180°}{360°} \times (16\pi$ 平方公分$)$

$= 8\pi$ 平方公分

扇形面積$= \dfrac{圓心角度}{360°} \times$圓面積 &

已知三個小半圓的圓心分別為E點、F點及G點，直徑分別為 $\overline{CD}$、$\overline{BC}$ 及 $\overline{AB}$ & 半圓圓心角為180° &

(9) 以 $\overline{EC}$ 為半徑的圓面積

　= 以 $\overline{FB}$ 為半徑的圓面積

　= 以 $\overline{GA}$ 為半徑的圓面積

　= 16π 平方公分

(11)　灰色部分圖形面積

　　= 半圓FAD面積－半圓ECD面積－

　　　半圓FBC面積－半圓GAB面積

　　= $(72\pi - 8\pi - 8\pi - 8\pi)$ 平方公分

　　= 48π 平方公分

全量等於分量之和 &

(3) 半圓FAD面積=72π平方公分、

(10) 半圓ECD面積＝半圓FBC面積

　　＝半圓GAB面積＝8π平方公分

例題 **9.2-39**

圖9.2-53中，$\overline{BD}$為圓A的直徑，分別以圓O半徑$\overline{AB}$與$\overline{AD}$為直徑畫兩半圓，其圓心分別為C點與E點，已知$\overline{BD}$＝20公分，則灰色部分圖形面積為何？

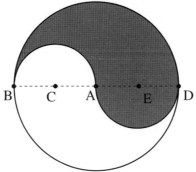

圖 9.2-53

若半圓EAD面積＝半圓CAB面積，可將半圓EAD補到半圓CAB的位置，則灰色部分圖形面積即為半圓ABD面積。

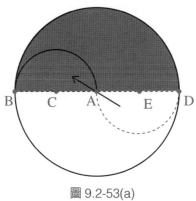

圖 9.2-53(a)

敘述	理由
(1) 圓A半徑$\overline{AB}$＝$\overline{AD}$＝$\overline{BD}$÷2 ＝(20公分)÷2＝10公分	同圓半徑為直徑的一半 & $\overline{BD}$＝20公分為圓A的直徑
(2) 半圓C半徑$\overline{CA}$＝$\overline{CB}$＝$\overline{AB}$÷2 ＝(10公分)÷2＝5公分 半圓E半徑$\overline{EA}$＝$\overline{ED}$＝$\overline{AD}$÷2 ＝(10公分)÷2＝5公分	同圓半徑為直徑的一半 & 已知分別以$\overline{AB}$與$\overline{AD}$為直徑畫兩半圓，其圓心分別為C點與E點 & (1) $\overline{AB}$＝$\overline{AD}$＝10公分

(3)　以 $\overline{CA}$ 為半徑的圓面積

$=\pi\times\overline{CA}^2$

$=\pi\times(5公分)^2=25\pi$平方公分

以 $\overline{EA}$ 為半徑的圓面積

$=\pi\times\overline{EA}^2$

$=\pi\times(5公分)^2=25\pi$平方公分

圓面積等於圓周率與圓半徑平方的乘積

& (2)半圓C半徑 $\overline{CA}$ =半圓E半徑 $\overline{EA}$

$=5$公分

(4)　半圓CAB面積

$=\dfrac{180°}{360°}\times$以 $\overline{CA}$ 為半徑的圓面積

$=\dfrac{180°}{360°}\times(25\pi$平方公分$)$

$=\dfrac{25\pi}{2}$平方公分

半圓EAD面積

$=\dfrac{180°}{360°}\times$以 $\overline{EA}$ 為半徑的圓面積

$=\dfrac{180°}{360°}\times(25\pi$平方公分$)$

$=\dfrac{25\pi}{2}$平方公分

扇形面積$=\dfrac{圓心角度}{360°}\times$圓面積 &

半圓圓心角為180° &

(3)　以 $\overline{CA}$ 為半徑的圓面積

$=$以 $\overline{EA}$ 為半徑的圓面積

$=25\pi$平方公分

(5)半圓CAB面積＝半圓EAD面積

$=\dfrac{25\pi}{2}$平方公分

由(4)

(6) 如圖9.2-53(a)所示：

灰色部分圖形面積＝半圓ABD

面積

由(5) & 將塗色的半圓EAD面積補到

未塗色的半圓CAB面積

圓面積等於圓周率與圓半徑平方的乘

積 & (1) $\overline{AB}$ ＝10公分

(7)　以 $\overline{AB}$ 為半徑的圓面積

$=\pi\times\overline{AB}^2$

$=\pi\times(10公分)^2=100\pi$平方公分

(8)　半圓ABD面積

$=\dfrac{180°}{360°}\times$以 $\overline{AB}$ 為半徑的圓面積

$=\dfrac{180°}{360°}\times(100\pi$平方公分$)$

$=50\pi$平方公分

扇形面積$=\dfrac{圓心角度}{360°}\times$圓面積 &

半圓圓心角為180° &

(7)以 $\overline{AB}$ 為半徑的圓面積＝100π平方

公分

例題 9.2-40

平面上有A、C兩點，若分別以A、C為圓心，以$\overline{AC}$為半徑畫兩圓，且$\overleftrightarrow{AC}$分別交兩圓於B、D兩點，再分別以$\overline{AB}$、$\overline{CD}$為直徑畫兩半圓，如圖9.2-54所示，已知$\overline{AC}=10$公分，則灰色部分圖形面積為何？

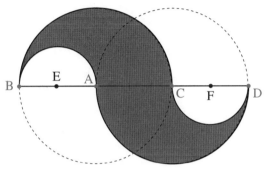

圖 9.2-54

 若能證明圓A與圓C以$\overleftrightarrow{HG}$為對稱軸且E、F兩點為以$\overleftrightarrow{HG}$為對稱軸的對稱點，則以$\overleftrightarrow{HG}$為對稱軸，將$\overleftrightarrow{HG}$右側的圖形旋轉到$\overleftrightarrow{HG}$左側，使得C、F、D三點分別與A、E、B三點重合，圓C與圓A重合。

則灰色部分圖形面積＝圓A面積－圓E面積。

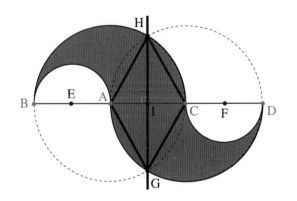

圖 9.2-54(a)

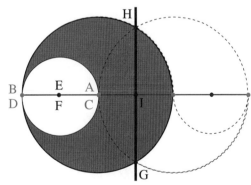

圖 9.2-54(b)

解

敘述	理由
(1) 假設圓A與圓B相交於H、G兩點，作$\overleftrightarrow{HG}$、$\overleftrightarrow{AC}$交於I點，並連接$\overline{AH}$、$\overline{CH}$、$\overline{CG}$、$\overline{AG}$，如圖9.2-54(a)所示，則$\overline{AH}=\overline{AG}$為圓A半徑、$\overline{CH}=\overline{CG}$為圓C半徑	作圖
(2) 圓A中，$\overline{AH}=\overline{AG}=\overline{AB}=\overline{AC}=10$公分	已知$\overline{AC}=10$公分為圓A半徑 & 由(1) $\overline{AH}=\overline{AG}$為圓A半徑 & 同圓中半徑皆相等
(3) 圓C中，$\overline{CH}=\overline{CG}=\overline{CD}=\overline{AC}=10$公分	已知$\overline{AC}=10$公分為圓C半徑 & 由(1) $\overline{CH}=\overline{CG}$為圓C半徑 & 同圓中半徑皆相等
(4) $\overline{AH}=\overline{AG}=\overline{CH}=\overline{CG}=10$公分	由(2) $\overline{AH}=\overline{AG}=\overline{AC}=10$公分 & (3) $\overline{CH}=\overline{CG}=\overline{AC}=10$公分 遞移律
(5) 四邊形AHCG為菱形	由(4) & 四邊相等的四邊形為菱形
(6) $\overline{HG}\perp\overline{AG}$且 $\overline{IA}=\overline{IC}=\overline{AG}\div 2=(10$公分$)\div 2=5$公分	由(5) & 菱形兩對角線互相垂直且平分 & 已知$\overline{AC}=10$公分
(7) A、C兩點為以$\overleftrightarrow{HG}$為對稱軸的對稱點	由(6) $\overline{HG}\perp\overline{AG}$、$\overline{IA}=\overline{IC}$ & 線對稱定義
(8) 圓A與圓C以$\overleftrightarrow{HG}$為對稱軸	由(7) & 已知圓A半徑＝圓B半徑
(9) $\overline{IB}=\overline{IA}+\overline{AB}$ $=(5$公分$)+(10$公分$)=15$公分	全量等於分量之和 & (6) $\overline{IA}=5$公分、(2) $\overline{AB}=10$公分
(10) $\overline{ID}=\overline{IC}+\overline{CD}$ $=(5$公分$)+(10$公分$)=15$公分	全量等於分量之和 & (6) $\overline{IC}=5$公分、(3) $\overline{CD}=10$公分
(11) $\overline{IB}=\overline{ID}=15$公分	由(9) & (10) 遞移律
(12) B、D兩點為以$\overleftrightarrow{HG}$為對稱軸的對稱點	由(6) $\overline{HG}\perp\overline{AG}$、(11) $\overline{IB}=\overline{ID}$ & 線對稱定義

(13) 以 $\overline{AB}$ 為直徑的半圓中， 　　$\overline{EA}=\overline{EB}=\overline{AB}\div2=(10公分)\div2$ 　　$=5公分$	同圓中半徑為直徑的一半 & (2) $\overline{AB}=10公分$
(14) 以 $\overline{CD}$ 為直徑的半圓中， 　　$\overline{FC}=\overline{FD}=\overline{CD}\div2=(10公分)\div2$ 　　$=5公分$	同圓中半徑為直徑的一半 & (3) $\overline{CD}=10公分$
(15) $\overline{IE}=\overline{IA}+\overline{EA}$ 　　$=(5公分)+(5公分)=10公分$	全量等於分量之和 & (6) $\overline{IE}=5公分$、(13) $\overline{EA}=5公分$
(16) $\overline{IF}=\overline{IC}+\overline{FC}$ 　　$=(5公分)+(5公分)=10公分$	全量等於分量之和 & (6) $\overline{IC}=5公分$、(14) $\overline{FC}=5公分$
(17) $\overline{IE}=\overline{IF}=10公分$	由(15) & (16) 遞移律
(18) E、F兩點為以 $\overleftrightarrow{HG}$ 為對稱軸的對稱點	由(6) $\overline{HG}\perp\overline{AC}$、(17) $\overline{IE}=\overline{IF}$ & 線對稱定義
(19) 以 $\overleftrightarrow{HG}$ 為對稱軸，將 $\overleftrightarrow{HG}$ 右側的圖形旋轉到 $\overleftrightarrow{HG}$ 左側，使得C、F、D三點分別與A、E、B三點重合，圓C與圓A重合，如圖9.2-54(b)所示	由 (7)、(12) & (18) 則C、F、D三點分別與A、E、B三點重合 由 (8) 則圓C與圓A重合
(20) 圖9.2-54(b)中，以 $\overline{AB}$ 為直徑的半圓與以 $\overline{CD}$ 為直徑的半圓形成一完整的圓，此圓以E(F)為圓心，以 $\overline{AB}(\overline{CD})$ 為直徑	由 (18) & (2) $\overline{AB}=10公分$ & (3) $\overline{CD}=10公分$
(21)圓A面積$=\pi\times\overline{AB}^2=\pi\times(10公分)^2$ 　　$=100\pi$ 平方公分	圓面積等於圓周率與圓半徑平方的乘積 & (2) 圓A半徑$\overline{AB}=10公分$
(22)圓E面積$=\pi\times\overline{EA}^2=\pi\times(5公分)^2$ 　　$=25\pi$平方公分	圓面積等於圓周率與圓半徑平方的乘積 & (13) $\overline{EA}=5公分$
(23)　灰色部分圖形面積 　　$=$圓A面積$-$圓E面積 　　$=(100\pi$平方公分$)-(25\pi$平方公分$)$ 　　$=75\pi$平方公分	如圖9.2-54(b)，全量等於分量之和 & (21) 圓A面積$=100\pi$平方公分、 (22) 圓C面積$=25\pi$平方公分

例題 9.2-41

圖9.2-55中，若圓O半徑為10公分，∠AOB＝60°、∠COD＝90°、
∠EOF＝120°，則灰色部分圖形面積為何？

想法 灰色部分圖形面積＝扇形OAB面積
＋扇形OCD面積＋扇形OEF面積

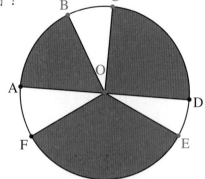

圖 9.2-55

解

敘述	理由
(1) 圓O面積＝π×(圓O半徑)² ＝π×(10公分)² ＝100π平方公分	圓面積等於圓周率與圓半徑平方的乘積 & 已知圓O半徑為10公分
(2) 扇形OAB面積＝$\frac{60°}{360°}$×(圓O面積) 扇形OCD面積＝$\frac{90°}{360°}$×(圓O面積) 扇形OEF面積＝$\frac{120°}{360°}$×(圓O面積)	扇形面積＝$\frac{圓心角度}{360°}$×圓面積 & 已知∠AOB＝60°、∠COD＝90°、∠EOF＝120°
(3)　灰色部分圖形面積 ＝扇形OAB面積＋扇形OCD面積 ＋扇形OEF面積 ＝$\frac{60°}{360°}$×(圓O面積) ＋$\frac{90°}{360°}$×(圓O面積) ＋$\frac{120°}{360°}$×(圓O面積) ＝($\frac{60°}{360°}$＋$\frac{90°}{360°}$＋$\frac{120°}{360v}$)×(圓O面積) ＝$\frac{270°}{360°}$×(100π平方公分) ＝75π平方公分	全量等於分量之和 & (2)　扇形OAB面積 ＝$\frac{60°}{360°}$×(圓O面積) 扇形OCD面積 ＝$\frac{90°}{360°}$×(圓O面積) 扇形OEF面積 ＝$\frac{120°}{360°}$×(圓O面積) & (1) 圓O面積＝100π平方公分

例題 9.2-42

圖9.2-56中，四邊形ABCD為邊長為10公分的正方形，分別以正方形A、B、C、D四個頂點為圓心，以正方形邊長的一半為半徑在正方形外部畫弧，分別交正方形四邊於E、F、G、H四點，則灰色部分圖形面積為何？

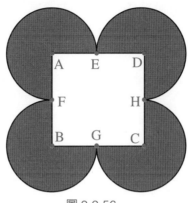

圖 9.2-56

 灰色部分圖形面積

＝扇形AEF面積＋扇形BFG面積＋扇形CHG面積＋扇形DEH面積

敘述	理由
(1) ∠A＝∠B＝∠C＝∠D＝90° $\overline{AB}＝\overline{BC}＝\overline{CD}＝\overline{DA}＝$10公分	已知四邊形ABCD為邊長為10公分的正方形 & 正方形四邊等長且四個角皆為直角
(2) 優角∠EAF＋∠A＝360° 優角∠FBG＋∠B＝360° 優角∠HCG＋∠C＝360° 優角∠EDH＋∠D＝360°	全量等於分量之和 & 周角為360°
(3) 優角∠EAF＝360°－∠A 　　　　　＝360°－90°＝270° 優角∠FBG＝360°－∠B 　　　　　＝360°－90°＝270° 優角∠HCG＝360°－∠C 　　　　　＝360°－90°＝270° 優角∠EDH＝360°－∠D 　　　　　＝360°－90°＝270°	由(2) 等量減法公理 & (1) ∠A＝∠B＝∠C＝∠D＝90° 　已證

(4) $\overline{AE}=\overline{AF}=\overline{BF}=\overline{BG}=\overline{CG}=\overline{CH}$ $\quad=\overline{DH}=\overline{DE}=(10公分)\div 2=5公分$	已知分別以正方形A、B、C、D四個頂點為圓心，以正方形邊長的一半為半徑畫弧，分別交正方形四邊於E、F、G、H四點 & 等圓半徑皆相等 圓面積等於圓周率與圓半徑平方的乘積 & (4) $\overline{AE}=\overline{BF}=\overline{CG}=\overline{DH}=5公分$
(5) 以 $\overline{AE}$ 為半徑的圓面積 $\quad=\pi\times\overline{AE}^2$ $\quad=\pi\times(5公分)^2=25\pi平方公分$ 以 $\overline{BF}$ 為半徑的圓面積 $\quad=\pi\times\overline{BF}^2$ $\quad=\pi\times(5公分)^2=25\pi平方公分$ 以 $\overline{CG}$ 為半徑的圓面積 $\quad=\pi\times\overline{CG}^2$ $\quad=\pi\times(5公分)^2=25\pi平方公分$ 以 $\overline{DH}$ 為半徑的圓面積 $\quad=\pi\times\overline{DH}^2$ $\quad=\pi\times(5公分)^2=25\pi平方公分$	
(6) 扇形AEF面積 $\quad=\dfrac{270°}{360°}\times$（以 $\overline{AE}$ 為半徑的圓面積） $\quad=\dfrac{270°}{360°}\times(25\pi平方公分)$ 扇形BFG面積 $\quad=\dfrac{270°}{360°}\times$（以 $\overline{BF}$ 為半徑的圓面積） $\quad=\dfrac{270°}{360°}\times(25\pi平方公分)$ 扇形CHG面積 $\quad=\dfrac{270°}{360°}\times$（以 $\overline{CG}$ 為半徑的圓面積） $\quad=\dfrac{270°}{360°}\times(25\pi平方公分)$ 扇形DEH面積 $\quad=\dfrac{270°}{360°}\times$（以 $\overline{DH}$ 為半徑的圓面積） $\quad=\dfrac{270°}{360°}\times(25\pi平方公分)$	扇形面積 $=\dfrac{圓心角度}{360°}\times圓面積$ & (3) 優角 $\angle EAF=$ 優角 $\angle FBG$ $\quad\quad\quad\quad=$ 優角 $\angle HCG$ $\quad\quad\quad\quad=$ 優角 $\angle EDH=270°$ (5) 以 $\overline{AE}$ 為半徑的圓面積 $\quad=$ 以 $\overline{BF}$ 為半徑的圓面積 $\quad=$ 以 $\overline{CG}$ 為半徑的圓面積 $\quad=$ 以 $\overline{DH}$ 為半徑的圓面積 $\quad=25\pi平方公分$

(7)　灰色部分圖形面積 　　＝扇形AEF面積＋扇形BFG面積＋ 　　　扇形CHG面積＋扇形DEH面積 　　＝($\frac{270°}{360°}$＋$\frac{270°}{360°}$＋$\frac{270°}{360°}$＋$\frac{270°}{360°}$) 　　　×(25π平方公分) 　　＝$\frac{1080°}{360°}$×(25π平方公分) 　　＝75π平方公分	全量等於分量之和 & (6)　扇形AEF面積＝扇形BFG面積 　　＝扇形CHG面積＝扇形DEH面積 　　＝$\frac{270°}{360°}$×(25π平方公分)

例題 **9.2-43**

圖9.2-57中，四邊形ABCD為邊長為10公分的正方形，分別以正方形A、B、C、D四個頂點為圓心，以正方形邊長的一半為半徑在正方形內部畫弧，分別交正方形四邊於E、F、G、H四點，則灰色部分圖形面積為何？

灰色部分圖形面積
＝正方形ABCD面積－(扇形AEH面積＋
扇形BHG面積＋扇形CFG面積＋
扇形DEF面積)

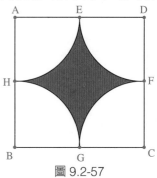

圖 9.2-57

敘　述	理　由
(1) ∠A＝∠B＝∠C＝∠D＝90° 　　$\overline{AB}＝\overline{BC}＝\overline{CD}＝\overline{DA}$＝10公分	已知四邊形ABCD為邊長為10公分的正方形 & 正方形四邊等長且四個角皆為直角
(2) 正方形ABCD面積 　　＝$\overline{AB}^2$＝(10公分)^2＝100平方公分	正方形面積為邊長的平方 & 由(1) $\overline{AB}$＝10公分
(3) $\overline{AE}＝\overline{AH}＝\overline{BH}＝\overline{BG}＝\overline{CG}＝\overline{CF}$ 　　$\overline{DF}＝\overline{DE}$＝(10公分)÷2＝5公分	已知分別以正方形A、B、C、D四個頂點為圓心，以正方形邊長的一半為半徑在正方形內部畫弧，分別交正方形四邊於E、F、G、H四點 & 等圓半徑皆相等
(4)　　以$\overline{AE}$為半徑的圓面積 　　＝π×$\overline{AE}^2$ 　　＝π×(5公分)^2＝25π平方公分 　　　　以$\overline{BH}$為半徑的圓面積 　　＝π×$\overline{BH}^2$ 　　＝π×(5公分)^2＝25π平方公分 　　　　以$\overline{CG}$為半徑的圓面積 　　＝π×$\overline{CG}^2$ 　　＝π×(5公分)^2＝25π平方公分 　　　　以$\overline{DF}$為半徑的圓面積 　　＝π×$\overline{DF}^2$ 　　＝π×(5公分)^2＝25π平方公分	圓面積等於圓周率與圓半徑平方的乘積 & (3) $\overline{AE}＝\overline{BH}＝\overline{CG}＝\overline{DF}$＝5公分

(5) 　扇形AEH面積 $= \frac{90^\circ}{360^\circ} \times$ (以 $\overline{AE}$ 為半徑的圓面積) $= \frac{90^\circ}{360^\circ} \times (25\pi$ 平方公分) 扇形BHG面積 $= \frac{90^\circ}{360^\circ} \times$ (以 $\overline{BH}$ 為半徑的圓面積) $= \frac{90^\circ}{360^\circ} \times (25\pi$ 平方公分) 扇形CFG面積 $= \frac{90^\circ}{360^\circ} \times$ (以 $\overline{CG}$ 為半徑的圓面積) $= \frac{90^\circ}{360^\circ} \times (25\pi$ 平方公分) 扇形DEF面積 $= \frac{90^\circ}{360^\circ} \times$ (以 $\overline{DF}$ 為半徑的圓面積) $= \frac{90^\circ}{360^\circ} \times (25\pi$ 平方公分)	扇形面積 $= \frac{圓心角度}{360^\circ} \times$ 圓面積 & (1) $\angle A = \angle B = \angle C = \angle D = 90^\circ$、 (4) 　以 $\overline{AE}$ 為半徑的圓面積 ＝以 $\overline{BH}$ 為半徑的圓面積 ＝以 $\overline{CG}$ 為半徑的圓面積 ＝以 $\overline{DF}$ 為半徑的圓面積 $= 25\pi$ 平方公分
(6) 　灰色部分圖形面積 ＝正方形ABCD面積－ 　(扇形AEH面積＋扇形BHG面積 　＋扇形CFG面積＋扇形DEF面 　積) $= 100$ 平方公分 $- (\frac{90^\circ}{360^\circ} + \frac{90^\circ}{360^\circ} + \frac{90^\circ}{360^\circ} + \frac{90^\circ}{360^\circ}) \times (25\pi$ 平方公分) $= (100 - \frac{360^\circ}{360^\circ} \times 25\pi)$ 平方公分 $= (100 - 25\pi)$ 平方公分	全量等於分量之和 & (2) 正方形ABCD面積 $= 100$ 平方公 　分、 (4) 　扇形AEH面積＝扇形BHG面積 ＝扇形CFG面積＝扇形DEF面積 $= \frac{90^\circ}{360^\circ} \times (25\pi$ 平方公分)

例題 9.2-44

圖9.2-58中，圓O為正方形ABCD的內切圓，E、F、G、H為切點，若正方形邊長為10公分，且∠POQ＝120°，則灰色部分圖形面積為何？

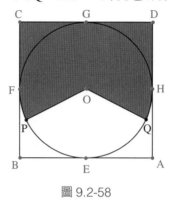

圖 9.2-58

想法

(1) 利用例題9.2-13結論：$\overline{FH}$為圓O的直徑，且四邊形ABFH與CDHF皆為矩形，$\overline{FH}＝\overline{AB}＝\overline{CD}$

(2) 灰色部分圖形面積＝矩形CDHF面積＋(扇形OFP面積＋扇形OHQ面積)

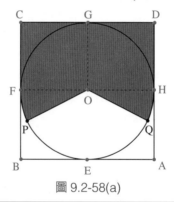

圖 9.2-58(a)

解

敘述	理由
(1) 作$\overline{FH}$，則$\overline{FH}$為圓O的直徑，且四邊形ABFH與CDHF皆為矩形，$\overline{FH}＝\overline{AB}＝\overline{CD}$＝10公分；作$\overline{OG}$，則四邊形CGOF為正方形，$\overline{GO}＝\overline{OF}＝\overline{CF}＝\overline{CG}$；如圖9.2-58(a)	作圖 & 已知圓O為正方形ABCD的內切圓，E、F、G、H為切點 & 利用例題9.2-13結論 & 已知正方形邊長為10公分
(2) 圓O半徑 $\overline{GO}＝\overline{OF}＝\overline{OH}＝\overline{FH}÷2$ ＝(10公分)÷2＝5公分	同圓中半徑皆相等且為直徑的一半 & 由(1) $\overline{FH}$為圓O的直徑，且$\overline{FH}＝10$公分

(3) 矩形CDHF中，長$\overline{FH}$＝10公分、寬$\overline{CF}$＝$\overline{GO}$＝5公分	由(1) $\overline{FH}$＝10公分，$\overline{CF}$＝$\overline{GO}$ & (2) $\overline{GO}$＝5公分　遞移律
(4)　矩形CDHF面積　＝$\overline{FH}\times\overline{CF}$＝(10公分)×(5公分)　＝50平方公分	矩形面積為長與寬之乘積 & (3) 矩形CDHF中，長$\overline{FH}$＝10公分、寬$\overline{CF}$＝5公分
(5) ∠FOH＝180°	由(1) 為圓O的直徑 & 平角為180°
(6) ∠FOP＋∠HOQ＋∠POQ＝∠FOH	如圖9.2-58(a)所示，全量等於分量之和
(7)　∠FOP＋∠HOQ　＝∠FOH－∠POQ　＝180°－120°＝60°	由(6) 等量減法公理 & (5) ∠FOH＝180°、已知∠POQ＝120°
(8) 圓O面積＝π×$\overline{OF}^2$＝π×(5公分)^2　＝25π平方公分	圓面積等於圓周率與圓半徑平方的乘積 & (2) 圓O半徑$\overline{OF}$＝5公分
(9)　扇形OFP面積　＝$\dfrac{\angle FOP}{360°}$×(圓O面積)	扇形面積＝$\dfrac{圓心角度}{360°}$×圓面積 & 扇形OFP的圓心角為∠FOP
(10)　扇形OHQ面積　＝$\dfrac{\angle HOQ}{360°}$×(圓O面積)	扇形面積＝$\dfrac{圓心角度}{360°}$×圓面積 & 扇形OHQ的圓心角為∠HOQ
(11)　扇形OFP面積＋扇形OHQ面積　＝$(\dfrac{FOP}{360°}+\dfrac{\angle HOQ}{360°})$×(圓O面積)　＝$(\dfrac{\angle FOP+\angle HOQ}{360°})$×(25π平方公分)　＝$\dfrac{60°}{360°}$×(25π平方公分)　＝$\dfrac{25\pi}{6}$平方公分	由(9)式＋(10)式 & (7) ∠FOP＋∠HOQ＝60°、(8) 圓O面積＝25π平方公分
(12)　灰色部分圖形面積　＝矩形CDHF面積＋　(扇形OFP面積＋扇形OHQ面積)　＝(50平方公分)＋($\dfrac{25\pi}{6}$平方公分)　＝$(50+\dfrac{25\pi}{6})$平方公分	全量等於分量之和 & (4) 矩形CDHF面積＝50平方公分、(11)　扇形OFP面積＋扇形OHQ面積　＝$\dfrac{25\pi}{6}$平方公分 已證

例題 9.2-45

圖9.2-59中，四邊形ABCD為正方形，以C點為圓心、以正方形邊長為半徑畫$\overparen{BD}$，若正方形邊長為10公分，則灰色部分圖形面積為何？

想法　灰色部分圖形面積
=正方形ABCD面積－扇形CBD面積

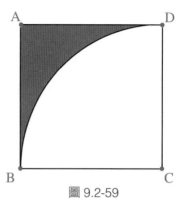

圖 9.2-59

解

敘　述	理　由
(1)　　正方形ABCD面積 　　　=(10公分)^2=100平方公分	正方形面積為邊長的平方 & 已知正方形邊長為10公分
(2) 圓C半徑$\overline{CB}=\overline{CD}$=10公分	已知四邊形ABCD為邊長為10公分的 正方形，以C點為圓心、以正方形邊 長為半徑畫$\overparen{BD}$ & 正方形四邊等長、 同圓半徑相等
(3) ∠C=90°	已知四邊形ABCD為正方形 & 正方形四個角皆為直角
(4) 圓C面積=π×$\overline{CB}^2$=π×(10公分)^2 　　　=100π平方公分	圓面積等於圓周率與圓半徑平方的 乘積 & 由(2) 圓C半徑$\overline{CB}$=10公分
(5)　　扇形CBD面積=$\dfrac{\angle C}{360°}$×(圓C面積) 　　　=$\dfrac{90°}{360°}$×(100π平方公分) 　　　=25π平方公分	扇形面積=$\dfrac{圓心角度}{360°}$×圓面積 & (3) 扇形CBD的圓心角∠C=90°、 (4) 圓C面積=100π平方公分
(6)　　灰色部分圖形面積 　　　=正方形ABCD面積－扇形CBD 　　　　面積 　　　=(100平方公分)－(25π平方公分) 　　　=(100－25π) 平方公分	如圖9.2-59所示 全量等於分量之和 & (1) 正方形ABCD面積=100平方公分 (5) 扇形CBD面積=25π平方公分

例題 **9.2-46**

圖9.2-60中，四邊形ABCD為正方形，$\overline{BD}$ 為其對角線，以C點為圓心、以正方形邊長為半徑畫 $\overparen{BD}$ ，若正方形邊長為10公分，則灰色部分圖形面積為何？

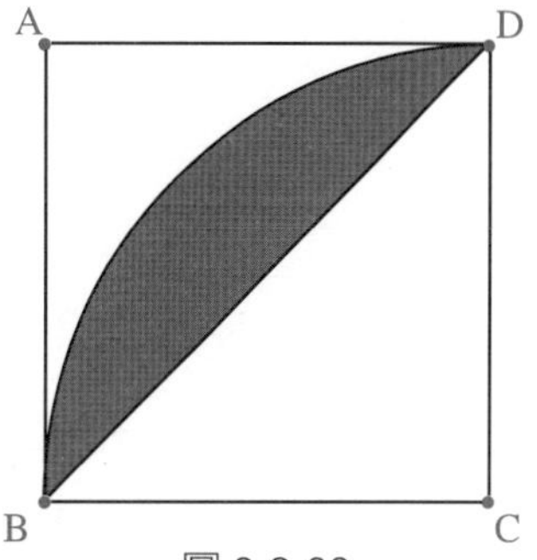

想法　灰色部分圖形面積
＝扇形CBD面積－△BCD面積

圖 9.2-60

解

敘述	理由
(1) 圓C半徑 $\overline{CB}=\overline{CD}=10$ 公分	已知四邊形ABCD為邊長為10公分的正方形，以C點為圓心、以正方形邊長為半徑畫 $\overparen{BD}$ & 正方形四邊等長、同圓半徑相等
(2) ∠C＝90°	已知四邊形ABCD為正方形 & 正方形四個角皆為直角
(3) 圓C面積＝$\pi\times\overline{CB}^2=\pi\times(10$公分$)^2$ ＝100π平方公分	圓面積等於圓周率與圓半徑平方的乘積 & 由(1) 圓C半徑 $\overline{CB}=10$ 公分
(4)　扇形CBD面積＝$\dfrac{\angle C}{360°}\times($圓C面積$)$ ＝$\dfrac{90°}{360°}\times(100\pi$平方公分$)$ ＝25π平方公分	扇形面積＝$\dfrac{圓心角度}{360°}\times$圓面積 & (2) 扇形CBD的圓心角∠C＝90°、(3) 圓C面積＝100π平方公分
(5) △BCD中，$\overline{BC}$ 為底、$\overline{CD}$ 為高	由(2) ∠C＝90°
(6)　△BCD面積＝$\dfrac{\overline{BC}\times\overline{CD}}{2}$ ＝$\dfrac{(10公分\times10公分)}{2}=50$平方公分	三角形面積為底與高乘積的一半 & 由(5)△BCD中，$\overline{BC}$ 為底、$\overline{CD}$ 為高 & (1) $\overline{CB}=\overline{CD}=10$公分
(7)　灰色部分圖形面積 ＝扇形CBD面積－△BCD面積 ＝(25π平方公分)－(50平方公分) ＝(25π－50) 平方公分	如圖9.2-60所示 全量等於分量之和 & (4) 扇形CBD面積＝25π平方公分、(6) △BCD面積＝50平方公分

例題 9.2-47

圖9.2-61中，四邊形ABCD為一邊長為10公分的正方形，分別以A、C為圓心，以正方形邊長為半徑畫$\overparen{BED}$、$\overparen{BFD}$，則灰色部分圖形面積為何？

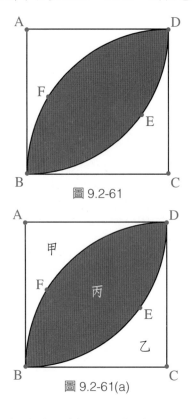

圖 9.2-61

圖 9.2-61(a)

解法一 丙面積（即灰色部分圖形面積）＝正方形ABCD面積－甲面積－乙面積

敘述	理由
(1)　正方形ABCD面積 　　＝(10公分)²＝100平方公分	正方形面積為邊長的平方 & 已知四邊形ABCD為一邊長為10公分的正方形
(2)　圖9.2-61(a)中， 　　甲面積＝乙面積 　　＝(100－25π)平方公分	已知四邊形ABCD為一邊長為10公分的正方形，分別以A、C為圓心，以正方形邊長為半徑畫$\overparen{BED}$、$\overparen{BFD}$ & 例題9.2-45結論
(3)　甲面積＋乙面積＋丙面積 　　＝正方形ABCD面積	如圖9.2-61(a)所示，全量等於分量之和

(4) 丙面積(即灰色部分圖形面積) 　　＝正方形ABCD面積－甲面積－ 　　　乙面積 　　＝[100－(100－25π)－(100－25π)] 　　　平方公分 　　＝(50π－100)平方公分	由(3) 等量減法公理 & (1) 正方形ABCD面積＝100 平方公分、 (2) 甲面積＝乙面積＝(100－25π) 平方 　　公分

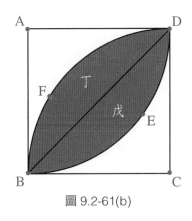

圖 9.2-61(b)

灰色部分圖形面積＝丁面積＋戊面積

敘述	理由
(1)　　圖9.2-61(b)中， 　　　丁面積＝戊面積 　　　＝(25π－50)平方公分	已知四邊形ABCD為一邊長為10公分 的正方形，分別以A、C為圓心，以 正方形邊長為半徑畫 $\overarc{BED}$、$\overarc{BFD}$ & 例題9.2-46結論
(2)　　灰色部分圖形面積 　　　＝丁面積＋戊面積 　　　＝[(25π－50)＋(25π－50)]平方 　　　公分 　　　＝(50π－100)平方公分	如圖9.2-61(b)所示，全量等於分量之 和 & (1) 丁面積＝戊面積＝(25π－50) 平方 　　公分

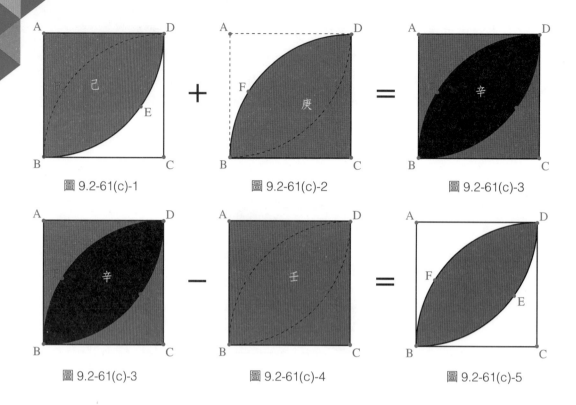

圖 9.2-61(c)-1 　　　　圖 9.2-61(c)-2 　　　　圖 9.2-61(c)-3

圖 9.2-61(c)-3 　　　　圖 9.2-61(c)-4 　　　　圖 9.2-61(c)-5

灰色部分圖形面積＝己面積＋庚面積－壬面積

敘述	理由
(1) 圖9.2-61(c)-1、圖9.2-61(c)-2中， 　　己面積＝庚面積＝25π平方公分	已知四邊形ABCD為一邊長為10公分的正方形，分別以 A、C為圓心，以正方形邊長為半徑畫$\overset{\frown}{BED}$、$\overset{\frown}{BFD}$ & 例題9.2-45結論
(2)　圖9.2-61(c)-1 ＋ 圖9.2-61(c)-2 　　＝圖9.2-61(c)-3 　　(圖9.2-61(c)-3中，辛面積重疊)	加法
(3)　圖9.2-61(c)-3 － 圖9.2-61(c)-4 　　＝圖9.2-61(c)-5 　　(圖9.2-61(c)-5中，灰色面積即為 　　題目所求)	減法
(4)　圖9.2-61(c)-4中， 　　正方形ABCD面積(即壬面積) 　　＝(10公分)×(10公分)＝100平方 　　公分	已知四邊形ABCD為一邊長為10公分的正方形 & 正方形面積為邊長的平方
(5)　題目中灰色部分面積 　　＝己面積＋庚面積－壬面積 　　＝(25π＋25π－100) 平方公分 　　＝(50π－100) 平方公分	由(2) & (3) 代換 由(1) 己面積＝庚面積＝25π平方公分 & (4) 壬面積＝100平方公分

例題 9.2-48

圖9.2-62中，四邊形ABCD為一邊長為20公分的正方形，分別以$\overline{AB}$、$\overline{BC}$、$\overline{CD}$、$\overline{DA}$為直徑畫半圓，且此四個半圓弧相交於O點，則灰色部分圖形面積為何？

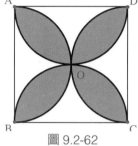

圖 9.2-62

 題目中灰色部分面積＝甲面積＋乙面積＋丙面積＋丁面積－壬面積

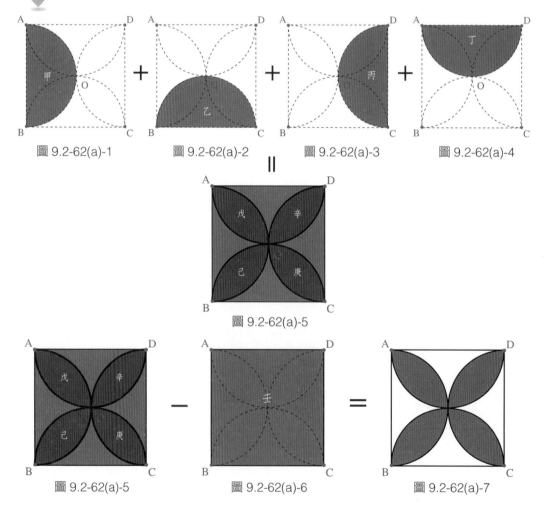

圖 9.2-62(a)-1　　圖 9.2-62(a)-2　　圖 9.2-62(a)-3　　圖 9.2-62(a)-4

圖 9.2-62(a)-5

圖 9.2-62(a)-5　　圖 9.2-62(a)-6　　圖 9.2-62(a)-7

敘述	理由
(1)　圖9.2-62(a)-1＋圖9.2-62 (a)-2＋圖9.2-62 (a)-3＋圖9.2-62 (a)-4 ＝圖9.2-62(a)-5 (圖9.2-62 (a)-5中，戊、己、庚、辛面積重疊)	加法
(2)　圖9.2-62 (a)-5 － 圖9.2-62 (a)-6 ＝圖9.2-62 (a)-7 (圖9.2-62 (a)-7中，灰色部分即為題目所求)	減法
(3) 圖9.2-62 (a)-1中， 甲面積＝$\dfrac{180°}{360°}×$(以$\overline{AB}$為直徑的圓面積) ＝$\dfrac{180°}{360°}×[π×(\dfrac{\overline{AB}}{2})^2]$ ＝$\dfrac{180°}{360°}×[π×(\dfrac{20公分}{2})^2]$ ＝50π平方公分	如圖9.2-62 (a)-1所示， 甲面積為以$\overline{AB}$為直徑的半圓 ＆ 扇形面積＝$\dfrac{圓心角度}{360°}×$圓面積 ＆ 半圓的圓心角為180° ＆圓面積等於圓周率與圓半徑平方的乘積 ＆ 已知正方形ABCD邊長$\overline{AB}$為20公分
(4) 圖9.2-62 (a)-2中， 乙面積＝50π平方公分 圖9.2-62 (a)-3中， 丙面積＝50π平方公分 圖9.2-62 (a)-4中， 丁面積＝50π平方公分	已知四邊形ABCD為一邊長為20公分的正方形，分別以$\overline{AB}$、$\overline{BC}$、$\overline{CD}$、$\overline{DA}$為直徑畫半圓 ＆ 由(3) 同理可得
(5)　圖9.2-62 (a)-6中， 正方形ABCD面積(即壬面積) ＝(20公分)×(20公分)＝400平方公分	已知四邊形ABCD為一邊長為20公分的正方形 ＆ 正方形面積為邊長的平方
(6)　題目中灰色部分面積 ＝甲面積＋乙面積＋丙面積＋丁面積－壬面積 ＝(50π＋50π＋50π＋50π－400)平方公分 ＝(200π－400)平方公分	由(1) ＆ (2) 代換 由(3) 甲面積＝50π平方公分 ＆ (4) 乙面積＝丙面積＝丁面積＝50π平方公分 ＆ (5) 壬面積＝400平方公分

例題 **9.2-49**

圖9.2-63中，△ABC為邊長為10公分的正三角形，以A點為圓心，$\overline{AC}$ 為半徑作扇形ABC，則圖中灰色部分面積為何？

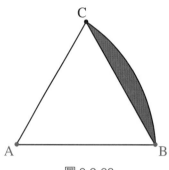

圖 9.2-63

想法

圖中灰色部分面積＝扇形ABC面積－△ABC面積

解

敘述	理由
(1) $\overline{AB}=\overline{AC}=10$公分	已知△ABC為邊長為10公分的正三角形 & 正三角形三邊等長
(2) ∠A＝60°	已知△ABC為正三角形 & 正三角形每一內角皆為60°
(3)　扇形ABC面積 　$=\dfrac{60°}{360°}×$（以$\overline{AC}$ 為半徑的圓面積） 　$=\dfrac{60°}{360°}×[π×(10公分)^2]$ 　$=\dfrac{50}{3}π$平方公分	扇形面積$=\dfrac{圓心角度}{360°}×$圓面積 & (2) 扇形ABC圓心角∠A＝60° & 圓面積等於圓周率與圓半徑平方的乘積 & (1) $\overline{AC}=10$公分
(4) △ABC面積$=\dfrac{\sqrt{3}}{4}×(10公分)^2$ 　　　　$=25\sqrt{3}$平方公分	邊長為 的正三角形面積為$\dfrac{\sqrt{3}}{4}a^2$& 已知△ABC為邊長為10公分的正三角形
(5)　圖中灰色部分面積 　$=$扇形ABC面積－△ABC面積 　$=(\dfrac{50}{3}π-25\sqrt{3})$ 平方公分	如圖9.2-63所示 全量等於分量之和 將(3) & (4) 代入

例題 9.2-50

圖9.2-64中，△ABC為邊長為10公分的正三角形，以A點為圓心，$\overline{AC}$ 為半徑作扇形ABC，以B點為圓心，$\overline{BC}$ 為半徑作扇形BAC，則圖中灰色部分面積為何？

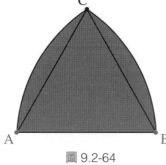

圖 9.2-64

 想法　題目所求灰色部分面積＝甲面積＋乙面積－丙面積

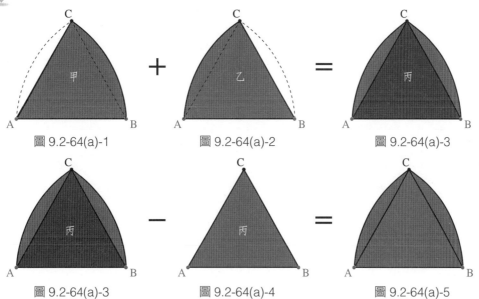

解

敘述	理由
(1)　圖9.2-64(a)-1 ＋ 圖9.2-64 (a)-2 　　＝圖9.2-64 (a)-3 　　(圖9.2-64 (a)-3中，丙面積重疊)	加法
(2)　圖9.2-64 (a)-3 － 圖9.2-64 (a)-4 　　＝圖9.2-64 (a)-5 　　(圖9.2-64 (a)-5中，灰色面積即為 　　題目所求)	減法
(3)　∠A＝∠B＝60°	已知△ABC為正三角形 & 正三角形每一內角皆為60°
(4)　$\overline{AC}=\overline{BC}$＝10公分	已知△ABC為邊長為10公分的 正三角形 & 正三角形三邊等長
(5)　圖9.2-64 (a)-1中， 　　甲面積＝$\dfrac{60°}{360°}$×(以$\overline{AC}$為半徑的 　　　　　　圓面積) 　　　　＝$\dfrac{60°}{360°}$×[π×(10公分)²] 　　　　＝$\dfrac{50}{3}$π平方公分	扇形面積＝$\dfrac{圓心角度}{360°}$×圓面積 & (3) 扇形ABC圓心角∠A＝60° & 圓面積等於圓周率與圓半徑平方的 乘積 & (4)$\overline{AC}$＝10公分
(6)　圖9.2-64 (a)-2中， 　　乙面積＝$\dfrac{60°}{360°}$×(以$\overline{BC}$為半徑的 　　　　　　圓面積) 　　　　＝$\dfrac{60°}{360°}$×[π×(10公分)²] 　　　　＝$\dfrac{50}{3}$π平方公分	扇形面積＝$\dfrac{圓心角度}{360°}$×圓面積 & (3) 扇形BAC圓心角∠B＝60° & 圓面積等於圓周率與圓半徑平方的 乘積 & (4)$\overline{AC}$＝10公分
(7)　圖9.2-64 (a)-4中， 　　　△ABC面積(即丙面積) 　　＝$\dfrac{\sqrt{3}}{4}$×(10公分)²＝$25\sqrt{3}$平方公分	邊長為a的正三角形面積為$\dfrac{\sqrt{3}}{4}a^2$ & 已知△ABC為邊長為10公分的正三角 形
(8)　題目所求灰色部分面積 　　＝甲面積＋乙面積－丙面積 　　＝($\dfrac{50}{3}$π＋$\dfrac{50}{3}$π－$25\sqrt{3}$) 平方公分 　　＝($\dfrac{100}{3}$π－$25\sqrt{3}$) 平方公分	由(1) & (2) 代換 全量等於分量之和 將(5) & (6) & (7) 代入

例題 **9.2-51**

圖9.2-65中，四邊形ABCD為邊長為10公分的正方形，以A點為圓心，$\overline{AD}$ 為半徑作$\overset{\frown}{BD}$；以D點為圓心，$\overline{DA}$ 為半徑作$\overset{\frown}{AC}$，且$\overset{\frown}{BD}$ 與$\overset{\frown}{AC}$ 相交於E點，則圖中灰色部分面積為何？

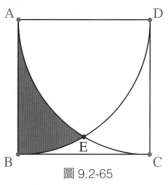

圖 9.2-65

想法　題目所求灰色部分面積＝甲面積－乙面積

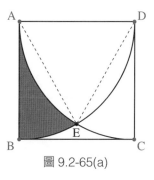

圖 9.2-65(a)

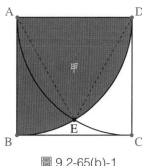

圖 9.2-65(b)-1

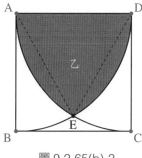

圖 9.2-65(b)-2

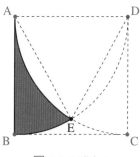

圖 9.2-65(b)-3

敘述	理由
(1) 作 $\overline{AE}$、$\overline{DE}$，如圖9.2-65(a)所示	作圖
(2) ∠BAD＝90° & $\overline{AD}$＝10公分	已知四邊形ABCD為邊長為10公分的正方形 & 正方形一內角為90°
(3) $\overline{AE}$＝$\overline{AD}$＝10公分	已知以A點為圓心，$\overline{AD}$為半徑作$\overparen{BD}$ & 同圓半徑相等 & (2) $\overline{AD}$＝10公分
(4) $\overline{DE}$＝$\overline{AD}$＝10公分	已知，以D點為圓心，$\overline{DA}$為半徑作$\overparen{AC}$ & 同圓半徑相等 & (2) $\overline{AD}$＝10公分
(5) $\overline{AE}$＝$\overline{AD}$＝$\overline{DE}$＝10公分 △ADE為正三角形	由(3) & (4) 遞移律 等邊三角形為正三角形
(6) 圖9.2-65 (b)-1 － 圖9.2-65 (b)-2 ＝圖9.2-65 (b)-3 (圖9.2-65 (b)-3中，灰色部分即為題目所求)	減法
(7) 圖9.2-65 (b)-1中 甲面積＝$\dfrac{90°}{360°}$×(以$\overline{AD}$為半徑的圓面積) ＝$\dfrac{90°}{360°}$×[π×(10公分)²] ＝25π平方公分	扇形面積＝$\dfrac{圓心角度}{360°}$×圓面積 & (2) 扇形ABD圓心角∠BAD＝90° & 圓面積等於圓周率與圓半徑平方的乘積 & (2) $\overline{AD}$＝10公分
(8) 圖9.2-65 (b)-2中 乙面積＝($\dfrac{100}{3}$π－25$\sqrt{3}$) 平方公分	由(5) △ADE為邊長為10公分的正三角形 & 已知以A點為圓心，$\overline{AD}$為半徑作$\overparen{BD}$；以D點為圓心，$\overline{DA}$為半徑作$\overparen{AC}$，且$\overparen{BD}$與$\overparen{AC}$相交於E點 & 利用例題9.2-50結論
(9) 題目所求灰色部分面積 ＝甲面積－乙面積 ＝[25π－($\dfrac{100}{3}$π－25$\sqrt{3}$)] 平方公分 ＝(25$\sqrt{3}$－$\dfrac{25}{3}$π) 平方公分	由(6) 將(7) & (8) 代入

例題 9.2-52

圖9.2-66中，四邊形ABCD為邊長為10公分的正方形，以A點為圓心，$\overline{AD}$ 為半徑作$\overparen{BD}$；以D點為圓心，$\overline{DA}$ 為半徑作$\overparen{AC}$，且$\overparen{BD}$ 與$\overparen{AC}$ 相交於E點，則圖中灰色部分面積為何？

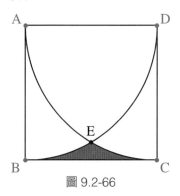

圖 9.2-66

 題目所求灰色部分面積＝甲面積－乙面積－丁面積

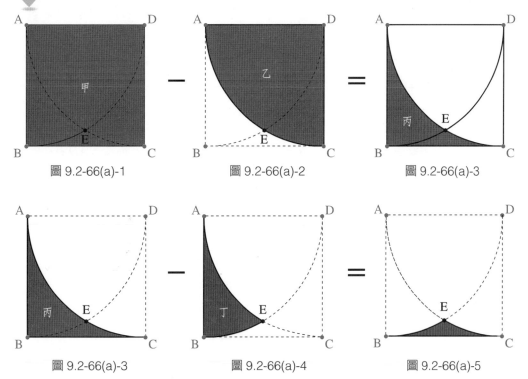

圖 9.2-66(a)-1　　　　圖 9.2-66(a)-2　　　　圖 9.2-66(a)-3

圖 9.2-66(a)-3　　　　圖 9.2-66(a)-4　　　　圖 9.2-66(a)-5

解

敘述	理由
(1) $\angle ADC = 90° \, \& \, \overline{DA} = 10$公分	已知四邊形ABCD為邊長為10公分的正方形 & 正方形一內角為90°
(2) 圖9.2-66 (a)-1 － 圖9.2-66 (a)-2 ＝圖9.2-66 (a)-3	減法
(3) 圖9.2-66 (a)-3 － 圖9.2-66 (a)-4 ＝圖9.2-66 (a)-5 (圖9.2-66 (a)-5中，灰色面積即為題目所求)	減法
(4) 圖9.2-66 (a)-1中 正方形ABCD面積(即甲面積) ＝$(10公分)^2=100$ 平方公分	正方形面積為邊長的平方 & 已知四邊形ABCD為邊長為10公分的正方形
(5) 圖9.2-66 (a)-2中 扇形DAC面積(即乙面積) ＝$\dfrac{90°}{360°}\times$(以$\overline{DA}$為半徑的圓面積) ＝$\dfrac{90°}{360°}\times[\pi\times(10公分)^2]$ ＝25π平方公分	扇形面積＝$\dfrac{圓心角度}{360°}\times$圓面積 & (1) 扇形DAC圓心角$\angle ADC=90°$ & 圓面積等於圓周率與圓半徑平方的乘積 & (1) $\overline{DA}=10$公分
(6) 圖9.2-66 (a)-4中 丁面積＝$(25\sqrt3-\dfrac{25}{3}\pi)$ 平方公分	已知四邊形ABCD為邊長為10公分的正方形，以A點為圓心，$\overline{AD}$為半徑作$\overarc{BD}$；以D點為圓心，$\overline{DA}$為半徑作$\overarc{AC}$，且$\overarc{BD}$與$\overarc{AC}$相交於E點 & 利用利題9.2-51結論
(7) 題目所求灰色部分面積 ＝甲面積－乙面積－丁面積 ＝$[100-25\pi-(25\sqrt3-\dfrac{25}{3}\pi)]$ 平方公分 ＝$(100-25\sqrt3-\dfrac{50}{3}\pi)$ 平方公分	由(2) & (3) 代換 將(4) 甲面積＝100平方公分 & (5) 乙面積＝25π平方公分 & (6) 丁面積＝$(25\sqrt3-\dfrac{25}{3}\pi)$平方公分 代入

例題 9.2-53

圖9.2-67為兩個半圓與一個矩形所形成的圖形，其中兩個半圓分別以$\overline{AB}$、$\overline{CD}$為直徑，矩形ABCD的長邊$\overline{BC}=20$公分、短邊$\overline{AB}=10$公分，求灰色部分的圖形面積為何？

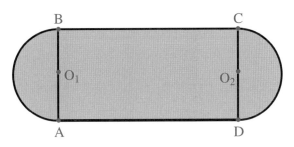

圖 9.2-67

想法　灰色部分的圖形面積
＝矩形ABCD面積＋以$\overline{AB}$為直徑的半圓面積＋以$\overline{CD}$為直徑的半圓面積

解

敘述	理由
(1)　矩形ABCD面積 　　＝$\overline{BC}\times\overline{AB}$ 　　＝(20公分)×(10公分) 　　＝200 平方公分	矩形面積為長與寬之乘積 & 已知矩形ABCD的長邊$\overline{BC}=20$公分、短邊$\overline{AB}=10$公分
(2)　$\overline{CD}=\overline{AB}=10$公分	已知ABCD為矩形 & 矩形兩組對邊等長 & 已知$\overline{AB}=10$公分
(3)　以$\overline{AB}$為直徑的圓O_1半徑$\overline{O_1A}$ 　　＝$\overline{AB}\div2$＝(10公分)÷2＝5公分	同圓半徑為直徑的一半 & 已知$\overline{AB}=10$公分
(4)　以$\overline{O_1A}$為半徑的圓O_1面積 　　＝$\pi\times\overline{O_1A}^2=\pi\times(5公分)^2$ 　　＝25π平方公分	圓面積等於圓周率與圓半徑平方的乘積 & (3) 圓O_1半徑$\overline{O_1A}=5$公分已證

(5) 以 $\overline{AB}$ 為直徑的半圓面積 $=\dfrac{180°}{360°}\times$ 以 $\overline{O_1A}^2$ 為半徑的圓 O_1 面積 $=\dfrac{180°}{360°}\times(25\pi 平方公分)$ $=\dfrac{25\pi}{2}$ 平方公分	已知兩個半圓分別以 $\overline{AB}$、$\overline{CD}$ 為直徑 & 半圓的圓心角為 $180°$ & 周角為 $360°$ & (4) 以 $\overline{O_1A}$ 為半徑的圓 O_1 面積 $=25\pi$ 平方公分
(6) 以 $\overline{CD}$ 為直徑的圓 O_2 半徑 $\overline{O_2C}$ $=\overline{CD}\div 2=(10公分)\div 2=5公分$	同圓半徑為直徑的一半 & (2) $\overline{CD}=10$ 公分 已證
(7) 以 $\overline{O_2C}$ 為半徑的圓 O_2 面積 $=\pi\times\overline{O_2C}^2=\pi\times(5公分)^2$ $=25\pi$ 平方公分	圓面積等於圓周率與圓半徑平方的乘積 & (6) 圓 O_2 半徑 $\overline{O_2C}=5$ 公分 已證
(8) 以 $\overline{CD}$ 為直徑的半圓面積 $=\dfrac{180°}{360°}\times$ 以 $\overline{O_2C}$ 為半徑的圓 O^2 面積 $=\dfrac{180°}{360°}\times(25\pi 平方公分)$ $=\dfrac{25\pi}{2}$ 平方公分	已知兩個半圓分別以 $\overline{AB}$、$\overline{CD}$ 為直徑 & 半圓的圓心角為 $180°$ & 周角為 $360°$ & (7) 以 $\overline{O_2C}$ 為半徑的圓 O_2 面積 $=25\pi$ 平方公分
(9) 灰色部分的圖形面積 $=$ 矩形 ABCD 面積 $+$ 以 $\overline{AB}$ 為直徑的半圓面積 $+$ 以 $\overline{CD}$ 為直徑的半圓面積 $=(200+\dfrac{25\pi}{2}+\dfrac{25\pi}{2})$ 平方公分 $=(200+25\pi)$ 平方公分	全量等於分量之和 & (1) 矩形 ABCD 面積 $=200$ 平方公分、 (5) 以 $\overline{AB}$ 為直徑的半圓面積 $=\dfrac{25\pi}{2}$ 平方公分、 (8) 以 $\overline{CD}$ 為直徑的半圓面積 $=\dfrac{25\pi}{2}$ 平方公分

例題 9.2-54

圖9.2-68中，圓A、圓B、圓C為三個半徑為5公分的等圓，已知三個圓兩兩外切，圓A與圓B外切於D點，圓B與圓C外切於E點，圓C與圓A外切於F點，求灰色部分的面積為何？

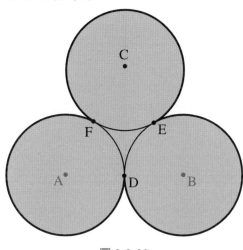

圖 9.2-68

(1) 作 $\overline{AB}$、$\overline{BC}$ 與 $\overline{CA}$，則△ABC為正三角形

(2) 灰色部分的面積＝以優角∠ECF為圓心角的扇形CEF面積＋
以優角∠DAF為圓心角的扇形ADF面積＋
以優角∠DBE為圓心角的扇形BDE面積＋
△ABC面積

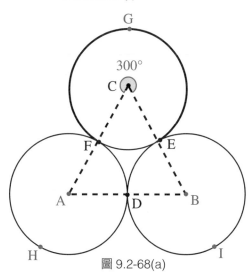

圖 9.2-68(a)

解

敘述	理由
(1) 連接 $\overline{AB}$、$\overline{BC}$、$\overline{CA}$，如圖9.2-68(a)，其中 $\overline{AB}$ 通過D點、$\overline{BC}$ 通過E點、$\overline{CA}$ 通過F點	作圖 & 已知圓A與圓B外切於D點，圓B與圓C外切於E點，圓C與圓A外切於F點 & 相切兩圓的連心線，必過切點
(2) $\overline{AD}=\overline{AF}=\overline{BD}=\overline{BE}=\overline{CE}=\overline{CF}$ $=5$公分	已知圓A、圓B、圓C為三個半徑為5公分的等圓
(3) $\overline{AB}=\overline{AD}+\overline{BD}$ $=(5公分)+(5公分)=10公分$	全量等於分量之和 & 由(2) $\overline{AD}=\overline{BD}=5$公分
(4) $\overline{BC}=\overline{BE}+\overline{CE}$ $=(5公分)+(5公分)=10公分$	全量等於分量之和 & 由(2) $\overline{BE}=\overline{CE}=5$公分
(5) $\overline{CA}=\overline{CF}+\overline{AF}$ $=(5公分)+(5公分)=10公分$	全量等於分量之和 & 由(2) $\overline{CF}=\overline{AF}=5$公分
(6) △ABC為正三角形 $\angle A=\angle B=\angle C=60°$	由(3)、(4) & (5) 等邊三角形也是等角三角形
(7) 優角∠ECF＋銳角∠ECF＝360°	全量等於分量之和 & 周角為360°
(8) 優角∠ECF＝360°－銳角∠ECF $=360°-60°=300°$	由(7) 等量減法公理 & (6) 銳角∠ECF＝60°
(9) 圓C面積$=\pi\times\overline{CE}^2$ $=\pi\times(5公分)^2$ $=25\pi$平方公分	圓面積等於圓周率與圓半徑平方的乘積 & (2) 圓C半徑$\overline{CE}=5$公分
(10) 以優角∠ECF為圓心角的扇形CEF 面積 $=\dfrac{300°}{360°}\times(圓C面積)$ $=\dfrac{300°}{360°}\times(25\pi平方公分)$ $=\dfrac{125\pi}{6}$平方公分	由(8) 優角∠ECF＝300° & 周角為360° & 由(9) 圓C面積＝25π平方公分

(11) 同理可證： 優角∠DAF＝300° 以優角∠DAF為圓心角的扇形ADF 面積＝$\frac{125\pi}{6}$平方公分 & 優角∠DBE＝300° 以優角∠DBE為圓心角的扇形BDE 面積＝$\frac{125\pi}{6}$平方公分	同(1)～(10) 步驟 同理可證
(12)　△ABC面積 ＝$\frac{\sqrt{3}}{4}×\overline{AB}^2=\frac{\sqrt{3}}{4}×(10公分)^2$ ＝$25\sqrt{3}$平方公分	由(6) & 例題9.1-19結論：邊長為a 單位的正三角形面積為$\frac{\sqrt{3}}{4}a^2$平方 單位 & 由(3) $\overline{AB}$＝10公分
(13)　灰色部分的面積 ＝以優角∠ECF為圓心角的扇形 　　CEF面積＋ 　以優角∠DAF為圓心角的扇形 　　ADF面積＋ 　以優角∠DBE為圓心角的扇形 　　BDE面積＋△ABC面積 ＝$(\frac{125\pi}{6}$平方公分$)＋$ 　$(\frac{125\pi}{6}$平方公分$)＋$ 　$(\frac{125\pi}{6}$平方公分$)＋$ 　$(25\sqrt{3}$平方公分$)$ ＝$(\frac{125\pi}{2}+25\sqrt{3})$ 平方公分	全量等於分量之和 & (10)、(11) 以優角∠ECF為圓心角的扇形CEF 面積＝$\frac{125\pi}{6}$平方公分、 以 優 角 ∠DAF 為 圓 心 角 的 扇 形 ADF面積＝$\frac{125\pi}{6}$平方公分、 以 優 角 ∠DBE 為 圓 心 角 的 扇 形 BDE面積＝$\frac{125\pi}{6}$平方公分 & (12) △ABC面積＝$25\sqrt{3}$平方公分

例題 9.2-55

圖9.2-69是用三個半徑皆為2cm的圓兩兩外切所排列成的形體，再用一條
緞帶環繞此形體一周，則灰色部分面積為何？

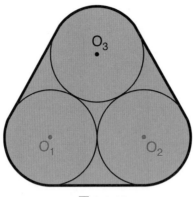

圖 9.2-69

(1) 將灰色部分圖形切分成三角形、扇形與矩形

(2) 　灰色部分的面積

$= \triangle O_1O_2O_3$面積 ＋ 矩形AO_1O_3F面積 ＋ 矩形BO_1O_2C面積 ＋

矩形DO_2O_3E面積 ＋ 扇形AO_1B面積 ＋ 扇形CO_2D面積 ＋

扇形EO_3F面積

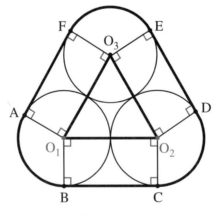

圖 9.2-69(a)

解

敘述	理由
(1) 如圖9.2-69(a)，在圖形上標出三圓的圓心O_1、O_2、O_3；再標出圓O_1與圓O_3外公切線$\overline{AF}$、圓O_2與圓O_3外公切線$\overline{DE}$、圓O_1與圓O_2外公切線$\overline{BC}$；連接$\overline{O_1O_2}$、$\overline{O_2O_3}$、$\overline{O_3O_1}$、$\overline{O_1A}$、$\overline{O_1B}$、$\overline{O_2C}$、$\overline{O_2D}$、$\overline{O_3E}$、$\overline{O_3F}$；其中$\overline{O_1A}=\overline{O_1B}=\overline{O_2C}=\overline{O_2D}=\overline{O_3E}=\overline{O_3F}=2$公分；$\overline{O_1O_3}=\overline{O_1O_2}=\overline{O_2O_3}=2\times(2公分)=4公分$	作圖 & 已知圖形為三個半徑皆為2 cm的圓兩兩外切所排列成的形體 & 相切兩圓的連心線，必過切點，且連心線長為兩半徑之和
(2) $\triangle O_1O_2O_3$為正三角形	由(1) $\overline{O_1O_3}=\overline{O_1O_2}=\overline{O_2O_3}=4公分$ & 正三角形定義
(3) $\triangle O_1O_2O_3$面積$=\dfrac{\sqrt{3}}{4}\times\overline{O_1O_2}^2$ $=\dfrac{\sqrt{3}}{4}\times(4公分)^2$ $=4\sqrt{3}平方公分$	由(2) & 例題9.1-19結論：邊長為a單位的正三角形面積為$\dfrac{\sqrt{3}}{4}a^2$平方單位 & 由(1) $\overline{O_1O_2}=4公分$
(4) $\angle AFO_3=\angle FAO_1=\angle FO_3O_1=\angle AO_1O_3=90°$ & 四邊形AO_1O_3F為矩形 & $\overline{AF}=\overline{O_1O_3}=2\times(2公分)=4公分$	由例題9.2-27可得知
(5) 矩形AO_1O_3F面積$=\overline{O_1A}\times\overline{AF}$ $=(2公分)\times(4公分)$ $=8平方公分$	由(4) 四邊形AO_1O_3F為矩形 & 矩形面積為長與寬之乘積 & (1) $\overline{O_1A}=2公分$、(4) $\overline{AF}=4公分$
(6) $\angle BCO_2=\angle CBO_1=\angle BO_1O_2=\angle CO_2O_1=90°$ & 四邊形BO_1O_2C為矩形 & $\overline{BC}=\overline{O_1O_2}=2\times(2公分)=4公分$	由例題9.2-27可得知
(7) 矩形BO_1O_2C面積$=\overline{O_1B}\times\overline{BC}$ $=(2公分)\times(4公分)$ $=8平方公分$	由(6) 四邊形BO_1O_2C為矩形 & 矩形面積為長與寬之乘積 & (1) $\overline{O_1B}=2公分$、(6) $\overline{BC}=4公分$

(8) $\angle DEO_3 = \angle EDO_2 = \angle DO_2O_3 =$ $\angle EO_3O_2 = 90°$ & 四邊形DO_2O_3E為矩形 & $\overline{DE} = \overline{O_2O_3} = 2×(2公分) = 4公分$	由例題9.2-27可得知
(9) 矩形DO_2O_3E面積$= \overline{O_1D} × \overline{DE}$ $= (2公分) × (4公分)$ $= 8$ 平方公分	由(8) 四邊形DO_2O_3E為矩形 & 矩形面積為長與寬之乘積 & (1) $\overline{O_1D} = 2公分$、(8) $\overline{DE} = 4公分$
(10) $\angle O_1O_2O_3 = \angle O_2O_3O_1 = \angle O_3O_1O_2$ $= 60°$	由(2)&正三角形三個內角皆為60°
(11) $\angle AO_1B + \angle AO_1O_3 + \angle BO_1O_2 +$ $\angle O_3O_1O_2 = 360°$ $\angle CO_2D + \angle CO_2O_1 + \angle DO_2O_3 +$ $\angle O_1O_2O_3 = 360°$ $\angle EO_3F + \angle EO_3O_2 + \angle FO_3O_1 +$ $\angle O_2O_3O_1 = 360°$	如圖9.2-69(a)所示 全量等於分量之和
(12) $\angle AO_1B$ $= 360° - \angle AO_1O_3 - \angle BO_1O_2 - \angle O_3O_1O_2$ $= 360° - 90° - 90° - 60°$ $= 120°$ $\angle CO_2D$ $= 360° - \angle CO_2O_1 - \angle DO_2O_3 - \angle O_1O_2O_3$ $= 360° - 90° - 90° - 60° = 120°$ $\angle EO_3F$ $= 360° - \angle EO_3O_2 - \angle FO_3O_1 - \angle O_2O_3O_1$ $= 360° - 90° - 90° - 60° = 120°$	由(11) 等量減法公理 & (4) $\angle AO_1O_3 = \angle FO_3O_1 = 90°$ (6) $\angle BO_1O_2 = \angle CO_2O_1 = 90°$ (8) $\angle DO_2O_3 = \angle EO_3O_2 = 90°$ & (10) $\angle O_1O_2O_3 = \angle O_2O_3O_1$ $= \angle O_3O_1O_2 = 60°$
(13) AO_1B與CO_2D與EO_3F皆為圓心角為 $120°$的扇形	由(12) & $\overline{O_1A}$、$\overline{O_1B}$、$\overline{O_2C}$、$\overline{O_2D}$、 $\overline{O_3E}$、$\overline{O_3F}$ 皆為圓半徑
(14) 圓O_1面積$=$圓O_2面積$=$圓O_3面積 $= π × (2公分)^2 = 4π$平方公分	圓面積等於圓周率與圓半徑平方 的乘積 & 已知圖形為三個半徑皆 為2cm的圓兩兩外切所排列成的 形體

(15) 扇形AO_1B面積$=\dfrac{120°}{360°}\times$(圓$O_1$面積) $=\dfrac{120°}{360°}\times(4\pi$平方公分$)=\dfrac{4\pi}{3}$平方公分	由(13)　AO_1B為圓心角為$120°$的 扇形 & 周角為$360°$ & (14) 圓O_1面積$=4\pi$平方公分
(16) 扇形CO_2D面積$=\dfrac{120°}{360°}\times$(圓$O_2$面積) $=\dfrac{120°}{360°}\times(4\pi$平方公分$)=\dfrac{4\pi}{3}$平方公分	由(13)　CO_2D為圓心角為$120°$的 扇形 & 周角為$360°$ & (14) 圓O_2面積$=4\pi$平方公分
(17) 扇形EO_3F面積$=\dfrac{120°}{360°}\times$(圓$O_3$面積) $=\dfrac{120°}{360°}\times(4\pi$平方公分$)=\dfrac{4\pi}{3}$平方公分	由(13)　EO_3F為圓心角為$120°$的 扇形 & 周角為$360°$ & (14) 圓O_3面積$=4\pi$平方公分
(18)　　灰色部分面積 $=\triangle O_1O_2O_3$面積$+$矩形AO_1O_3F面積 $+$ 矩形BO_1O_2C面積 $+$ 矩形DO_2O_3E面積$+$扇形AO_1B面積$+$扇形CO_2D面積$+$扇形EO_3F面積 $=(4\sqrt{3}+8+8+8+\dfrac{4\pi}{3}+\dfrac{4\pi}{3}+\dfrac{4\pi}{3})$平方公分 $=(24+4\pi+4\sqrt{3})$平方公分	全量等於分量之和 & (3)$\triangle O_1O_2O_3$面積$=4\sqrt{3}$平方公分 (5)矩形AO_1O_3F面積$=8$平方公分 (7)矩形BO_1O_2C面積$=8$平方公分 (9)矩形DO_2O_3E面積$=8$平方公分 (15)扇形AO_1B面積$=\dfrac{4\pi}{3}$平方公分 (16)扇形CO_2D面積$=\dfrac{4\pi}{3}$平方公分 (17)扇形EO_3F面積$=\dfrac{4\pi}{3}$平方公分

接下來，讓我們運用圓面積定理，以及第八章所學的畢氏定理，來練習以下例題9.2-56～例題9.2-57。

例題 9.2-56

 已知 △ABC為直角三角形，∠ACB＝90°，分別以$\overline{AC}$為直徑作半圓甲、以$\overline{BC}$為直徑作半圓乙、以$\overline{AB}$為直徑作半圓丙。

求證 甲面積＋乙面積＝丙面積

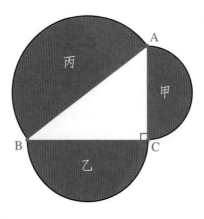

圖 9.2-70

 想法 利用畢氏定理與扇形面積證明

證明

敘述	理由
(1) $\overline{AC}^2+\overline{BC}^2=\overline{AB}^2$	已知△ABC為直角三角形， ∠ACB＝90° & 畢氏定理
(2)　甲面積 $=\dfrac{180°}{360°}\times$(以$\overline{AC}$為直徑的圓面積) $=\dfrac{180°}{360°}\times[\pi\times(\dfrac{\overline{AC}}{2})^2]$ $=\dfrac{\overline{AC}^2}{8}\pi$	已知甲為以$\overline{AC}$為直徑的半圓 & 扇形面積$=\dfrac{圓心角度}{360°}\times$圓面積 & 半圓圓心角為180° & 圓面積等於圓周率與圓半徑平方的乘積
(3)　乙面積 $=\dfrac{180°}{360°}\times$(以$\overline{BC}$為直徑的圓面積) $=\dfrac{180°}{360°}\times[\pi\times(\dfrac{\overline{BC}}{2})^2]$ $=\dfrac{\overline{BC}^2}{8}\pi$	已知乙為以$\overline{BC}$為直徑的半圓 & 扇形面積$=\dfrac{圓心角度}{360°}\times$圓面積 & 半圓圓心角為180° & 圓面積等於圓周率與圓半徑平方的乘積
(4)　丙面積 $=\dfrac{180°}{360°}\times$(以$\overline{AB}$為直徑的圓面積) $=\dfrac{180°}{360°}\times[\pi\times(\dfrac{\overline{AB}}{2})^2]$ $=\dfrac{\overline{AB}^2}{8}\pi$	已知丙為以$\overline{AB}$為直徑的半圓 & 扇形面積$=\dfrac{圓心角度}{360°}\times$圓面積 & 半圓圓心角為180° & 圓面積等於圓周率與圓半徑平方的乘積
(5)　甲面積＋乙面積 $=\dfrac{\overline{AC}^2}{8}\pi+\dfrac{\overline{BC}^2}{8}\pi$ $=\dfrac{\overline{AC}^2+\overline{BC}^2}{8}\pi$ $=\dfrac{\overline{AB}^2}{8}\pi=$丙面積	由(2)式＋(3)式 由(1) $\overline{AC}^2+\overline{BC}^2=\overline{AB}^2$ 由(4) 丙面積$=\dfrac{\overline{AB}^2}{8}\pi$
(6) 所以甲面積＋乙面積＝丙面積	由(5) 已證

Q. E. D.

例題 9.2-57

圖9.2-71中，△ABC為直角三角形，∠ACB＝90°，分別以$\overline{AC}$為直徑作半圓甲、以$\overline{BC}$為直徑作半圓乙、以$\overline{AB}$為直徑作半圓丙，若甲面積為18π平方公分，乙面積為32π平方公分，則丙面積為何？

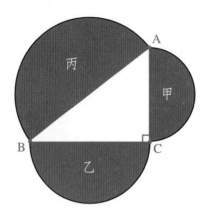

圖 9.2-71

想法　利用例題9.2-56結論：甲面積＋乙面積＝丙面積

解

敘述	理由
(1) 丙面積＝甲面積＋乙面積 　　　＝(18π＋32π) 平方公分 　　　＝50π平方公分	已知△ABC為直角三角形， ∠ACB＝90°， 分別以$\overline{AC}$為直徑作半圓甲、以$\overline{BC}$為直徑作半圓乙、以$\overline{AB}$為直徑作半圓丙，甲面積為18π平方公分，乙面積為32π平方公分 & 利用例題9.2-56結論

接下來，讓我們運用圓面積定理，再配合上第七章定理7.2-5：垂直於弦的直徑定理；以及第八章所學的畢氏定理，來練習以下例題9.2-58～例題9.2-59。

例題 9.2-58

如圖9.2-72，已知圓O的一弦 $\overline{AB}$ ＝8公分，弦心距 $\overline{OC}$ ＝3公分，則圓O面積為何？

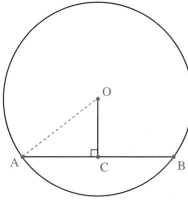

圖 9.2-72

(1) 利用畢氏定理求出圓O半徑
(2) 圓面積等於圓周率與圓半徑平方的乘積

敘述	理由
(1) $\overline{OC}\perp\overline{AB}$，∠OCA＝90°	已知 $\overline{OC}$ 為弦心距
(2) △ACO為直角三角形	由(1) & 直角三角形定義
(3) C點為 $\overline{AB}$ 中點， $\overline{AC}=\overline{BC}=\dfrac{1}{2}\overline{AB}$ $=\dfrac{1}{2}\times(8公分)=4公分$	由(1) & 定理7.2-5垂直於弦的直徑定理 $\overline{OC}$ 垂直平分 $\overline{AB}$ & 已知弦 $\overline{AB}$ ＝8公分
(4) △ACO中， $\overline{OA}^2=\overline{AC}^2+\overline{OC}^2$	由(2) △ACO為直角三角形 & 畢氏定理
(5) $\overline{OA}^2=(4公分)^2+(3公分)^2$ $=25平方公分$	由(4) & 已知 $\overline{OC}$ ＝3公分 & (3) $\overline{AC}$ ＝4公分
(6) 圓O面積＝$\pi\times\overline{OA}^2$ $=\pi\times(25平方公分)$ $=25\pi平方公分$	圓面積等於圓周率與圓半徑平方的乘積 & 由(5) $\overline{OA}^2$ ＝25平方公分 已證

例題 9.2-59

如圖9.2-73，$\overline{AB}$ 為兩同心圓中大圓的弦，交小圓於C、D。若 $\overline{AB}=20$ 公分，$\overline{CD}=14$ 公分，求兩圓所圍的灰色環狀區域面積。

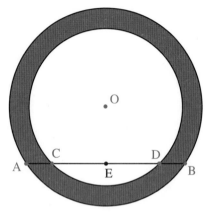

圖 9.2-73

(1) 灰色環狀區域面積＝以 $\overline{OA}$ 為半徑的圓面積－以 $\overline{OC}$ 為半徑的圓面積
(2) 利用畢氏定理求出 $\overline{OA}$ 與 $\overline{OC}$

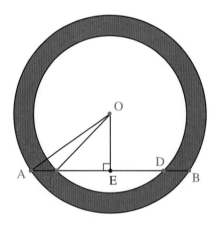

圖 9.2-73(a)

敘述	理由
(1) 連接 $\overline{OA}$、$\overline{OC}$，並作 $\overline{OE} \perp \overline{AB}$， 　　如圖9.2-73(a)所示， 　　則∠OEA＝90° 　　$\overline{AE} = \overline{BE} = \dfrac{1}{2}\overline{AB} = \dfrac{1}{2} \times (20\text{公分})$ 　　　　　$= 10$公分 　　$\overline{CE} = \overline{DE} = \dfrac{1}{2}\overline{CD} = \dfrac{1}{2} \times (14\text{公分})$ 　　　　　$= 7$公分	作圖 & 定理7.2-5垂直於弦的直徑定理 $\overline{OE}$ 垂直平分 $\overline{AB}$ & $\overline{OE}$ 垂直平分 $\overline{CD}$ & 已知 $\overline{AB} = 20$公分、$\overline{CD} = 14$公分
(2) △AEO為直角三角形 　　$\overline{OA}^2 = \overline{AE}^2 + \overline{OE}^2$ 　　　　$= (10\text{公分})^2 + \overline{OE}^2$ 　　　　$= 100$平方公分 $+ \overline{OE}^2$	由(1) ∠OEA＝90° 直角三角形定義 & 畢氏定理 由(1) $\overline{AE} = 10$公分 已證
(3) △CEO為直角三角形 　　$\overline{OC}^2 = \overline{CE}^2 + \overline{OE}^2$ 　　　　$= (7\text{公分})^2 + \overline{OE}^2$ 　　　　$= 49$ 平方公分 $+ \overline{OE}^2$	由(1) ∠OEA＝90° 直角三角形定義 & 畢氏定理 由(1) $\overline{CE} = 7$公分 已證
(4) 　以 $\overline{OA}$ 為半徑的圓面積 　　$= \pi \times \overline{OA}^2$ 　　$= \pi \times (100 \text{ 平方公分} + \overline{OE}^2)$ 　　$= 100\pi$平方公分 $+ \overline{OE}^2\pi$	圓面積等於圓周率與圓半徑平方的乘積 & (2) $\overline{OA}^2 = 100$平方公分 $+ \overline{OE}^2$ 已證
(5) 　以 $\overline{OC}$ 為半徑的圓面積 　　$= \pi \times \overline{OC}^2$ 　　$= \pi \times (49\text{平方公分} + \overline{OE}^2)$ 　　$= 49\pi$平方公分 $+ \overline{OE}^2\pi$	圓面積等於圓周率與圓半徑平方的乘積 & (3) $\overline{OC}^2 = 49$ 平方公分 $+ \overline{OE}^2$ 已證
(6) 　灰色環狀區域面積 　　$=$ 以 $\overline{OA}$ 為半徑的圓面積 $-$ 　　　 以 $\overline{OC}$ 為半徑的圓面積 　　$= (100\pi\text{平方公分} + \overline{OE}^2\pi) -$ 　　　$(49\pi\text{平方公分} + \overline{OE}^2\pi)$ 　　$= 51\pi$平方公分	題目所求 全量等於分量之和 & (4) 　以 $\overline{OA}$ 為半徑的圓面積 　　　$= 100\pi$平方公分 $+ \overline{OE}^2\pi$ 已證 (5) 　以 $\overline{OC}$ 為半徑的圓面積 　　　$= 49\pi$平方公分 $+ \overline{OE}^2\pi$ 已證

接下來，讓我們運用圓面積定理，配合第四章例題4.3-2結論：若I點為 △ABC的內心，則∠BIC＝90°＋$\frac{1}{2}$∠BAC；再結合第七章例題7.3-11的結論：直角三角形內接圓半徑＝（兩股和減去斜邊）÷2；以及第八章所學的畢氏定理，來練習以下例題9.2-60～例題9.2-61。

例題 9.2-60

如圖9.2-74，圓I為直角三角形ABC的內切圓，D、E、F為切點，$\overline{AB} \perp \overline{BC}$。若$\overline{AB}$＝8公分，$\overline{BC}$＝6公分，求圓I的面積。

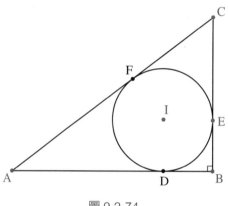

圖 9.2-74

(1) 先利用畢氏定理求出直角三角形的斜邊長

(2) 再利用第七章例題7.3-11的結論：

直角三角形內接圓半徑＝（兩股和減去斜邊）÷2

求出直角三角形內切圓半徑

(3) 圓面積等於圓周率與圓半徑平方的乘積

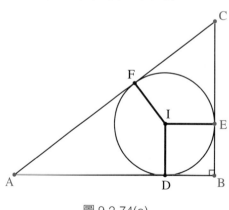

圖 9.2-74(a)

敘述	理由
(1) 連接 $\overline{ID}$、$\overline{IE}$、$\overline{IF}$ 如圖9.2-74(a)，則 $\overline{ID}=\overline{IE}=\overline{IF}$ 為圓I半徑	作圖 & 已知圓I為直角三角形ABC的內切圓，D、E、F為切點
(2) 直角三角形ABC中 $\overline{AC}^2=\overline{AB}^2+\overline{BC}^2$ $=(8公分)^2+(6公分)^2$ $=64平方公分+36平方公分$ $=100平方公分$	畢氏定理 & 已知直角三角形ABC中，$\overline{AB}\perp\overline{BC}$ & $\overline{AB}=8公分$，$\overline{BC}=6公分$
(3) $\overline{AC}=10公分$ 或 $\overline{AC}=-10公分$	由(2) 求平方根
(4) $\overline{AC}=10公分$	由(3) & $\overline{AC}$ 為線段長度必大於0
(5) 圓I半徑 $\overline{ID}=\overline{IE}=\overline{IF}$ $=\dfrac{\overline{AB}+\overline{BC}-\overline{AC}}{2}$ $=\dfrac{8公分+6公分-10公分}{2}$ $=2公分$	由(1) $\overline{ID}=\overline{IE}=\overline{IF}$ 為圓I半徑 & 利用第七章例題7.3-11的結論： 直角三角形內接圓半徑 $=(兩股和減去斜邊)\div2$ & 已知圓I為直角三角形ABC的內切圓，$\overline{AB}\perp\overline{BC}$ & $\overline{AB}=8公分$， $\overline{BC}=6公分$ & 由(4) $\overline{AC}=10公分$ 已證
(6) 圓I的面積$=\pi\times\overline{ID}^2$ $=\pi\times(2公分)^2$ $=4\pi平方公分$	圓面積等於圓周率與圓半徑平方的乘積 & 由(5) 圓I半徑 $\overline{ID}=2公分$

例題 9.2-61

如圖9.2-75，已知I為△ABC的內心，若∠BIC＝135°，且$\overline{AB}$＝5公分，
$\overline{AC}$＝12公分，試求△ABC內切圓的面積

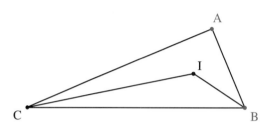

圖 9.2-75

(1) 利用例題4.3-2結論：若I點為△ABC的內心，
則∠BIC＝90°＋$\frac{1}{2}$∠BAC，求出∠BAC＝90°（即△ABC為直角三角形）

(2) 利用畢氏定理求出直角三角形的第三邊

(3) 利用第七章例題7.3-11的結論：
直角三角形內接圓半徑＝（兩股和減去斜邊）÷2
求出直角三角形內切圓半徑

(4) 圓面積等於圓周率與圓半徑平方的乘積

敘述	理由
(1) $\angle BIC = 90° + \dfrac{1}{2}\angle BAC$	已知I點為△ABC的內心 & 利用例題4.3-2結論
(2) $135° = 90° + \dfrac{1}{2}\angle BAC$	由(1) & 已知$\angle BIC = 135°$
(3) $\angle BAC = (135° - 90°) \times 2 = 90°$	由(2) 求$\angle BAC$之值
(4) △ABC為直角三角形 　　$\overline{BC}^2 = \overline{AB}^2 + \overline{AC}^2$	由(3) & 直角三角形定義 & 畢氏定理
(5) $\overline{BC}^2 = (5公分)^2 + (12公分)^2$ 　　　$= 25$平方公分$+ 144$平方公分 　　　$= 169$平方公分	由(4) & 已知$\overline{AB} = 5$公分，$\overline{AC} = 12$公分
(6) $\overline{BC} = 13$公分 或 $\overline{BC} = -13$公分	由(5) 求平方根
(7) $\overline{BC} = 13$公分	由(6) & $\overline{BC}$為線段長度必大於0
(8) 　△ABC內切圓半徑 　　$= \dfrac{\overline{AB} + \overline{AC} - \overline{BC}}{2}$ 　　$= \dfrac{5公分 + 12公分 - 13公分}{2}$ 　　$= 2$公分	已知I為△ABC的內心 & 利用第七章例題7.3-11的結論 & 已知$\overline{AB} = 5$公分，$\overline{AC} = 12$公分 & (7) $\overline{BC} = 13$公分 已證
(9) 　△ABC內切圓的面積 　　$= \pi \times (△ABC內切圓半徑)^2$ 　　$= \pi \times (2公分)^2$ 　　$= 4\pi$平方公分	圓面積等於圓周率與圓半徑平方的 乘積 & (8) △ABC內切圓半徑$= 2$公分 已證

圓面積比定理

兩圓的面積比等於兩圓的半徑平方比。

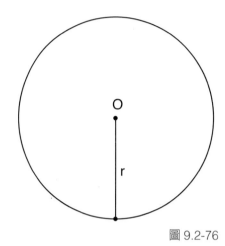
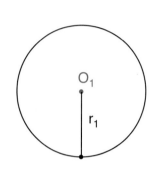

圖 9.2-76

 如圖9.2-76，圓O與圓O_1的半徑分別為r與r_1

 圓O面積：圓O_1面積＝$r^2 : r_1^2$

 利用圓面積定理

敘　述	理　由
(1) 圓O面積＝$\pi \times r^2$	已知圓O的半徑為r & 圓面積定理
(2) 圓O_1面積＝$\pi \times r_1^2$	已知圓O_1的半徑為r_1 & 圓面積定理
(3)　圓O面積：圓O_1面積 　　＝$\pi \times r^2 : \pi \times r_1^2 = r^2 : r_1^2$	由(1) & (2) 倍比定理
(4) 所以圓O面積：圓O_1面積＝$r^2 : r_1^2$	由(3) 已證

Q. E. D.

例題 **9.2-62**

已知有甲、乙兩個圓，甲圓半徑為3公分、乙圓半徑為5公分，則：

(1) 甲圓周長與乙圓周長之比為何？

(2) 甲圓面積與乙圓面積之比為何？

想法

(1) 定理 9.2-6 圓周比定理：兩圓的圓周比等於兩圓的半徑比

(2) 定理 9.2-9 圓面積比定理：兩圓的面積比等於兩圓的半徑平方比

解

敘述	理由
(1)　甲圓周長：乙圓周長 　　＝(3公分)：(5公分) 　　＝3：5	兩圓的圓周比等於兩圓的半徑比 & 已知甲圓半徑為3公分、乙圓半徑為5公分 & 倍比定理
(2)　甲圓面積：乙圓面積 　　＝$(3公分)^2$：$(5公分)^2$ 　　＝9：25	兩圓的面積比等於兩圓的半徑平方比 & 已知甲圓半徑為3公分、乙圓半徑為5公分 & 倍比定理

例題 9.2-63

圖9.2-77中，$\overline{AB}$為圓O_1的直徑，$\overline{AO_1}$為圓O_2的直徑，已知$\overline{AB}=8$公分、$\overline{AO_1}=4$公分，則圓O_1面積是圓O_2的幾倍？

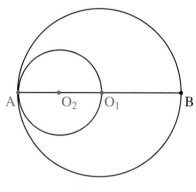

圖 9.2-77

想法　定理 9.2-9 圓面積比定理：兩圓的面積比等於兩圓的半徑平方比

解

敘述	理由
(1) 圓O_1的半徑 　　$=\overline{AB}\div 2$ 　　$=(8$公分$)\div 2=4$公分	已知$\overline{AB}=8$公分為圓O_1的直徑 & 同圓半徑為直徑的一半
(2) 圓O_2的半徑 　　$=\overline{AO_1}\div 2$ 　　$=(4$公分$)\div 2=2$公分	已知$\overline{AO_1}=4$公分為圓O_1的直徑 & 同圓半徑為直徑的一半
(3) 圓O_1面積：圓O_2面積 　　$=(4$公分$)^2:(2$公分$)^2$ 　　$=4:1$	兩圓的面積比等於兩圓的半徑平方比 & 由(1) 圓O_1的半徑$=4$公分、 (2) 圓O_2的半徑$=2$公分 & 倍比定理
(4) 圓O_1面積$=4\times$圓O_2面積	由(3) & 外項乘積等於內項乘積
(5) 圓O_1面積是圓O_2的4倍	由(4) 已證

例題 9.2-64

已知圓O_1半徑：圓O_2半徑＝3：4，若圓O_1面積為18π平方公分，則圓O_2面積為何？

想法　定理 9.2-9 圓面積比定理：兩圓的面積比等於兩圓的半徑平方比

解

敘述	理由
(1) 假設圓O_1半徑＝3r 　　　圓O_2半徑＝4r	已知圓O_1半徑：圓O_2半徑＝3：4 & 假設
(2)　圓O_1面積：圓O_2面積 　　＝$(3r)^2$：$(4r)^2$ 　　＝9：16	兩圓的面積比等於兩圓的半徑平方比 & 由(1) 假設 & 倍比定理
(3) $9 \times$圓O_2面積＝$16 \times$圓O_1面積	由(2) & 內項乘積等於外項乘積
(4) 圓O_2面積＝$\dfrac{16}{9} \times$圓O_1面積 　　＝$\dfrac{16}{9} \times (18\pi$平方公分$)$ 　　＝32π平方公分	由(3) 等式兩邊同除以9 & 已知圓O_1面積為18π平方公分

習題 9-2

習題9.2-1　如圖9.2-78，ABCDEF為邊長為4公分的正六邊形，O點為其中心，已知此正六邊形內切圓半徑為$2\sqrt{3}$公分，求正六邊形ABCDEF面積為何？

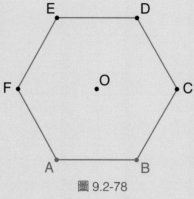

圖 9.2-78

習題9.2-2　若ABCDEFGH為一邊長為4公分、面積為96平方公分的正八邊形，求此正八邊形內切圓半徑為何？

習題9.2-3 如圖9.2-79，ABCDEF與$A_1B_1C_1D_1E_1F_1$分別為邊長為6公分及4公分的正六邊形，O點與O_1點分別為其中心，$\overline{OG} \perp \overline{AB}$、$\overline{OG_1} \perp \overline{A_1B_1}$，則：

(1) $\dfrac{\overline{OA}}{\overline{O_1A_1}} = ?$　　　(2) $\dfrac{\overline{OG}}{\overline{O_1G_1}} = ?$

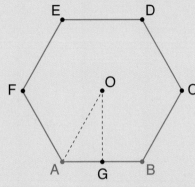

圖 9.2-79

習題9.2-4 如圖9.2-80，ABCDEF與$A_1B_1C_1D_1E_1F_1$皆為正六邊形，已知正六邊形ABCDEF邊長為8公分、面積為$96\sqrt{3}$平方公分，正六邊形$A_1B_1C_1D_1E_1F_1$面積為$24\sqrt{3}$平方公分，且$\overline{OA}$、$\overline{O_1A_1}$分別為正六邊形ABCDEF與正六邊形$A_1B_1C_1D_1E_1F_1$的半徑，$\overline{OG}$、$\overline{O_1G_1}$分別為正六邊形ABCDEF與正六邊形$A_1B_1C_1D_1E_1F_1$的邊心距，則：

(1) $\overline{A_1B_1} = ?$　　(2) $\dfrac{\overline{OA}}{\overline{O_1A_1}} = ?$　　(3) $\dfrac{\overline{OG}}{\overline{O_1G_1}} = ?$

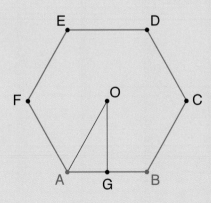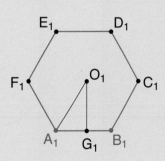

圖 9.2-80

習題9.2-5　已知圓O半徑為6公分、圓O_1半徑為4公分，求圓O與圓O_1周長之比。

習題9.2-6　如圖9.2-81，已知圓O半徑$\overline{OA}$＝5公分，則圓O周長為何？

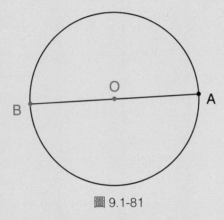

圖 9.1-81

習題9.2-7　圖9.2-82中，圓O_1與圓O_2內切，且圓O_1半徑$\overline{O_1A}$為圓O_2直徑，已知
$\overline{O_2A}$＝4公分，求圓O_1的周長為何？

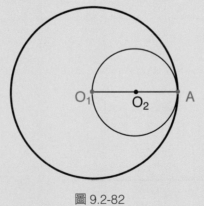

圖 9.2-82

習題9.2-8 | 圖9.2-83中，3個小圓O₁、圓O₂、圓O₃為等圓且O₁、O₂、O₃三點均在上$\overline{AD}$，已知圓O₁、圓O₂外切於B點，圓O₁、圓O₃外切於C點，且圓O₂、圓O₃分別與大圓O₁內切於A、D兩點，若大圓O₁半徑$\overline{O_1A}=15$公分，求圓O₃的周長為何？

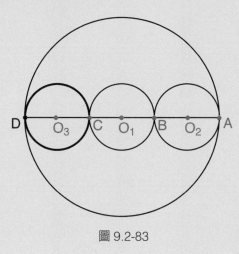

圖 9.2-83

習題9.2-9 | 圖9.2-84中，正方形ABCD和圓O的周長相同，若正方形ABCD邊長為20π公分，請問圓O的半徑是多少？

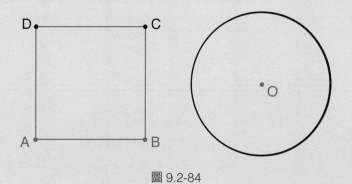

圖 9.2-84

習題9.2-10　圖9.2-85中，圓O為正方形ABCD的內切圓，E、F、G、H為切點，
已知正方形ABCD的周長為16公分，則圓O的周長是多少公分？

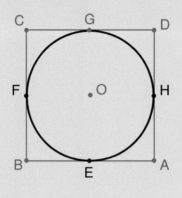

圖 9.2-85

習題9.2-11　如圖9.2-86，已知圓O的一弦$\overline{AB}=24$公分，弦心距$\overline{OC}=5$公分，則
圓O周長為何？

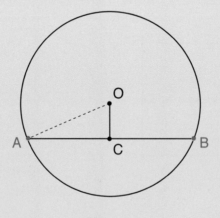

圖 9.2-86

習題9.2-12　如圖9.2-87，圓O半徑為10公分，圓心角∠AOB＝120°，則：

(1) 圓O周長＝？　　(2) $\overparen{AB}$＝？　　(3) $\overparen{ACB}$＝？

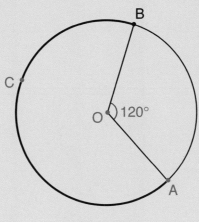

圖 9.2-87

習題9.2-13　如圖9.2-88，圓O半徑為5公分，$\overparen{AB}$＝4π公分，則：

(1) 圓O周長＝？　　(2) 圓心角∠AOB＝？　　(3) $\overparen{ACB}$＝？

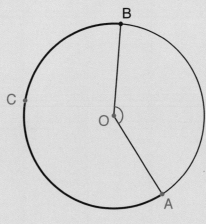

圖 9.2-88

習題9.2-14　圖9.2-89中，OAB為半徑為5公分、圓心角為144°的扇形，求扇形OAB的周長為何？

圖 9.2-89

習題9.2-15　圖9.2-90為三個半圓所圍成的圖形，其三個圓心O_1、O_2、O_3皆在$\overline{AD}$上，已知小圓半徑$\overline{O_2A}=\overline{O_3C}=2$公分、大圓半徑$\overline{O_1B}=4$公分，請問著色部分的圖形周長是多少公分？

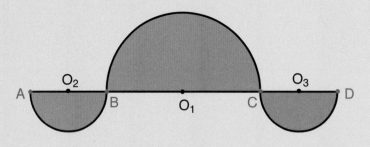

圖 9.2-90

習題9.2-16 圖9.2-91中，圓O_1與O_2為兩半徑為6公分的等圓，已知兩圓相交於A、B兩點，且O_1在圓O_2的圓周之上、O_2在圓O_1的圓周之上，求灰色部分的周長為何？

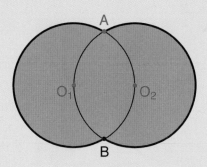

圖 9.2-91

習題9.2-17 圖9.2-92中，圓A、圓B、圓C為三個半徑為8公分的等圓，已知三個圓兩兩外切，圓A與圓B外切於D點，圓B與圓C外切於E點，圓C與圓A外切於F點，求灰色部分的周長為何？

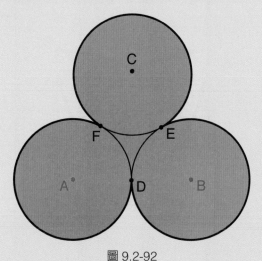

圖 9.2-92

習題9.2-18　圖9.2-93為在正方形ABCD中，分別以正方形四個邊為直徑畫半圓所形成的圖形，且四個半圓相交於O點，若正方形邊長為6公分，求灰色部分圖形的周長為何？

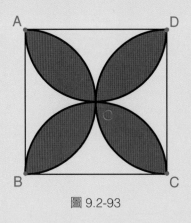

圖 9.2-93

習題9.2-19　圖9.2-94為在正方形ABCD中，分別以正方形四個頂點為圓心，正方形邊長為半徑畫弧所形成的圖形，且四個弧分別相交於E、F、G、H四點，若正方形邊長為10公分，求粗線部分圖形的周長為何？

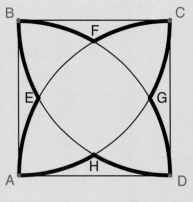

圖 9.2-94

習題9.2-20　圖9.2-95為兩個半圓與一個矩形所形成的圖形，其中兩個半圓分別以 $\overline{AB}$、$\overline{CD}$ 為直徑，矩形ABCD的長邊 $\overline{BC}$ ＝16公分、短邊 $\overline{AB}$ ＝8公分，求灰色部分的圖形周長為何？

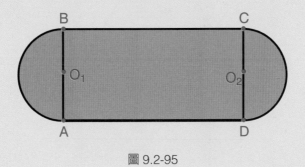

圖 9.2-95

習題9.2-21　圖9.2-96中，圓 O_1 與圓 O_2 外切，$\overline{AB}$ 與 $\overline{CD}$ 為兩圓的外公切線，已知兩圓半徑皆為5公分，若想用一線段圍繞兩圓，則此線段至少需多少公分？

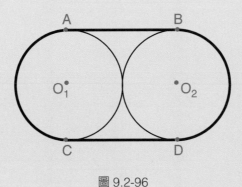

圖 9.2-96

習題9.2-22　圖9.2-97是用三個半徑皆為5 cm的圓兩兩外切所排列成的形體。若想用一條緞帶環繞此形體一周，則此緞帶至少需要_____cm。

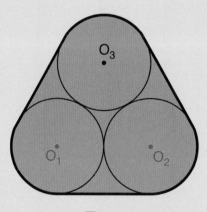

圖 9.2-97

習題9.2-23　圖9.2-98中，圓O為半徑6公分的圓，求圓O面積為何？

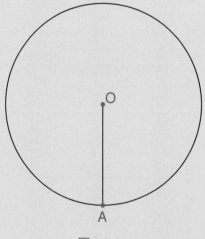

圖 9.2-98

習題9.2-24　圖9.2-99中，3個小圓O$_1$、圓O$_2$、圓O$_3$為等圓且O$_1$、O$_2$、O$_3$三點均在 $\overline{AD}$ 上，已知圓O$_1$、圓O$_2$外切於B點，圓O$_1$、圓O$_3$外切於C點，且圓O$_2$、圓O$_3$分別與大圓O$_1$內切於A、D兩點，若大圓O$_1$半徑 $\overline{O_1A}$ ＝15公分，求灰色部分圖形的面積為何？

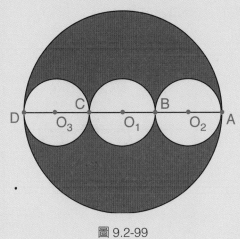

圖 9.2-99

習題9.2-25　如圖9.2-100，圓O為正方形ABCD的內切圓，E、F、G、H為四個切點，若正方形ABCD邊長為16公分，則灰色部分圖形面積為何？

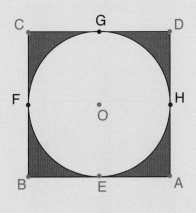

圖 9.2-100

習題9.2-26　如圖9.2-101，$\overline{OA}$、$\overline{OB}$為圓O的半徑，且$\overline{OA} = \overline{OB} = 6$公分。

若∠AOB＝144°，則：

(1) 灰色部分為何圖形？

(2) 灰色部分為圓O的幾倍？

(3) 灰色部分的面積為何？

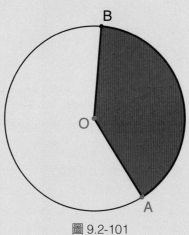

圖 9.2-101

習題9.2-27　圖9.2-102中，兩同心圓的半徑$\overline{OA} = 8$公分，$\overline{OC} = 5$公分，且∠AOB＝120°，則灰色部分面積為何？

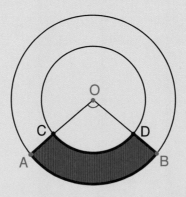

圖 9.2-102

習題9.2-28　圖9.2-103中，兩同心圓的半徑 $\overline{OA}$＝12公分，$\overline{OC}$＝5公分。

若 $\overarc{AB}$＝8π公分，則：

(1) $\overarc{CD}$＝？

(2) 灰色部分面積為何？

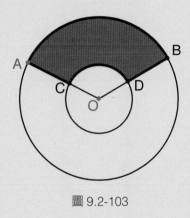

圖 9.2-103

習題9.2-29　圖9.2-104為兩個半徑同為8公分的半圓外切所形成的圖形，求此圖形的面積為何？

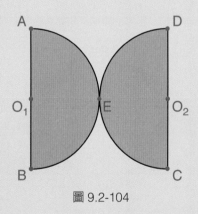

圖 9.2-104

習題9.2-30　圖9.2-105為三個半圓所圍成的圖形，其三個圓心O_1、O_2、O_3皆在 $\overline{AD}$上，已知小圓半徑$\overline{O_2A}=\overline{O_3C}=6$公分、大圓半徑$\overline{O_1B}=12$公 分，請問著色部分的圖形面積為何？

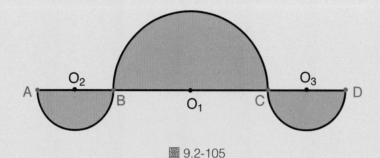

圖 9.2-105

習題9.2-31　圖9.2-106中，大的半圓的圓心為D點、直徑為$\overline{AB}$；小圓的圓心為C 點、直徑為$\overline{DE}$。且小圓與半圓相切於E點，若$\overline{AB}=16$公分，則灰 色部分圖形面積為何？

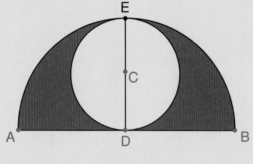

圖 9.2-106

習題9.2-32　圖9.2-107中，大的半圓的圓心為F點、直徑為$\overline{AD}$；三個小半圓的圓心分別為E點、F點及G點，直徑分別為$\overline{CD}$、$\overline{BC}$及$\overline{AB}$；已知$\overline{CD}=\overline{BC}=\overline{AB}$，且$\overline{AB}=30$公分，則灰色部分圖形面積為何？

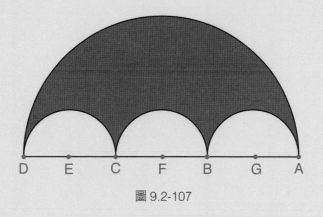

圖 9.2-107

習題9.2-33　圖9.2-108中，$\overline{BD}$為圓A的直徑，分別以圓O半徑$\overline{AB}$與$\overline{AD}$為直徑畫兩半圓，其圓心分別為C點與E點，已知$\overline{BD}=12$公分，則灰色部分圖形面積為何？

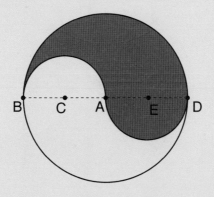

圖 9.2-108

習題9.2-32　平面上有A、C兩點,若分別以A、C為圓心,以$\overline{AC}$為半徑畫兩圓,且$\overleftrightarrow{AC}$分別交兩圓於B、D兩點,再分別以$\overline{AB}$、$\overline{CD}$為直徑畫兩半圓,如圖9.2-109所示,已知$\overline{AC}$=8公分,則灰色部分圖形面積為何?

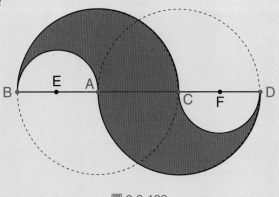

圖 9.2-109

習題9.2-35　如圖9.2-110,圓O中,∠AOB=45°、∠COD=60°、∠EOF=150°,若圓O半徑為8公分,則灰色部分圖形面積為何?

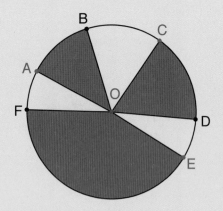

圖 9.2-110

習題9.2-36　圖9.2-111中，四邊形ABCD為邊長為8公分的正方形，分別以正方形A、B、C、D四個頂點為圓心，以正方形邊長的一半為半徑在正方形外部畫弧，分別交正方形四邊於E、F、G、H四點，則灰色部分圖形面積為何？

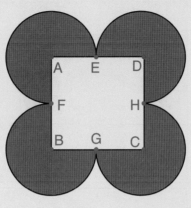

圖 9.2-111

習題9.2-37　圖9.2-112中，四邊形ABCD為邊長為8公分的正方形，分別以正方形A、B、C、D四個頂點為圓心，以正方形邊長的一半為半徑在正方形內部畫弧，分別交正方形四邊於E、F、G、H四點，則灰色部分圖形面積為何？

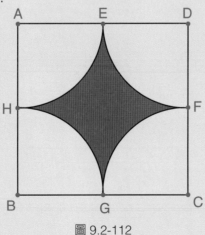

圖 9.2-112

習題9.2-38 圖9.2-113中，圓O為正方形ABCD的內切圓，E、F、G、H為切點，若正方形邊長為8公分，且∠POQ＝120°，則灰色部分圖形面積為何？

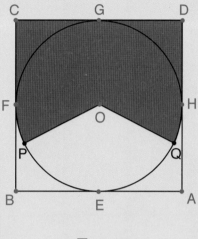

圖 9.2-113

習題9.2-39 圖9.2-114中，四邊形ABCD為一邊長為8公分的正方形，分別以A、C為圓心，以正方形邊長為半徑畫$\overarc{BED}$、$\overarc{BFD}$，則灰色部分圖形面積為何？

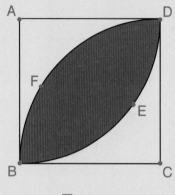

圖 9.2-114

習題9.2-40　圖9.2-115中，四邊形ABCD為一邊長為8公分的正方形，分別以$\overline{AB}$、$\overline{BC}$、$\overline{CD}$、$\overline{DA}$為直徑畫半圓，且此四個半圓弧相交於O點，則灰色部分圖形面積為何？

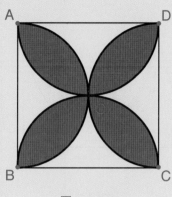

圖 9.2-115

習題9.2-41　圖9.2-116中，△ABC為邊長為8公分的正三角形，以A點為圓心，$\overline{AC}$為半徑作扇形ABC，以B點為圓心，$\overline{BC}$為半徑作扇形BAC，則圖中灰色部分面積為何？

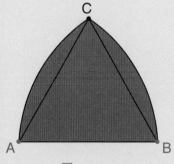

圖 9.2-116

習題9.2-42 圖9.2-117中，四邊形ABCD為邊長為8公分的正方形，以A點為圓心，$\overline{AD}$為半徑作$\overparen{BD}$；以D點為圓心，$\overline{DA}$為半徑作$\overparen{AC}$，且$\overparen{BD}$與$\overparen{AC}$相交於E點，則圖中灰色部分面積為何？

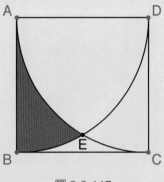

圖 9.2-117

習題9.2-43 圖9.2-118中，四邊形ABCD為邊長為8公分的正方形，以A點為圓心，$\overline{AD}$為半徑作$\overparen{BD}$；以D點為圓心，$\overline{DA}$為半徑作$\overparen{AC}$，且$\overparen{BD}$與$\overparen{AC}$相交於E點，則圖中灰色部分面積為何？

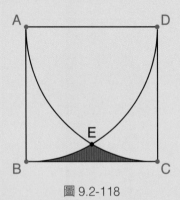

圖 9.2-118

習題9.2-44　圖9.2-119為兩個半圓與一個矩形所形成的圖形，其中兩個半圓分別以 $\overline{AB}$、$\overline{CD}$ 為直徑，矩形ABCD的長邊 $\overline{BC}=16$ 公分、短邊 $\overline{AB}=8$ 公分，求灰色部分的圖形面積為何？

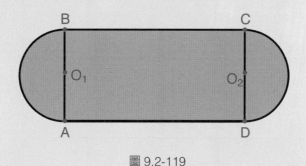

圖 9.2-119

習題9.2-45　圖9.2-120中，圓A、圓B、圓C為三個半徑為8公分的等圓，已知三個圓兩兩外切，圓A與圓B外切於D點，圓B與圓C外切於E點，圓C與圓A外切於F點，求灰色部分的面積為何？

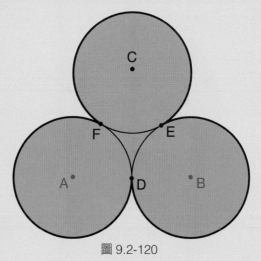

圖 9.2-120

習題9.2-46　圖9.2-121是用三個半徑皆為5cm的圓兩兩外切所排列成的形體,再用一條緞帶環繞此形體一周,則灰色部分面積為何?

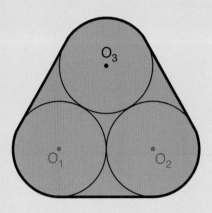

圖 9.2-121

習題9.2-47　圖9.2-122中,△ABC為直角三角形,∠ACB＝90°,分別以 $\overline{AC}$ 為直徑作半圓甲、以 $\overline{BC}$ 為直徑作半圓乙、以 $\overline{AB}$ 為直徑作半圓丙,若甲面積為4.5π平方公分,乙面積為8π平方公分,則丙面積為何?

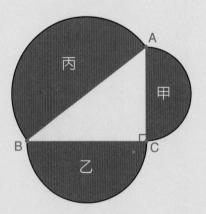

圖 9.2-122

習題9.2-48	如圖9.2-123，已知圓O的一弦$\overline{AB}=16$公分，弦心距$\overline{OC}=6$公分，則圓O面積為何？

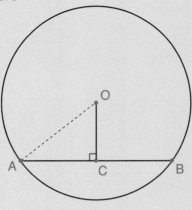

圖 9.2-123

習題9.2-49	如圖9.2-124，$\overline{AB}$為兩同心圓中大圓的弦，交小圓於C、D。若$\overline{AB}=40$公分，$\overline{CD}=28$公分，求兩圓所圍的灰色環狀區域面積。

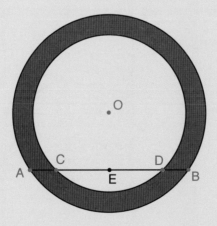

圖 9.2-124

習題9.2-50　如圖9.2-125，圓I為直角三角形ABC的內切圓，D、E、F為切點，$\overline{AB} \perp \overline{BC}$。若$\overline{AB}=4$公分，$\overline{BC}=3$公分，求圓I的面積。

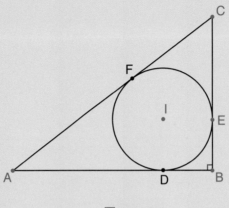

圖 9.2-125

習題9.2-51　如圖9.2-126，已知I為△ABC的內心，若∠BIC＝135°，且$\overline{AB}=10$公分，$\overline{AC}=24$公分，試求△ABC內切圓的面積。

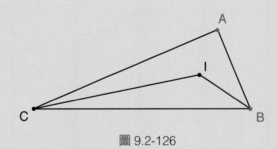

圖 9.2-126

習題9.2-52　已知有甲、乙兩個圓，甲圓半徑為4公分、乙圓半徑為6公分，則：

(1) 甲圓周長與乙圓周長之比為何？

(2) 甲圓面積與乙圓面積之比為何？

習題9.2-53　圖9.2-127中，$\overline{AB}$為圓O_1的直徑，$\overline{AO_1}$為圓O_2的直徑，已知$\overline{AB}=10$公分、$\overline{AO_1}=5$公分，則圓O_1面積是圓O_2的幾倍？

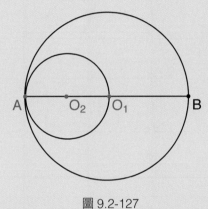

圖 9.2-127

習題9.2-54　已知圓O_1半徑：圓O_2半徑＝3：5，若圓O_1面積為18π平方公分，則圓O_2面積為何？

9.3 節 立體的表面積與體積

定義 9.3-1

多面體

若干個多邊形圍成的封閉立體圖形，叫做多面體。

面與面的交線，叫做稜線，稜線與稜線的交點，叫做頂點。

四面體就是有四個面的立體圖形。五面體有五個面，六面體有六個面，其餘類推。圖9.3-1為四面體、五面體及六面體的透視圖。

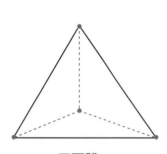 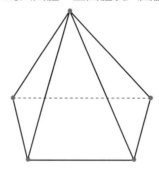 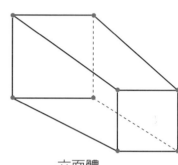

四面體　　　　　　　五面體　　　　　　　六面體

圖 9.3-1 多面體透視圖

例題 9.3-1

完成以下表格：

	四面體	五面體	六面體
面數			
頂點數			
稜線數			

 想法 利用多面體的定義

 解

敘述	理由
(1) 四面體有4個面、4個頂點、6條稜線	多面體定義 & 面與面的交線，叫做稜線，稜線與稜線的交點，叫做頂點
(2) 五面體有5個面、5個頂點、8條稜線	多面體定義 & 面與面的交線，叫做稜線，稜線與稜線的交點，叫做頂點
(3) 六面體有6個面、8個頂點、12條稜線	多面體定義 & 面與面的交線，叫做稜線，稜線與稜線的交點，叫做頂點

定義 9.3-2

立方體

各面都是正方形的多面體，叫做立方體。

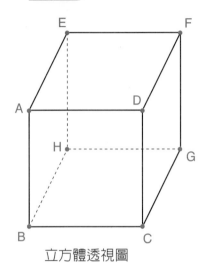

立方體透視圖

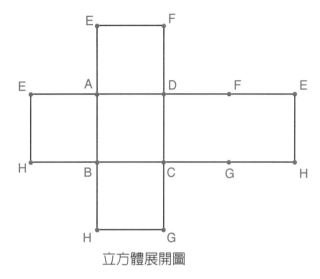

立方體展開圖

圖 9.3-2 立方體透視圖與展開圖

在圖9.3-2中，$\overline{AB} = \overline{BC} = \overline{CD} = \overline{DA} = \overline{AE} = \overline{EF} = \overline{FD} = \overline{BH} = \overline{HG} = \overline{GC} = \overline{EH} = \overline{FG}$ 皆為此立方體之邊長；且四邊形EHBA、ABCD、DCGF、FGHE、EADF、BHGC為六個全等之正方形。

定義 9.3-3

單位體積

長、寬、高都是單位長的立方體，叫做單位體積。

（若長、寬、高都是1單位的立方體，它的體積為1立方單位。）

定義 9.3-4

多面體的體積

用單位體積去量立體圖形的體積大小，所得單位體積的倍數，叫做此立體圖形的體積。

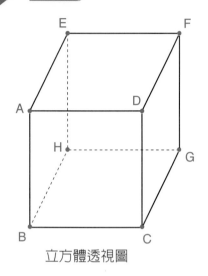

定理 9.3-1　立方體表面積定理

立方體表面積等於邊長平方的6倍。

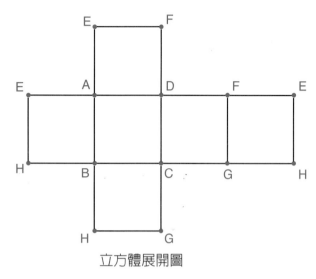

立方體透視圖　　　　　　　　　　立方體展開圖

圖 9.3-3 立方體透視圖與展開圖

 立方體之邊長為a

 立方體之表面積＝$6a^2$

 利用立方體之表面積定義及面積之計算。

敘述	理由
(1) 立方體之每一個面皆為正方形， 　　其面積＝a^2	立方體之定義 & 正方形面積定理
(2) 立方體共有六個面（圖9.3-3為立方體展 　　開），其表面積為此六個面之和 　　∴ 立方體表面積＝$6a^2$	立方體之定義

Q. E. D.

例題 9.3-2

已知圖9.3-4中立方體的邊長為4公分，則此立方體的表面積為何？

想法　立方體表面積等於邊長平方的6倍

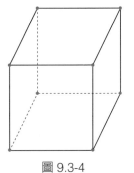

圖 9.3-4

解

敘述	理由
(1) 立方體表面積＝$6 \times (4公分)^2$　　　　　　　＝96 平方公分	立方體表面積等於邊長平方的6倍 &已知立方體的邊長為4公分

例題 9.3-3

已知圖9.3-5中立方體的表面積為150平方公分，則此立方體的邊長為何？

想法　立方體表面積等於邊長平方的6倍

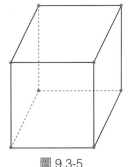

圖 9.3-5

解

敘述	理由
(1) $6 \times (立方體邊長)^2$＝150 平方公分	立方體表面積等於邊長平方的6倍 &已知一立方體的表面積為150平方公分
(2) $(立方體邊長)^2$＝(150 平方公分)÷6　　　　　　＝25平方公分	由(1) 等量除法公理
(3)　　　立方體邊長＝5公分　　或 立方體邊長＝－5公分	由(2) 求平方根
(4) 所以立方體邊長＝5公分	由(3) & 立方體邊長必大於0

例題 9.3-4

已知一立方體的邊長變為原來的3倍，則此立方體的表面積變為原來的幾倍？

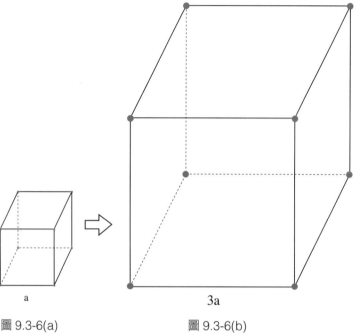

圖 9.3-6(a)   圖 9.3-6(b)

想法 立方體表面積等於邊長平方的6倍

解

敘述	理由
(1) 假設原立方體的邊長為a， 　　如圖9.3-6(a)所示， 　　則此立方體表面積$=6a^2$	假設 & 立方體表面積等於邊長平方的6倍
(2) 立方體邊長變為3a， 　　如圖9.3-6(b)所示， 　　則此立方體表面積$=6\times(3a)^2$ 　　　　　　　　　　　$=54a^2$	由(1) 假設 & 已知一立方體的邊長變為原來的3倍 & 立方體表面積等於邊長平方的6倍
(3)　圖9.3-6(b)立方體表面積 　$=54a^2$ 　$=9\times(6a^2)$ 　$=9\times$圖9.3-6(a)立方體表面積	由(1) 圖9.3-6(a)立方體表面積$=6a^2$ & (2) 圖9.3-6(b)立方體表面積$=54a^2$
(4) 所以表面積變為原來的9倍	由(3) 已證

定理 9.3-2

立方體體積定理
立方體體積等於邊長的立方。

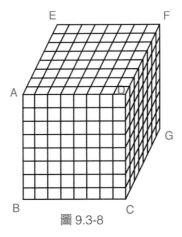

圖 9.3-7 立方體透視圖

已知 如圖9.3-7，立方體之邊長為a。

求證 立方體之體積＝a^3

圖 9.3-8

想法 將邊長為a之立方體切割成邊長為單位長的立方體

敘述	理由
(1) 將立方體的的每邊都切割成a等份，則每一等份皆為單位長，如圖9.3-8；因此共可切割成a^3個單位體積	已知立方體之邊長為a
(2) 立方體之體積為此a^3個單位體積之和 ∴ 立方體之體積＝a^3	由(1) & 邊長為單位長的立方體體積為單位體積

Q. E. D.

例題 9.3-5

已知圖9.3-9中立方體的邊長為4公分，則此立方體的體積為何？

想法　立方體體積等於邊長的立方

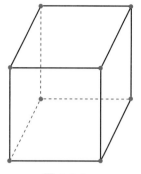

圖 9.3-9

解

敘述	理由
(1) 立方體體積＝$(4公分)^3$ ＝64立方公分	立方體體積等於邊長的立方 & 已知立方體的邊長為4公分

例題 9.3-6

已知圖9.3-10中立方體的體積為8立方公分，則此立方體的邊長為何？

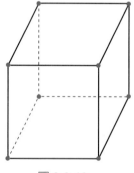

圖 9.3-10

想法　立方體體積等於邊長的立方

解

敘述	理由
(1) $(立方體邊長)^3＝8$ 立方公分	立方體體積等於邊長的立方 & 已知立方體的體積為8立方公分
(2) 立方體邊長＝2公分	由(1) 求立方根

例題 **9.3-7**

若一立方體的邊長變為原來的2倍，則此立方體的體積變為原來的幾倍？

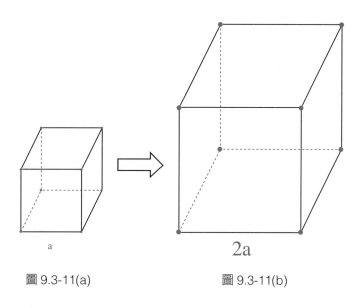

圖 9.3-11(a)　　　　　　　　圖 9.3-11(b)

立方體體積等於邊長的立方

敘述	理由
(1) 假設原立方體的邊長為a， 　　如圖9.3-11(a)所示， 　　則此立方體的體積＝a^3	假設 & 立方體體積等於邊長的立方
(2) 立方體邊長變為2a， 　　如圖9.3-11(b)所示， 　　則此立方體的體積＝$(2a)^3 = 8a^3$	由(1) 假設 & 已知一立方體的邊長變為原來的2倍 & 立方體體積等於邊長的立方
(3) 　圖9.3-11(b)立方體的體積 　　＝$8a^3$ 　　＝$8 \times (a^3)$ 　　＝$8 \times$圖9.3-11(a)立方體的體積	由(1) 圖9.3-11(a) 立方體的體積＝a^3 & (2) 圖9.3-11(b) 立方體的體積＝$8a^3$
(4) 所以體積變為原來的8倍	由(3) 已證

例題 **9.3-8**

已知圖9.3-12中立方體的表面積為384平方公分，則此立方體的體積為何？

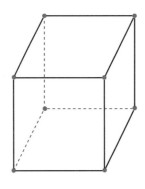

圖 9.3-12

 想法 (1) 由立方體表面積等於邊長平方的6倍，求出此立方體的邊長

(2) 立方體體積等於邊長的立方

 解

敘述	理由
(1) $6 \times ($立方體邊長$)^2 = 384$平方公分	立方體表面積等於邊長平方的6倍 & 已知立方體的表面積為384平方公分
(2) $($立方體邊長$)^2 = (384$平方公分$) \div 6$ $\qquad = 64$平方公分	由(1) 等量除法公理
(3) $\quad$ 立方體邊長$=8$公分 $\quad$ 或立方體邊長$=-8$公分	由(2) 求平方根
(4) 所以立方體邊長$=8$公分	由(3) & 立方體邊長必大於0
(5) 立方體體積$=(8$公分$)^3$ $\qquad\qquad = 512$ 立方公分	立方體體積等於邊長的立方 & 由(4) 立方體邊長$=8$公分 已證

例題 **9.3-9**

已知圖9.3-13中立方體的體積為125立方公分，則此立方體的表面積為何？

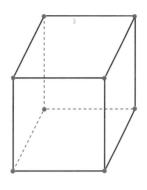

圖 9.3-13

(1) 由立方體體積等於邊長的立方，求出此立方體的邊長

(2) 立方體表面積等於邊長平方的6倍

敘述	理由
(1) (立方體邊長)^3＝125 立方公分	立方體體積等於邊長的立方 & 已知立方體的體積為125立方公分
(2) 立方體邊長＝5公分	由(1) 求立方根
(3) 立方體表面積＝6×(5公分)^2 　　　　　　　　＝150 平方公分	立方體表面積等於邊長平方的6倍 & 由(2) 立方體邊長＝5公分

例題 **9.3-10**

若甲立方體的體積是乙立方體體積的27倍，則甲立方體的表面積是乙立方體表面積的幾倍？

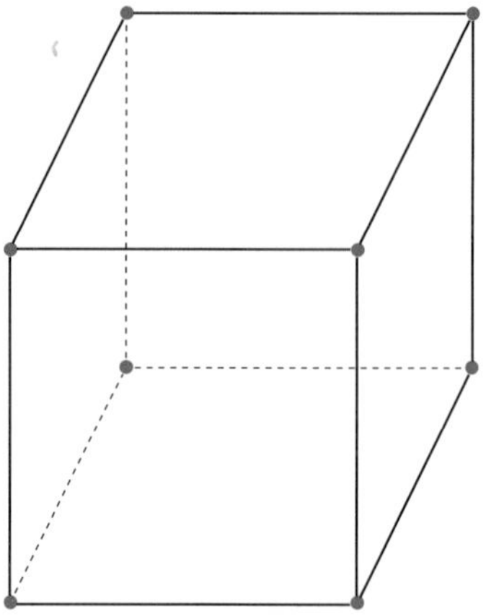

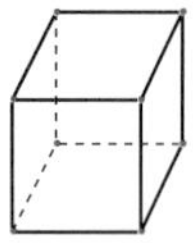

圖 9.3-14(a) 乙立方體　　圖 9.3-14(b) 甲立方體

(1) 由立方體體積等於邊長的立方，找出甲、乙兩立方體邊長的關係
(2) 立方體表面積等於邊長平方的6倍

敘述	理由
(1) 假設乙立方體的邊長為a， 如圖9.3-14(a) 所示，則： 乙立方體的體積＝a^3， 乙立方體表面積＝$6a^2$	假設 & 立方體體積等於邊長的立方 & 立方體表面積等於邊長平方的6倍
(2) 甲立方體的體積＝$27a^3$ 如圖9.3-14(b) 所示	已知甲立方體的體積是乙立方體體積的27倍 & (1) 乙立方體的體積＝a^3
(3) (甲立方體邊長)^3＝$27a^3$	由(2) & 立方體體積等於邊長的立方
(4) 甲立方體邊長＝3a	由(3) 求立方根
(5) 　甲立方體表面積 ＝$6 \times (3a)^2$ ＝$54a^2$ ＝$9 \times (6a^2)$ ＝9×(乙立方體表面積)	由(3) 甲立方體邊長＝3a & 立方體表面積等於邊長平方的6倍 由(1) 乙立方體表面積＝$6a^2$
(6) 所以甲立方體表面積是乙立方體表面積的9倍	由(5) 已證

定義 9.3-5

長立方體（長方體）

多面體的各面都是長方形，叫做長立方體或叫做長方體。

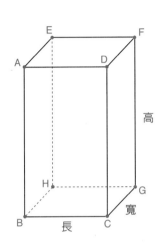

長方體透視圖

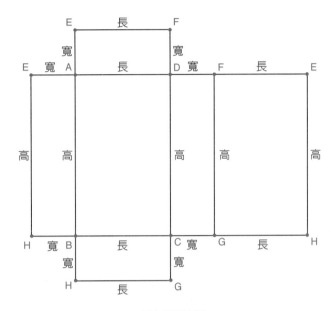

長方體展開圖

圖 9.3-15 長方體透視圖與長方體展開圖

在圖9.3-15中，$\overline{BC} = \overline{DA} = \overline{EF} = \overline{HG}$ 皆為此長方體之長、$\overline{AE} = \overline{FD} = \overline{BH} = \overline{GC}$ 皆為此長方體之寬、$\overline{AB} = \overline{CD} = \overline{EH} = \overline{FG}$ 皆為此長方體之高；

且長方形ABCD面積＝長方形FGHE面積、長方形EHBA面積＝長方形DCGF面積、長方形EADF面積＝長方形BHGC面積。

例題 **9.3-11**

完成以下表格：

	立方體	長方體
面數		
面的形狀		
頂點數		
稜線數		

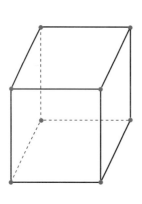

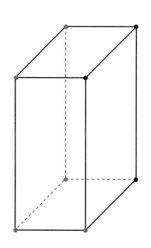

圖 9.3-16(a) 立方體　　　　圖 9.3-16(b) 長方體

 想法　利用立方體及長方體的定義

 解

敘述	理由
(1) 如圖9.3-16(a)所示， 立方體有6個面、8個頂點、 12條稜線，且6個面皆為正方形	立方體定義 & 面與面的交線，叫做稜線，稜線與稜線的交點，叫做頂點
(2) 如圖9.3-16(b)所示， 長方體有6個面、8個頂點、 12條稜線，且6個面皆為長方形	長方體定義 & 面與面的交線，叫做稜線，稜線與稜線的交點，叫做頂點

定理 9.3-3

長立方體的表面積定理
長立方體的表面積，等於不相等三邊每兩邊相乘和的兩倍。

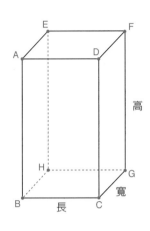

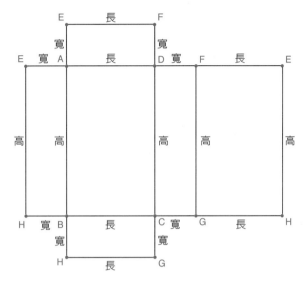

長方體透視圖　　　　　　　　　　　　長方體展開圖

圖 9.3-17 長方體透視圖與長方體展開圖

 如圖9.3-17所示，已知長方體的長為a、寬為b、高為c

 長方體之表面積＝2(a×b＋b×c＋c×a)

 長方體六個面皆為長方形，且長方形面積為長與寬之乘積

敘述	理由
(1)　長方形ABCD面積 　　＝長方形FGHE面積＝a×c 　　長方形EHBA面積 　　＝長方形DCGF面積＝b×c 　　長方形EADF面積 　　＝長方形BHGC面積＝a×b	長方體定義 & 長方形面積為長與寬之乘積 & 已知長方體的長為a、寬為b、 高為c
(2) 長方體之表面積為六個面面積之和 　　∴長方體之表面積＝2(a×b＋b×c＋c×a)	由(1) & 加法

Q. E. D.

例題 **9.3-12**

如圖9.3-18，已知一長方體的長為8公分、寬為6公分、高為4公分，則此長方體的表面積為何？

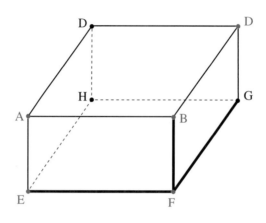

圖 9.3-18

想法　長立方體的表面積，等於不相等三邊每兩邊相乘和的兩倍

解

敘述	理由
(1)　長方體表面積 　　＝2×[(8公分)×(6公分) 　　　＋(6公分)×(4公分) 　　　＋(4公分)×(8公分)] 　　＝2×[48＋24＋32] 平方公分 　　＝208 平方公分	長立方體的表面積，等於不相等三邊每兩邊相乘和的兩倍 & 已知一長方體的長為8公分、寬為6公分、高為4公分

例題 9.3-13

已知一長方體的長為3公分、寬為4公分，且其表面積為94平方公分，則此長方體的高為何？

長立方體的表面積，等於不相等三邊每兩邊相乘和的兩倍

敘述	理由
(1) 假設此長方體的高為h公分	假設
(2) $94=2\times(3\times4+4\times h+h\times3)$	長立方體的表面積，等於不相等三邊每兩邊相乘和的兩倍 & 已知一長方體的長為3公分、寬為4公分，且其表面積為94平方公分 & 由(1) 假設此長方體的高為h公分
(3) h=5	由(2) 解一元一次方程式
(4) 所以此長方體的高為5公分	由(1) & (3) 已證

<table>
<tr><td>定理
9.3-4</td></tr>
</table>

長立方體的體積定理
長方體的體積，等於長寬高三邊的乘積。

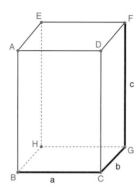

圖 9.3-19 長方體透視圖

已知 如圖9.3-19所示，已知長方體的長為a、寬為b、高為c

求證 長方體之體積＝a×b×c

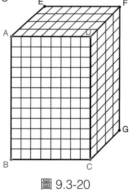

圖 9.3-20

想法 將長方體切割成邊長為單位長的立方體

證明

敘述	理由
(1) 將長方體的長分為a等份、將寬分為b等份、將高分為c等份，則每一等份皆為單位長，如圖9.3-20所示；因此可將此長方體切割成a×b×c個單位體積	已知長方體的長為a、寬為b、高為c
(2) 長方體的體積為此a×b×c個單位體積之和 ∴長方體之體積＝a×b×c	由(1) & 邊長為單位長的立方體體積為單位體積

Q. E. D.

例題 **9.3-14**

如圖9.3-21，已知一長方體的長為4公分、寬為3公分、高為2公分，則此長方體的體積為何？

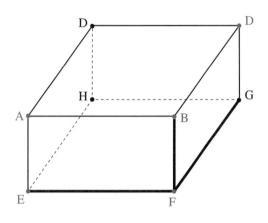

圖 9.3-21

長方體的體積，等於長寬高三邊的乘積

敘述	理由
(1)　長方體體積 　　＝(4公分)×(3公分)×(2公分) 　　＝24 立方公分	長方體的體積，等於長寬高三邊的乘積 &已知一長方體的長為4公分、寬為3公分、高為2公分

例題 9.3-15

有一長方體，其底面為邊長4公分的正方形，高為12公分，若將底面正方形邊長增加4公分，則高要變為幾公分，體積才不會改變？

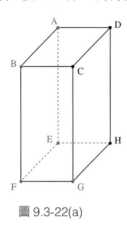

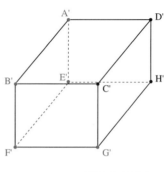

圖 9.3-22(a)   圖 9.3-22(b)

想法 長方體的體積，等於長寬高三邊的乘積

解

敘述	理由
(1) 依題意畫圖，如圖9.3-22(a)，其中 長方體的長$\overline{FG}$＝4公分， 長方體的寬$\overline{GH}$＝4公分， 長方體的高$\overline{GC}$＝12公分 　　則長方體體積 ＝(4公分)×(4公分)×(12公分) ＝192 立方公分	長方體的體積，等於長寬高三邊的乘積 & 已知有一長方體，其底面為邊長4公分的正方形，高為12公分
(2) 依題意假設，如圖9.3-22(b)，其中 長方體的長$\overline{F'G'}$＝8公分， 長方體的寬$\overline{G'H'}$＝8公分， 假設長方體的高$\overline{G'C'}$＝h公分 　　則長方體體積 ＝(8公分)×(8公分)×(h公分) ＝(64×h) 立方公分	長方體的體積，等於長寬高三邊的乘積 & 已知將底面正方形邊長增加4公分 & 假設
(3) 192立方公分＝(64×h) 立方公分	題意說明體積不變 & 由(1)、(2)已證
(4) h＝192÷64＝3	由(3) 等量除法公理
(5) 所以長方體的高變為3公分	由(2)假設長方體的高$\overline{G'C'}$＝h公分 & (4) h＝3 已證

例題 **9.3-16**

已知一長方體和一立方體的體積相同，若此長方體的長為16公分、寬為8公分、高為4公分，求立方體的表面積。

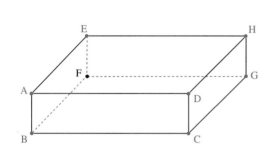

圖 9.3-23(a)

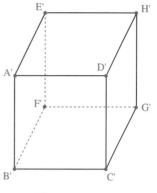

圖 9.3-23(b)

想法

(1) 由長寬高三邊的乘積求出長方體的體積

(2) 由立方體體積等於邊長的立方，求出立方體的邊長

(3) 立方體表面積等於邊長平方的6倍

解

敘述	理由
(1) 依題意畫圖，如圖9.3-23(a)，其中 　　長方體的長$\overline{BC}$＝16公分， 　　長方體的寬$\overline{CG}$＝8公分， 　　長方體的高$\overline{CD}$＝4公分 　　　則長方體體積 　　＝(16公分)×(8公分)×(4公分) 　　＝512 立方公分	長方體的體積，等於長寬高三邊的乘積 & 已知此長方體的長為16公分、寬為8公分、高為4公分
(2) 假設此立方體的邊長為a公分， 　　如圖9.3-23(b)所示， 　　則立方體體積＝a^3立方公分	立方體體積等於邊長的立方 & 假設
(3) 512 立方公分＝a^3立方公分	已知長方體和立方體的體積相同 & 由(1)、(2) 已證
(4) a＝8（即立方體邊長為8公分）	由(3) 求立方根 & (2) 假設
(5)　　立方體的表面積 　　＝6×(8公分)^2＝384平方公分	立方體表面積等於邊長平方的6倍 & 由(4) 立方體邊長為8公分 已證

定義 9.3-6	**多角柱體** **有兩面平行且全等,而其他各面都是四邊形(長方形或平行四邊形)的多面體,叫做多角柱體。**

平行的兩面為底面,一為上底面,另一為下底面,其他面為側面。

若每一個側面與底面皆成直角,叫直角柱(直角柱的側面皆為長方形),否則叫做斜角柱(斜角柱的側面為長方形或平行四邊形);本書僅作直角柱之探討,直角柱之側面皆為矩形。

若上下底面為三角形為三角柱體,上下底面為四邊形為四角柱體,上下底面為五邊形為五角柱體,餘此類推,上下底面為n多邊形就叫做n角柱。

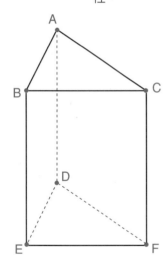

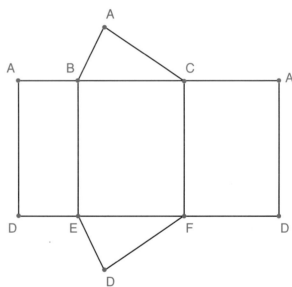

三角柱透視圖　　　　　　　　　　三角柱展開圖三角柱展開圖

圖 9.3-24 三角柱體的透視圖與展開圖

上圖9.3-24中,△ABC為上底面、△DEF為下底面,且上底面△ABC與下底面△DEF互相平行、△ABC ≅ △DEF;矩形ADEB、矩形BEFC與矩形CFDA皆為此三角柱的側面,且均同時與△ABC、△DEF垂直。

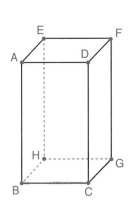
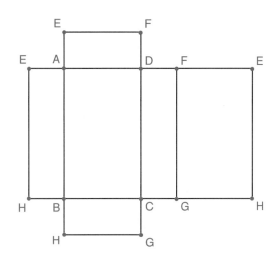

四角柱透視圖　　　　　　　　　　四角柱展開圖

圖 9.3-25 四角柱體的透視圖與展開圖

上圖9.3-25中，四邊形ADFE為上底面、四邊形BCGH為下底面，且上底面四邊形ADFE與下底面四邊形BCGH互相平行、四邊形ADFE ≅ 四邊形BCGH；矩形EHBA、矩形ABCD、矩形DCGF與矩形FGHE皆為此四角柱的側面，且均同時與四邊形ADFE、四邊形BCGH垂直。

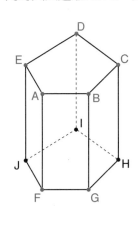
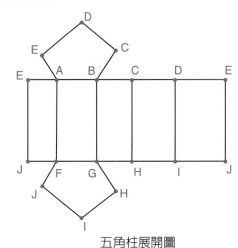

五角柱透視圖　　　　　　　　　　五角柱展開圖

圖 9.3-26 五角柱體的透視圖與展開圖

上圖9.3-26中，五邊形ABCDE為上底面、五邊形FGHIJ為下底面，且上底面五邊形ABCDE與下底面五邊形FGHIJ互相平行、五邊形ABCDE ≅ 五邊形FGHIJ；矩形EJFA、矩形AFGB、矩形BGHC、矩形CHID與矩形DIJE皆為此五角柱的側面，且均同時與五邊形ABCDE、五邊形FGHIJ垂直。

例題 9.3-17

完成以下表格：（以下柱體皆為直角柱）

	面數	頂點數	稜線數	底面形狀	側面形狀
三角柱					
四角柱					
五角柱					
n角柱					

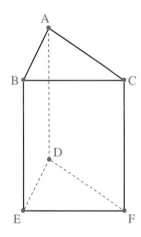

圖 9.3-27(a)

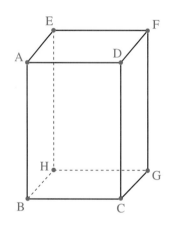

圖 9.3-27(b)

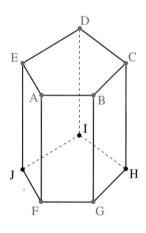

圖 9.3-27(c)

 想法　利用直角柱體的定義

敘述	理由
(1) 如圖9.3-27(a)所示，三角柱有5個面、6個頂點、9條稜線，且2個底面皆為三角形、3個側面皆為矩形	三角柱定義 & 面與面的交線，叫做稜線，稜線與稜線的交點，叫做頂點
(2) 如圖9.3-27(b)所示，四角柱有6個面、8個頂點、12條稜線，且2個底面與4個側面皆為矩形	四角柱定義 & 面與面的交線，叫做稜線，稜線與稜線的交點，叫做頂點
(3) 如圖9.3-27(c)所示，五角柱有7個面、10個頂點、15條稜線，且2個底面皆為五邊形、5個側面皆為矩形	五角柱定義 & 面與面的交線，叫做稜線，稜線與稜線的交點，叫做頂點
(4) n角柱有(n＋2)個面、(2n)個頂點、(3n)條稜線，且2個底面皆為n邊形、n個側面皆為矩形	n角柱定義 & 面與面的交線，叫做稜線，稜線與稜線的交點，叫做頂點 & 由(1)～(3) 歸納得知

由例題9.3-17，我們得到一個結論：n角柱有(n＋2)個面、(2n)個頂點、(3n)條稜線，且2個底面皆為n邊形、n個側面皆為矩形。接下來，我們就利用此結論，來作以下的例題9.3-15。

例題 9.3-18

若某個直角柱有18條稜邊、a個頂點與b個面,求$a \times b$之值為何?

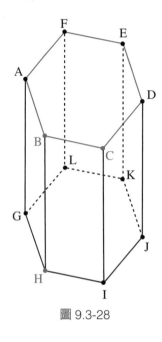

圖 9.3-28

想法 n角柱有(n+2)個面、(2n)個頂點、(3n)條稜線

解

敘述	理由
(1) 假設此直角柱為n直角柱,則此n直角柱有(3n)條稜線	假設 & n角柱有(3n)條稜線
(2) 3n=18	由(1) & 已知某個直角柱有18條稜邊
(3) n=18÷3=6	由(2) 求n之值
(4) 所以此直角柱為六角柱,六角柱有2×6=12個頂點、有6+2=8個面	由(1) 假設 & (3) n=6 已證 & n角柱(2n)個頂點、有(n+2)個面
(5) a=12 且 b=8	由(4) & 已知某個直角柱有a個頂點與b個面
(6) $a \times b$=12×8=96	由(5)

定理
9.3-5

多角柱體的表面積定理
角柱的表面積等於上下底面積和再加上所有側面積的和。

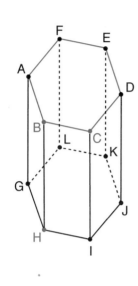

角柱的透視圖

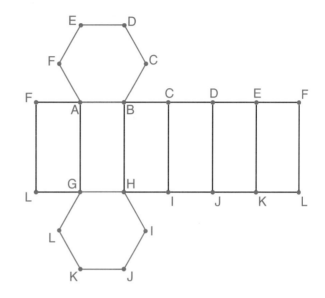

角柱的展開圖

圖 9.3-29 角柱的透視圖與展開圖

 如圖9.3-29所示，若角柱的底面積為A、底面周長為S、柱高為h

 角柱的表面積＝2A＋S×h

 將角柱展開，所有面的面積和即為角柱的表面積

敘　述	理　由
(1)　上底面ABCDEF面積 　　＝下底面GHIJKL面積＝A	已知角柱的底面積為A
(2) $\overline{FL}=\overline{AG}=\overline{BH}=\overline{CI}=\overline{DJ}=\overline{EK}$=h	已知柱高為h
(3) FLGA面積＝$\overline{FA}\times\overline{FL}=\overline{FA}\times$h	矩形面積為長與寬之乘積 & (2) $\overline{FA}$=h
(4) AGHB面積＝$\overline{AB}\times\overline{AG}=\overline{AB}\times$h	矩形面積為長與寬之乘積 & (2) $\overline{AG}$=h
(5) BHIC面積＝$\overline{BC}\times\overline{BH}=\overline{BC}\times$h	矩形面積為長與寬之乘積 & (2) $\overline{BH}$=h
(6) CIJD面積＝$\overline{CD}\times\overline{CI}=\overline{CD}\times$h	矩形面積為長與寬之乘積 & (2) $\overline{CI}$=h
(7) DJKE面積＝$\overline{DE}\times\overline{DJ}=\overline{DE}\times$h	矩形面積為長與寬之乘積 & (2) $\overline{DJ}$=h
(8) EKLF面積＝$\overline{EF}\times\overline{EK}=\overline{EF}\times$h	矩形面積為長與寬之乘積 & (2) $\overline{EK}$=h
(9)　柱體側面積的和 　　＝FLGA面積＋AGHB面積＋ 　　　BHIC面積＋CIJD面積＋ 　　　DJKE面積＋EKLF面積 　　＝$\overline{FA}\times$h＋$\overline{AB}\times$h＋$\overline{BC}\times$h＋$\overline{CD}\times$h＋ 　　　$\overline{DE}\times$h＋$\overline{EF}\times$h 　　＝$(\overline{FA}+\overline{AB}+\overline{BC}+\overline{CD}+\overline{DE}+\overline{EF})\times$h 　　＝S×h	由(3)式＋(4)式＋(5)式＋(6)式＋(7)式＋(8)式得 提出公因數h
(10)　角柱的表面積 　　＝上下底面積和＋所有側面積的和 　　＝2A＋S×h	表面積定義 & 將(1) & (9) 代入

Q. E. D.

例題 **9.3-19**

圖9.3-30為一六角柱體，已知其底面面積為24√3平方公分，底面周長為24公分，若柱體的高為2公分，則此六角柱體的表面積為何？

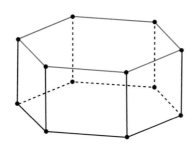

圖 9.3-30

 角柱的底面積為A、底面周長為S、柱高為h，則角柱表面積＝2A＋S×h

敘述	理由
(1)　此六角柱表面積 　　＝2×(24√3平方公分) 　　　＋(24公分)×(2公分) 　　＝(48＋48√3)平方公分	角柱的底面積為A、底面周長為S、柱高為h，則角柱表面積＝2A＋S×h & 已知六角柱的底面面積為24√3平方公分，底面周長為24公分，柱體的高為2公分

例題 **9.3-20**

圖9.3-31是底面為梯形的四角柱，已知梯形的上底$\overline{AB}$＝6公分、梯形的下底$\overline{DC}$＝9公分、梯形的高$\overline{BC}$＝4公分且梯形另一邊$\overline{AD}$＝5公分，若四角柱的高$\overline{FB}$＝10公分，則此四角柱的表面積為何？

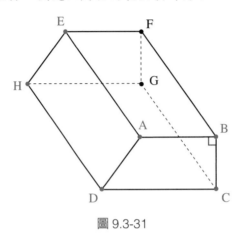

圖 9.3-31

角柱的底面積為A、底面周長為S、柱高為h，則：
角柱的表面積＝2A＋S×h

敘述	理由
(1)　上底面梯形ABCD面積 　　$=\dfrac{(\overline{AB}+\overline{CD})\times\overline{BC}}{2}$ 　　$=\dfrac{(6公分＋9公分)\times(4公分)}{2}$ 　　＝30平方公分	梯形面積等於兩底和與高之乘積的一半 & 已知梯形的上底$\overline{AB}$＝6公分、梯形的下底$\overline{DC}$＝9公分、梯形的高$\overline{BC}$＝4公分
(2)　上底面梯形ABCD周長 　　$=\overline{AB}+\overline{BC}+\overline{DC}+\overline{AD}$ 　　＝(6＋4＋9＋5) 公分 　　＝24公分	周長定義 & 已知梯形的上底$\overline{AB}$＝6公分、梯形的下底$\overline{DC}$＝9公分、梯形的高$\overline{BC}$＝4公分且梯形另一邊$\overline{AD}$＝5公分
(3)　此四角柱的表面積 　　＝2×(30 平方公分)＋ 　　　(24公分)×(10公分) 　　＝300平方公分	角柱的底面積為A、底面周長為S、柱高為h，則角柱的表面積＝2A＋S×h & (1) 底面梯形ABCD面積＝30平方公分、 (2) 底面梯形ABCD周長＝24公分 & 已知四角柱的高$\overline{FB}$＝10公分

例題 9.3-21

有一三角柱體，其底面為直角三角形，兩股長分別為6公分及8公分，若三角柱體的高為7公分，則此三角柱體的表面積為何？

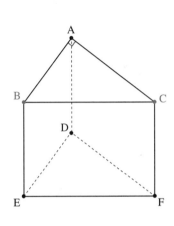

圖 9.3-32(a)

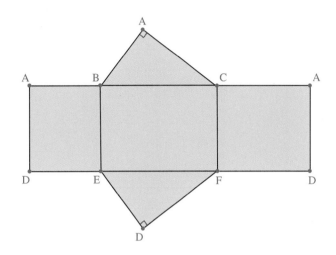

圖 9.3-32(b)

(1) 利用畢氏定理求出直角三角形斜邊，並求出底面周長

(2) 若角柱的底面積為A、底面周長為S、柱高為h，則：

角柱的表面積＝2A＋S×h

解

敘述	理由
(1) 依題意繪圖， 　　如圖9.3-32(a) 三角柱透視圖、 　　圖9.3-32(b) 三角柱展開圖	作圖
(2) 上底面△ABC為直角三角形， 　　其中∠A＝90°、$\overline{AB}$＝6公分、 　　$\overline{AC}$＝8公分	如圖9.3-32(b)所示 已知有一三角柱體，其底面為直角 三角形，兩股長分別為6公分及8公分
(3) △ABC中，$\overline{BC}^2＝\overline{AB}^2＋\overline{AC}^2$	畢氏定理
(4) $\overline{BC}^2$＝(6公分)^2＋(8公分)^2 　　　＝100 平方公分	將(2) $\overline{AB}$＝6公分、$\overline{AC}$＝8公分 代入(3) 式得
(5) $\overline{BC}$＝10公分 或$\overline{BC}$＝－10公分	由(4) 求平方根
(6) 所以$\overline{BC}$＝10公分	由(5) & 為$\overline{BC}$線段長度必大於0
(7) 　△ABC周長 　　＝$\overline{AB}$＋$\overline{AC}$＋$\overline{BC}$ 　　＝6公分＋8公分＋10公分 　　＝24公分	周長定義 & (2)$\overline{AB}$＝6公分、$\overline{AC}$＝8公分 & (6) $\overline{BC}$＝10公分
(8) 　△ABC面積 　　＝($\overline{AB}$×$\overline{AC}$)÷2 　　＝(6公分)×(8公分)÷2 　　＝24 平方公分	三角形面積為底與高乘積的一半 & (2)$\overline{AB}$＝6公分、$\overline{AC}$＝8公分
(9) 　三角柱表面積 　　＝2×(△ABC面積)＋ 　　　(△ABC周長)×(三角柱體的高) 　　＝2×(24 平方公分)＋ 　　　(24公分)×(7公分) 　　＝216 平方公分	若角柱的底面積為A、底面周長為 S、柱高為h， 則角柱的表面積＝2A＋S×h & (8) △ABC面積＝24 平方公分、 (7) △ABC周長＝24公分 & 已知三角柱體的高為7公分

定理 9.3-6

多角柱體的體積定理

角柱的體積等於底面積乘以角柱的高。

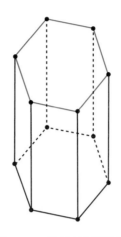

圖 9.3-33 角柱的透視圖

已知 如圖9.3-33所示，若角柱的底面積為A、柱高為h

求證 角柱體積＝A×h

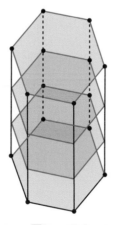

圖 9.3-34

想法 將角柱切成平面，則所有平面面積之和即為角柱體積

證明

敘述	理由
(1) 將角柱切成平面，如圖9.3-34所示，則每個平面面積皆與底面積相等，且所有平面堆疊起來的高度為柱體的高	全量等於分量之和（註：此部份需用到微積分觀念，超出本書討論範圍）
(2) 所有平面面積之和即為角柱體積 ∴角柱體積＝A×h	由(1) & 已知角柱的底面積為A、柱高為h

Q. E. D.

例題 9.3-22

圖9.3-35為一六角柱體，已知其底面面積為$24\sqrt{3}$平方公分，柱體的高為2公分，則此六角柱體的體積為何？

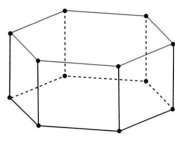

圖 9.3-35

想法　角柱的體積等於底面積乘以角柱的高

解

敘述	理由
(1)　此六角柱體的體積 $=(24\sqrt{3}$平方公分$)\times(2$公分$)$ $=48\sqrt{3}$平方公分	角柱的體積等於底面積乘以角柱的高 & 已知六角柱體的底面面積為$24\sqrt{3}$平方公分， 柱體的高為2公分

例題 **9.3-23**

圖9.3-36是底面為梯形的四角柱，已知梯形的上底$\overline{AB}$＝6公分、梯形的下底$\overline{DC}$＝9公分、梯形的高$\overline{BC}$＝4公分，若四角柱的高$\overline{FB}$＝10公分，則此四角柱的體積為何？

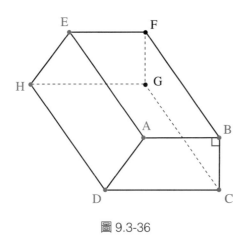

圖9.3-36

角柱的體積等於底面積乘以角柱的高

敘述	理由
(1)　上底面梯形ABCD面積 　$=\dfrac{(\overline{AB}+\overline{CD})\times\overline{BC}}{2}$ 　$=\dfrac{(6公分＋9公分)\times(4公分)}{2}$ 　＝30平方公分	梯形面積等於兩底和與高之乘積的一半 & 已知梯形的上底$\overline{AB}$＝6公分、梯形的下底$\overline{DC}$＝9公分、梯形的高$\overline{BC}$＝4公分
(2)　此四角柱的體積 　＝(30平方公分)×(10公分) 　＝300立方公分	角柱的體積等於底面積乘以角柱的高 & (1) 底面梯形ABCD面積＝30平方公分 & 已知四角柱的高$\overline{FB}$＝10公分

例題 9.3-24

圖9.3-37為底面為直角三角形的三角柱體，已知△ABC中，∠A＝90°、其中一股 $\overline{AB}$ ＝6公分、斜邊 $\overline{BC}$ ＝10公分，若三角柱體的高 $\overline{BE}$ ＝7公分，則此三角柱體的體積為何？

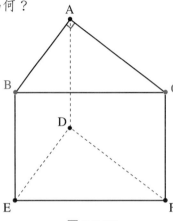

圖 9.3-37

(1) 利用畢氏定理求出直角三角形的另一股
(2) 三角形面積為底與高乘積的一半
(3) 角柱的體積等於底面積乘以角柱的高

敘述	理由
(1) △ABC中， 　　 $\overline{AB}^2+\overline{AC}^2=\overline{BC}^2$	已知△ABC中，∠A＝90° & 畢氏定理
(2) $(6公分)^2+\overline{AC}^2=(10公分)^2$	由(1) & 已知 $\overline{AB}$ ＝6公分、$\overline{BC}$ ＝10公分
(3) $\overline{AC}^2=(10公分)^2-(6公分)^2$ 　　 ＝64平方公分	由(2) 等量減法公理
(4) $\overline{AC}$ ＝8公分 或 $\overline{AC}$ ＝－8公分	由(3) 求平方根
(5) 所以 $\overline{AC}$ ＝8公分	由(4) & $\overline{AC}$ 為線段長度必大於0
(6) 　△ABC面積 　　 ＝$(\overline{AB} \times \overline{AC})\div 2$ 　　 ＝(6公分)×(8公分)÷2 　　 ＝24平方公分	三角形面積為底與高乘積的一半 & 已知 $\overline{AB}$ ＝6公分、(5) $\overline{AC}$ ＝8公分 已證
(7) 　此三角柱體的體積 　　 ＝(24 平方公分)×(7公分) 　　 ＝168 立方公分	角柱的體積等於底面積乘以角柱的高 & (6) 底面△ABC面積＝24 平方公分 & 已知三角柱體的高 $\overline{BE}$ ＝7公分

定義
9.3-7

正圓柱體

長方形繞其一邊旋轉一周，所圍成的立體叫做正圓柱體。

正圓柱體的上下兩面平行的平面，叫做兩底面，曲面為正圓柱體的側面。

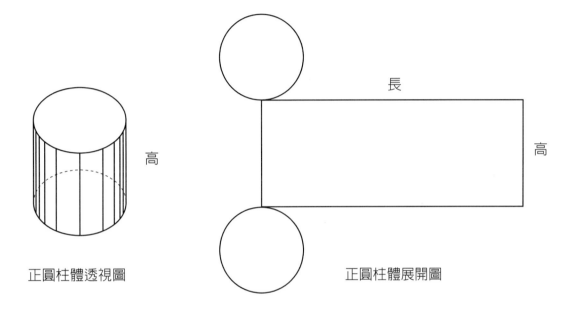

正圓柱體透視圖　　　　　　　　　　正圓柱體展開圖

圖 9.3-38 正圓柱體的透視圖與展開圖

在圖9.3-38中，正圓柱體的上下兩底面互相平行，側面展開為一矩形，且底面的圓周長等於側面矩形的長，正圓柱體的高為側面矩形的高。

定理
9.3-7

正圓柱體的表面積定理
正圓柱體的表面積為側面積加上下底面積和。

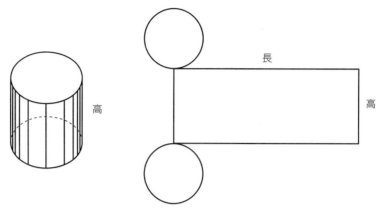

|正圓柱體透視圖| |正圓柱體展開圖|

圖 9.3-39 正圓柱體的透視圖與展開圖

 如圖9.3-39，若正圓柱體的底面半徑為r，高為h

 正圓柱體的表面積＝$2\pi r^2 + 2\pi rh$

 將正圓柱體展開，所有面的面積和即為正圓柱體的表面積

敘述	理由
(1)　上底面圓面積 　　＝下底面圓面積＝πr^2	圓面積為圓周率與半徑平方的乘積 & 已知正圓柱體的底面半徑為r
(2) 底面圓周長＝$2\pi r$ 　　(即側面矩形的長度＝$2\pi r$)	圓周長為直徑與圓周率的乘積 & 已知正圓柱體的底面半徑為r & 側面矩形的長度為底面圓周長
(3) 側面矩形面積＝$(2\pi r) \times h$ 　　　　＝$2\pi rh$	矩形面積為長與寬之乘積 & 由(2) 側面矩形的長度＝$2\pi r$ & 已知正圓柱體的高為h
(4)　正圓柱體的表面積 　　＝上下底圓面積和＋側面矩形面積 　　＝$2\pi r^2 + 2\pi rh$	表面積定義 & 將(1)式 & (3)式 代入

Q. E. D.

例題 **9.3-25**

圖9.3-40為一正圓柱體，已知其底面半徑為2公分，柱體的高為5公分，則此正圓柱體的表面積為何？

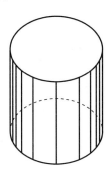

圖 9.3-40

正圓柱體的底面半徑為r，高為h，則正圓柱體的表面積＝$2\pi r^2 + 2\pi rh$

敘述	理由
(1)　　正圓柱體表面積 　　　＝$2\pi \times (2公分)^2$ 　　　　＋$2\pi \times (2公分) \times (5公分)$ 　　　＝28π平方公分	正圓柱體的底面半徑為r，高為h， 則正圓柱體的表面積＝$2\pi r^2 + 2\pi rh$ & 已知正圓柱體的底面半徑為2公分， 柱體的高為5公分

定理
9.3-8

正圓柱的體積定理
正圓柱的體積等於底面積乘以高。

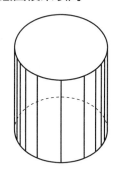

圖 9.3-41 正圓柱體透視圖

 已知 若正圓柱體的底面半徑為r，高為h

求證 正圓柱體的體積＝$\pi r^2 h$

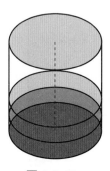

圖 9.3-42

 想法 將正圓柱體切成平面，則所有平面面積之和即為正圓柱體的體積

 證明

敘述	理由
(1) 將正圓柱體切成平面，如圖9.3-42 所示，則每個平面面積皆與底面積相等，且所有平面堆疊起來的高度為柱體的高	全量等於分量之和 （註：此部份需用到微積分觀念，超出本書討論範圍）
(2) 底面圓面積＝πr^2	圓面積為圓周率與半徑平方之乘積 & 已知正圓柱體的底面半徑為r
(3) 所有平面面積之和即為正圓柱體之體積 ∴正圓柱體的體積＝$\pi r^2 h$	由(1) & (2) & 已知正圓柱體的高為h

Q. E. D.

例題 **9.3-26**

圖9.3-43為一正圓柱體，已知其底面半徑為2公分，柱體的高為5公分，則此正圓柱體的體積為何？

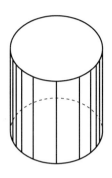

圖 9.3-43

想法　正圓柱體的底面半徑為r，高為h，則正圓柱體的體積＝$\pi r^2 h$

解

敘述	理由
(1)　正圓柱體體積 　　＝$\pi \times$(2公分)$^2 \times$(5公分) 　　＝20π立方公分	正圓柱體的底面半徑為r，高為h， 則正圓柱體的體積＝$\pi r^2 h$ & 已知正圓柱體的底面半徑為2公分， 柱體的高為5公分

定義 9.3-8

角錐體

一個n多邊形和n個三角形所圍成的立體，叫做n角錐體。

若底面為正n多邊形，且側面n個三角形為n個全等的等腰三角形，則此錐體為正n角錐體。

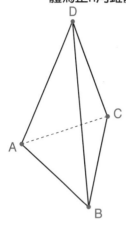

正三角錐體透視圖

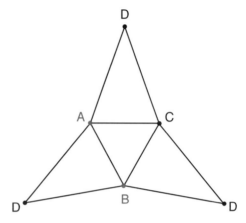

正三角錐體展開圖

圖 9.3-44 正三角錐體的透視圖與展開圖

上圖9.3-44中，正三角錐底面△ABC為正三角形，側面△ABD、△BCD、△CAD皆為等腰三角形，且△ABD≅△BCD≅△CAD。

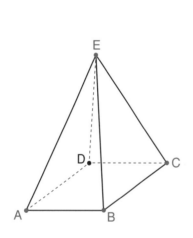

正四角錐體透視圖

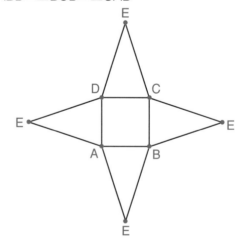

正四角錐體展開圖

圖 9.3-45 正四角錐體的透視圖與展開圖

上圖9.3-45中，正四角錐底面ABCD為正方形，側面△ABE、△BCE、△CDE、△DAE皆為等腰三角形，且△ABE≅△BCE≅△CDE≅△DAE。

例題 **9.3-27**

完成以下表格：

	面數	頂點數	稜線數	底面形狀	側面形狀
三角錐					
四角錐					
五角錐					
n角錐					

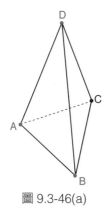

圖 9.3-46(a)

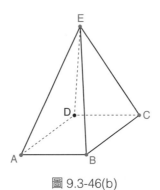

圖 9.3-46(b)

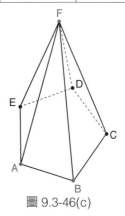

圖 9.3-46(c)

想法　利用角錐的定義

解

敘　述	理　由
(1) 如圖9.3-46(a)所示， 三角錐有4個面、4個頂點、 6條稜線，且底面為三角形、 3個側面皆為三角形	三角錐定義 & 面與面的交線，叫做稜線，稜線與稜線的交點，叫做頂點
(2) 如圖9.3-46(b)所示， 四角錐有5個面、5個頂點、 8條稜線，且底面為四邊形、 4個側面皆為三角形	四角錐定義 & 面與面的交線，叫做稜線，稜線與稜線的交點，叫做頂點
(3) 如圖9.3-46(c)所示， 五角錐有6個面、6個頂點、 10條稜線，且底面為五邊形、 5個側面皆為三角形	五角錐定義 & 面與面的交線，叫做稜線，稜線與稜線的交點，叫做頂點
(4) n角錐有$(n+1)$個面、$(n+1)$個頂點、$(2n)$條稜線，且底面為n邊形、n個側面皆為三角形	n角錐定義 & 面與面的交線，叫做稜線，稜線與稜線的交點，叫做頂點 & 由(1)～(3) 歸納得知

例題 9.3-28

已知一四角錐的底面是一個邊長為10公分的正方形,且側面的四個三角形的面積都是60平方公分,求此四角錐的表面積。

想法　角錐的表面積為底面積與所有側面積的和

解

敘述	理由
(1)　四角錐的表面積 　　＝底面正方形面積 　　　＋側面4個三角形面積 　　＝(10公分)×(10公分) 　　　＋4×(60平方公分) 　　＝340平方公分	角錐的表面積為底面積與所有側面積的和 & 已知已知四角錐的底面是一個邊長為10公分的正方形,且側面的四個三角形的面積都是60平方公分

例題 9.3-29

圖9.3-47為一正三角錐的透視圖，其側面三角形的底$\overline{AB}=6$公分，高$\overline{DE}=8$公分，求此正三角錐的表面積。

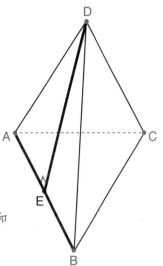

圖 9.3-47

 想法

(1) 側面三角形面積為底與高乘積的一半

(2) 底面正三角形面積$=\dfrac{\sqrt{3}}{4}($邊長$)^2$

(3) 角錐的表面積為底面積與所有側面積的和

 解

敘述	理由
(1)　△BCD面積＝△ACD面積 　　＝△ABD面積 　　$=\dfrac{\overline{AB}\times\overline{DE}}{2}$ 　　$=\dfrac{(6公分)\times(8公分)}{2}$ 　　＝24平方公分	正三角錐側面3個三角形為全等之等腰三角形 & 已知側面三角形的底$\overline{AB}=6$公分，高$\overline{DE}=8$公分 & 三角形面積為底與高乘積的一半
(2)　△ABC面積 　　$=\dfrac{\sqrt{3}}{4}(\overline{AB})^2$ 　　$=\dfrac{\sqrt{3}}{4}(6公分)^2$ 　　$=9\sqrt{3}$平方公分	正三角錐底面為一正三角形 & 正三角形面積$=\dfrac{\sqrt{3}}{4}($邊長$)^2$ & 已知底面邊長$\overline{AB}=6$公分
(3)　正三角錐的表面積 　　＝△ABC面積＋3×△ABD面積 　　$=9\sqrt{3}$平方公分＋3×(24平方公分) 　　$=(72+9\sqrt{3})$ 平方公分	角錐的表面積為底面積與所有側面積的和 & (1) △BCD面積＝△ACD面積＝△ABD面積＝24 平方公分、 (2) △ABC面積$=9\sqrt{3}$平方公分

例題 **9.3-30**

圖9.3-48為正四角錐的展開圖，若底面為邊長為10公分的正方形，且側面等腰三角形的腰長為13公分，求此正四角錐的表面積。

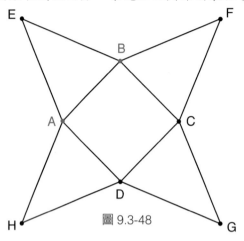

圖 9.3-48

(1) 利用尺規作圖，作側面等腰三角形的高，並利用畢氏定理求出高之值

(2) 側面三角形面積為底與高乘積的一半

(3) 底面正方形面積為邊長平方

(4) 角錐的表面積為底面積與所有側面積的和

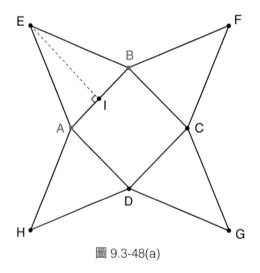

圖 9.3-48(a)

敘述	理由
(1) 作∠AEB的角平分線交$\overline{AB}$於I點，如圖9.3-48(a)所示，則：$\overline{EI}\perp\overline{AB}$，∠EIA＝90°；$\overline{AI}=\overline{BI}=\frac{1}{2}\overline{AB}=\frac{1}{2}\times(10公分)$ ＝5公分	正四角錐4個側面均為等腰三角形 & 等腰三角形頂角平分線垂直平分底邊 & 已知此正四角錐的底面為邊長為10公分的正方形
(2) △EIA中，$\overline{EI}^2+\overline{AI}^2=\overline{AE}^2$	由(1) ∠EIA＝90° & 畢氏定理
(3) $\overline{EI}^2+(5公分)^2=(13公分)^2$	由(2) & (1) $\overline{AI}$＝5公分、已知此正四角錐側面等腰三角形的腰長為13公分
(4) $\overline{EI}^2=(13公分)^2-(5公分)^2$ ＝144平方公分	由(3) 等量減法公理
(5) $\overline{EI}$＝12公分 或 $\overline{EI}$＝－12公分	由(4) 求平方根
(6) 所以$\overline{EI}$＝12公分	由(5) & $\overline{EI}$為線段長度必大於0
(7)　△ABE面積 $=\frac{\overline{AI}\times\overline{EI}}{2}=\frac{(5公分)\times(12公分)}{2}$ ＝30平方公分	三角形面積為底與高乘積的一半 & (1) $\overline{AI}$＝5公分、(6) $\overline{EI}$＝12公分
(8)　正方形ABCD面積 $=(10公分)^2$ ＝100平方公分	正方形面積為邊長平方 & 已知此正四角錐的底面為邊長為10公分的正方形
(9)　此正四角錐的表面積 ＝正方形ABCD面積＋4×△ABE面積 ＝100平方公分＋4×(30平方公分) ＝220平方公分	角錐的表面積為底面積與所有側面積的和 & (8)正方形ABCD面積＝100平方公分 (7) △ABE面積＝30平方公分

定義
9.3-9

直圓錐體

直圓錐體是由一個直角三角形繞其中一股旋轉一周所成的立體。直圓錐體的底面為圓形、側面展開為扇形,且底面圓形的圓周長恰為側面扇形的弧長。

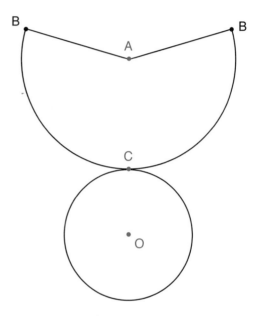

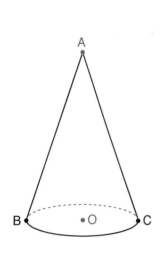

直圓錐體透視圖 　　　　　　　　直圓錐體展開圖

圖 9.3-49 直圓錐體的透視圖與展開圖

在圖9.3-49中,直圓錐體展開後為底面為一圓O、側面為一扇形ABB,且側面扇形弧長$\overparen{BCB}$等於底面圓O的周長。

例題 9.3-31

已知一直圓錐體底面半徑為2公分，側面展開扇形的半徑為5公分，則此直圓錐體的表面積為何？

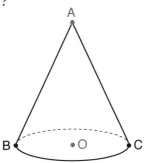

圖 9.3-50

想法 (1) 利用直圓錐體底面圓形的周長等於側面扇形的弧長，求出側面扇形的圓心角

(2) 直圓錐體的表面積為底面圓面積與側面扇形面積之和

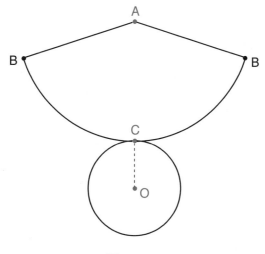

圖 9.3-50(a)

解

敘述	理由
(1) 依題意畫直圓錐展開圖，如圖9.3-50(a)所示，則： $\overline{OC}=2$公分、$\overline{AB}=5$公分	已知一直圓錐體底面半徑為2公分，側面展開扇形的半徑為5公分 & 作圖
(2) 底面圓O周長$=2\times\pi\times(2$公分$)$ $=4\pi$公分	圓周長為直徑與圓周率之乘積 & 已知底面圓半徑為2公分
底面圓O面積$=\pi\times(2$公分$)^2$ $=4\pi$平方公分	圓面積等於圓周率與圓半徑平方的乘積 & 已知底面圓半徑為2公分
(3) 側面扇形弧長$\overarc{BCB}$ $=\dfrac{\angle BAB}{360°}\times$圓A周長 $=\dfrac{\angle BAB}{360°}\times2\times\pi\times(5$公分$)$ $=\dfrac{\angle BAB}{360°}\times10\pi$公分	扇形弧長$=\dfrac{圓心角度}{360°}\times$圓周長 & 已知側面展開扇形的半徑為5公分
(4) $\dfrac{\angle BAB}{360°}\times10\pi$公分$=4\pi$公分	圓錐底面圓周長等於側面扇形弧長 & (2) 底面圓O周長$=4\pi$公分、 (3) 側面扇形弧長$\overarc{BCB}=\dfrac{\angle BAB}{360°}\times10\pi$公分
(5) $\angle BAB=144°$	由(4) 求$\angle BAB$之值
(6) 側面扇形BAB面積 $=\dfrac{\angle BAB}{360°}\times$圓A面積 $=\dfrac{144°}{360°}\times\pi\times(5$公分$)^2$ $=10\pi$平方公分	扇形面積$=\dfrac{圓心角度}{360°}\times$圓面積 & 圓面積等於圓周率與圓半徑平方的乘積 & (5) 扇形圓心角$\angle BAB=144°$、 已知側面展開扇形的半徑為5公分
(7) 此直圓錐表面積 $=(4\pi+10\pi)$平方公分 $=14\pi$平方公分	直圓錐體的表面積為底面圓面積與側面扇形面積之和 & (2) 底面圓O面積$=4\pi$平方公分、 (6) 側面扇形BAB面積$=10\pi$平方公分

例題 9.3-32

圖9.3-51為一圓錐體的展開圖，其側面扇形的圓心角為120°，側面扇形的半徑為15公分，求此圓錐體的表面積。

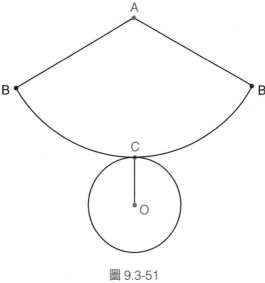

圖 9.3-51

(1) 利用直圓錐體底面圓形的周長等於側面扇形的弧長，求出底面圓半徑
(2) 直圓錐體的表面積為底面圓面積與側面扇形面積之和

敘述	理由
(1)　側面扇形弧長 $\overset{\frown}{BCB}$ $=\dfrac{\angle BAB}{360°}\times$ 圓A周長 $=\dfrac{120°}{360°}\times 2\times\pi\times(15公分)$ $=10\pi$ 公分 　側面扇形BAB面積 $=\dfrac{\angle BAB}{360°}\times$ 圓A面積 $=\dfrac{120°}{360°}\times\pi\times(15公分)^2$ $=75\pi$ 平方公分	扇形弧長 $=\dfrac{圓心角度}{360°}\times$ 圓周長 & 已知側面扇形的圓心角為120°，側面扇形的半徑為15公分 扇形面積 $=\dfrac{圓心角度}{360°}\times$ 圓面積 & 已知側面扇形的圓心角為120°，側面扇形的半徑為15公分
(2) 底面圓O周長 $=2\times\pi\times\overline{OC}$	圓周長為直徑與圓周率之乘積 & 底面圓O半徑為 $\overline{OC}$
(3) $2\times\pi\times\overline{OC}=10\pi$ 公分	圓錐底面圓周長等於側面扇形弧長 & (2) 底面圓O周長 $=2\times\pi\times\overline{OC}$、 (1) 側面扇形弧長 $\overset{\frown}{BCB}=10\pi$ 公分
(4) $\overline{OC}=5$ 公分	由(3) 求 $\overline{OC}$ 之值
(5) 底面圓O面積 $=\pi\times(\overline{OC})^2$ $=\pi\times(5公分)^2$ $=25\pi$ 平方公分	圓面積等於圓周率與圓半徑平方的乘積 & (4) 底面圓O半徑 $\overline{OC}=5$ 公分
(6)　此直圓錐表面積 $=(25\pi+75\pi)$ 平方公分 $=100\pi$ 平方公分	直圓錐體的表面積為底面圓面積與側面扇形面積之和 & (5) 底面圓O面積 $=25\pi$ 平方公分、 (1) 側面扇形BAB面積 $=75\pi$ 平方公分

在介紹完立方體、長方體、柱體以及錐體後，讓我們來作以下綜合題型的練習。

例題 9.3-33

寫出下列各立體圖形的名稱：

(1)

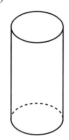

(2)

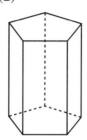

(3)

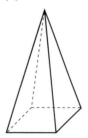

_____

_____

_____

(4)

(5)

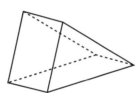

_____

_____

想法 利用各立體圖形的定義

解

敘述	理由
(1) 此圖形為直圓柱體的透視圖	直圓柱體的定義
(2) 此圖形為五角柱體的透視圖	五角柱體的定義
(3) 此圖形為四角錐體的透視圖	四角錐體的定義
(4) 此圖形為直圓錐體的透視圖	直圓錐體的定義
(5) 此圖形為三角柱體的透視圖	三角柱體的定義

例題 **9.3-34**

寫出下列各展開圖所構成的立體圖形名稱：

(1)

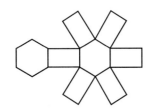

_____

(2)

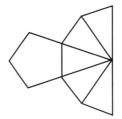

_____

(3)

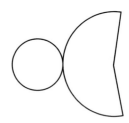

_____

(4)

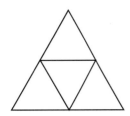

_____

(5)

_____

 想法　利用各立體圖形的定義

 解

敘述	理由
(1) 此圖形為六角柱體的展開圖	六角柱體的定義
(2) 此圖形為五角錐體的展開圖	五角錐體的定義
(3) 此圖形為直圓錐體的展開圖	直圓錐體的定義
(4) 此圖形為三角錐體的展開圖	三角錐體的定義
(5) 此圖形為六角錐體的展開圖	六角錐體的定義

例題 **9.3-35**

完成以下表格：（以下柱體皆為直角柱）

	面數	頂點數	稜線數	底面形狀	側面形狀
三角柱					
四角柱					
n角柱					
三角錐					
四角錐					
n角錐					

 利用直角柱體與角錐體的定義

敘述	理由
(1)三角柱有5個面、6個頂點、9條稜線，且2個底面皆為三角形、3個側面皆為矩形	三角柱定義 & 面與面的交線，叫做稜線，稜線與稜線的交點，叫做頂點
(2)四角柱有6個面、8個頂點、12條稜線，且2個底面與4個側面皆為矩形	四角柱定義 & 面與面的交線，叫做稜線，稜線與稜線的交點，叫做頂點
(3)n角柱有(n＋2)個面、(2n)個頂點、(3n)條稜線，且2個底面皆為n邊形、n個側面皆為矩形	n角柱定義 & 面與面的交線，叫做稜線，稜線與稜線的交點，叫做頂點 & 由(1)、(2)歸納得知
(4) 三角錐有4個面、4個頂點、6條稜線，且底面為三角形、3個側面皆為三角形	三角錐定義 & 面與面的交線，叫做稜線，稜線與稜線的交點，叫做頂點
(5) 四角錐有5個面、5個頂點、8條稜線，且底面為四邊形、4個側面皆為三角形	四角錐定義 & 面與面的交線，叫做稜線，稜線與稜線的交點，叫做頂點
(6)n角錐有(n＋1)個面、(n＋1)個頂點、(2n)條稜線，且底面為n邊形、n個側面皆為三角形	n角錐定義 & 面與面的交線，叫做稜線，稜線與稜線的交點，叫做頂點 & 由(4)、(5)歸納得知

例題 9.3-36

求圖9.3-52中柱體的體積與表面積。（每個角皆為直角，長度單位為公分）

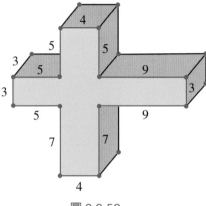

圖 9.3-52

想法

(1) 柱體的體積等於柱體底面積乘以柱體的高

(2) 角柱的底面積為A、底面周長為S、柱高為h，則：

角柱的表面積＝2A＋S×h

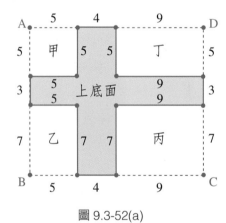

圖 9.3-52(a)

解

敘述	理由
(1) 依題意，先求出柱體底面面積， 　　如圖9.3-52(a)所示： 　　甲、乙、丙、丁皆為矩形，因此 　　甲面積＝(5公分)×(5公分) 　　　　　＝25 平方公分 　　乙面積＝(5公分)×(7公分) 　　　　　＝35 平方公分	已知每個角皆為直角，因此 圖9.3-52(a)中甲、乙、丙、丁及四 邊形ABCD皆為矩形 & 矩形面積為 長與寬之乘積

丙面積＝(7公分)×(9公分) 　　　＝63 平方公分 丁面積＝(9公分)×(5公分) 　　　＝45 平方公分	
(2)　矩形ABCD面積 ＝$\overline{AD}×\overline{AB}$ ＝(18公分)×(15公分) ＝270平方公分	矩形面積為長與寬之乘積
(3)　上底面面積 ＝矩形ABCD面積－甲面積－ 　　乙面積－丙面積－丁面積 ＝(270－25－35－63－45)平方公分 ＝102 平方公分	全量等於分量之和 & (2) 矩形ABCD面積＝270 平方公分 (1) 甲面積＝25 平方公分、 　　乙面積＝35 平方公分、 　　丙面積＝63 平方公分、 　　丁面積＝45 平方公分 已證
(4)　上底面周長 ＝(3＋5＋5＋4＋5＋9＋3＋9＋7 　＋4＋7＋5) 公分 ＝66 公分	周長定義 & 全量等於分量之和
(5)　柱體體積 ＝(上底面面積)×(柱體的高) ＝(102 平方公分)×(3公分) ＝306 立方公分	柱體的體積等於柱體底面積乘以柱體的高 & (3) 上底面面積＝102 平方公分、 已知柱體的高為3公分(如圖9.3-52所示)
(6)　柱體表面積 ＝2×(上底面面積)＋ 　　(上底面周長)×(柱體的高) ＝2×(102平方公分)＋ 　　(66公分)×(3公分) ＝204 平方公分＋198 平方公分 ＝402 平方公分	角柱的底面積為A、底面周長為S、柱高為h，角柱的表面積＝2A＋S×h & (3) 上底面面積＝102 平方公分、 (4) 上底面周長＝66 公分、 已知柱體的高為3公分(如圖9.3-52所示)

例題 9.3-37

圖9.3-53是一個階梯狀的柱體，每一階的高為5公分、寬為10公分，且柱高為20公分，求此柱體的體積。（每個角皆為直角，長度單位為公分）

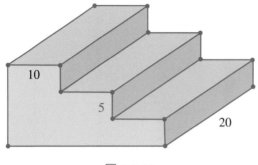

10

5

20

圖 9.3-53

想法

(1) 柱體的體積等於柱體底面積乘以柱體的高

(2) 角柱的底面積為A、底面周長為S、柱高為h，則：

角柱的表面積＝2A＋S×h

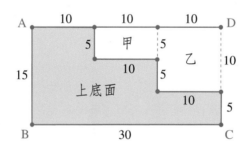

圖 9.3-53(a)

解

敘述	理由
(1) 依題意，先求出柱體底面面積， 　　如圖9.3-53(a)所示： 　　甲、乙皆為矩形，因此 　　甲面積＝(5公分)×(10公分) 　　　　　＝50平方公分 　　乙面積＝(10公分)×(10公分) 　　　　　＝100平方公分	已知每個角皆為直角，因此 圖9.3-53(a)中甲、乙及四邊形ABCD 皆為矩形 & 矩形面積為長與寬之乘 積

(2)　矩形ABCD面積 　　$=\overline{BC}\times\overline{AB}$ 　　$=(30公分)\times(15公分)$ 　　$=450$平方公分	矩形面積為長與寬之乘積
(3)　上底面面積 　　$=$矩形ABCD面積$-$甲面積$-$ 　　　乙面積 　　$=(450-50-100)$平方公分 　　$=300$平方公分	全量等於分量之和 & (2) 矩形ABCD面積$=450$平方公分 (1) 甲面積$=50$平方公分、 　　乙面積$=100$平方公分 已證
(4)　上底面周長 　　$=(10+5+10+5+10+5+30+$ 　　　$15)$公分 　　$=90$公分	周長定義 & 全量等於分量之和
(5)　柱體體積 　　$=(上底面面積)\times(柱體的高)$ 　　$=(300平方公分)\times(20公分)$ 　　$=6000$立方公分	柱體的體積等於柱體底面積乘以柱 體的高 & (3) 上底面面積$=300$平方公分、 已知柱體的高為20公分
(6)　柱體表面積 　　$=2\times(上底面面積)+$ 　　　$(上底面周長)\times(柱體的高)$ 　　$=2\times(300平方公分)+$ 　　　$(90公分)\times(20公分)$ 　　$=600$平方公分$+1800$平方公分 　　$=2400$平方公分	角柱的底面積為A、底面周長為S、 柱高為h， 角柱的表面積$=2A+S\times h$ & (3) 上底面面積$=300$平方公分、 (4) 上底面周長$=90$公分、 已知柱體的高為20公分

例題 9.3-38

如圖9.3-54，一個長為8公分，寬為4公分，高為3公分的長方體，截去$\frac{1}{4}$圓（半徑為2公分）的一角，求剩下柱體的體積與表面積。

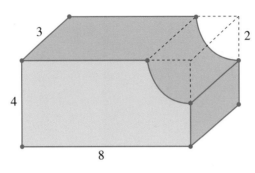

圖 9.3-54

想法

(1) 柱體的體積等於柱體底面積乘以柱體的高

(2) 角柱的底面積為A、底面周長為S、柱高為h，則：

角柱的表面積＝2A＋S×h

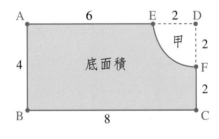

圖 9.3-54(a)

解

敘述	理由
(1) 依題意，先求出柱體底面面積，如圖9.3-54(a)所示； 矩形ABCD面積＝(4公分)×(8公分) 　　　　　　　＝32 平方公分 甲扇形面積＝$\frac{1}{4}$圓面積 　　　　　＝$\frac{1}{4}$×π×(2公分)^2 　　　　　＝π平方公分	長方體六個面皆為矩形 & 已知長方體的長為8公分，寬為4公分，高為3公分，截去$\frac{1}{4}$圓(半徑為2公分)的一角 & 矩形面積為長與寬之乘積 & 扇形面積＝$\frac{圓心角度}{360°}$×圓面積

(2) 底面積＝矩形ABCD面積－甲面積 　　＝(32－π) 平方公分	全量等於分量之和 & (1) 矩形ABCD面積＝32平方公分、甲扇形面積＝π平方公分
(3) $\overset{\frown}{EF}=\dfrac{1}{4}$圓周長 　＝$\dfrac{1}{4}\times2\times\pi\times(2公分)$ 　＝π公分	弧長＝$\dfrac{圓心角度}{360°}\times$圓周長 & 已知截去$\dfrac{1}{4}$圓(半徑為2公分)的一角
(4) 底面周長 　＝$\overline{AE}+\overset{\frown}{EF}+\overline{FC}+\overline{BC}+\overline{AB}$ 　＝(6＋π＋2＋8＋4) 公分 　＝(20＋π) 公分	周長定義 & 已知長方體的長為8公分，寬為4公分，高為3公分 & (3) $\overset{\frown}{EF}=$π公分 已證
(5) 剩下柱體的體積 　＝(底面積)×(柱體的高) 　＝[(32－π) 平方公分]×(3公分) 　＝(96－3π) 立方公分	柱體的體積等於柱體底面積乘以柱體的高 & (2) 底面積＝(32－π) 平方公分、已知長方體的高為3公分
(6) 剩下柱體的表面積 　＝2×(底面面積)＋ 　　(底面周長)×(柱體的高) 　＝2×[(32－π)平方公分]＋ 　　[(20＋π)公分]×(3公分) 　＝(124＋π)平方公分	角柱的底面積為A、底面周長為S、柱高為h， 角柱的表面積＝2A＋S×h & (2) 底面積＝(32－π) 平方公分、(4) 底面周長＝(20＋π) 公分、已知長方體的高為3公分

例題 9.3-39

如圖9.3-55，將兩個圓柱積木黏在一起，上層的圓柱積木半徑為7公分，高為8公分；下層的圓柱積木半徑為10公分，高為12公分，求此立體圖形的體積與表面積各為何？

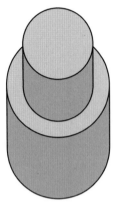

圖 9.3-55

想法

(1) 柱體的體積等於柱體底面積乘以柱體的高

(2) 圓柱體展開側面矩形的長度等於底面圓周長

(3) 立體圖形的表面積等於展開後所有平面的總和

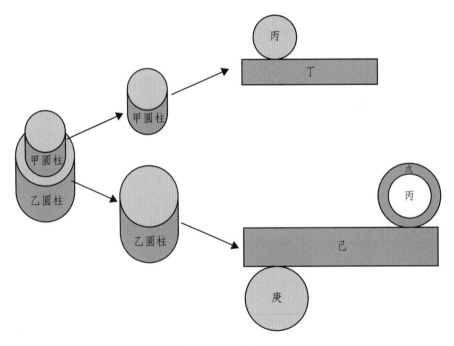

圖 9.3-55(a)

敘述	理由
(1) 將此立體圖形拆開成為甲圓柱、乙圓柱；如圖9.3-55(a)所示，則：甲圓柱展開後為丙、丁兩平面，其中丙為半徑7公分的圓、丁為矩形；乙圓柱展開後為戊、己、庚三平面，其中戊為半徑10公分的圓減去半徑7公分的圓所成的圓環、己為矩形、庚為半徑10公分的圓	全量等於分量之和 & 已知上層的圓柱積木半徑為7公分，高為8公分；下層的圓柱積木半徑為10公分，高為12公分
(2) 甲圓柱展開圖中， 丙圓面積＝$\pi \times (7公分)^2$ 　　　　＝49π平方公分 丁矩形的長＝丙圓的周長 　　　　　＝$2 \times \pi \times (7公分)$ 　　　　　＝14π公分	圓面積等於圓周率與圓半徑平方的乘積 & (1) 丙圓半徑為7公分 圓柱體展開側面矩形的長度等於底面圓周長 & 圓周長為直徑與圓周率的乘積 & (1) 丙圓半徑為7公分
(3) 　丁矩形面積 ＝$(14\pi公分) \times (8公分)$ ＝112π平方公分	矩形面積為長與寬之乘積 & (2) 丁矩形的長＝14π公分、已知上層的圓柱積木高為8公分
(4) 乙圓柱展開圖中， 　戊圓環面積 ＝$\pi \times (10公分)^2 - \pi \times (7公分)^2$ ＝51π平方公分 　庚圓面積 ＝$\pi \times (10公分)^2 = 100\pi$平方公分 　己矩形的長 ＝庚圓的周長 ＝$2 \times \pi \times (10公分)$ ＝20π公分	圓面積等於圓周率與圓半徑平方的乘積 & (1) 戊為半徑10公分的圓減去半徑7公分的圓所成的圓環、庚為半徑10公分的圓 圓柱體展開側面矩形的長度等於底面圓周長 & 圓周長為直徑與圓周率的乘積 & (1) 庚為半徑10公分的圓

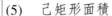

(5)　　己矩形面積 　　　＝(20π公分)×(12公分) 　　　＝240π平方公分	矩形面積為長與寬之乘積 & (4) 己矩形的長＝20π公分、 已知下層的圓柱積木高為12公分
(6)　　此立體圖形表面積 　　　＝丙面積＋丁面積＋戊面積＋ 　　　　己面積＋庚面積 　　　＝(49π＋112π＋51π＋240π＋ 　　　　100π)平方公分 　　　＝552π平方公分	全量等於分量之和 & (2) 丙圓面積＝49π平方公分、 (3) 丁矩形面積＝112π平方公分、 (4) 戊圓環面積＝51π平方公分、 (5) 己矩形面積＝240π平方公分、 (4) 庚圓面積＝100π平方公分
(7)　　甲圓柱體積 　　　＝丙面積×甲圓柱高 　　　＝(49π平方公分)×(8公分) 　　　＝392π立方公分	柱體的體積等於柱體底面積乘以柱 體的高 & (2) 丙圓面積＝49π平方公分、 已知上層的圓柱積木高為8公分
(8)　　乙圓柱體積 　　　＝庚面積×乙圓柱高 　　　＝(100π平方公分)×(12公分) 　　　＝1200π立方公分	柱體的體積等於柱體底面積乘以柱 體的高 & (4) 庚圓面積＝100π平方公分、 已知下層的圓柱積木高為12公分
(9)　　此立體圖形體積 　　　＝甲圓柱體積＋乙圓柱體積 　　　＝(392π＋1200π) 立方公分 　　　＝1592π立方公分	全量等於分量之和 & (7) 甲圓柱體積＝392π立方公分、 (8) 乙圓柱體積＝1200π立方公分

例題 **9.3-40**

如圖9.3-56，在一長12公分、寬5公分、高6公分的大長方體中，挖去一個長7公分、寬4公分、高3公分的小長方體，求此立體圖形的體積與表面積。

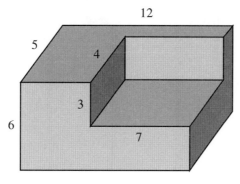

圖 9.3-56　、

想法

(1) 長方體體積等於長寬高三邊的乘積

(2) 長方體的表面積，等於不相等三邊每兩邊相乘和的兩倍

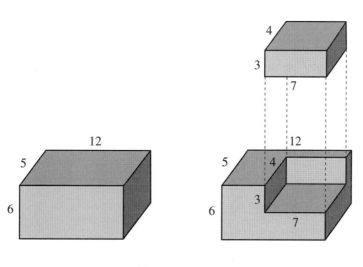

圖 9.3-56(a)

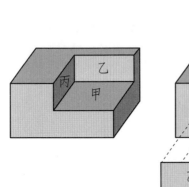
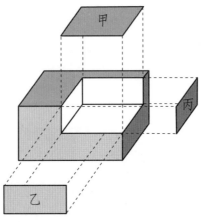
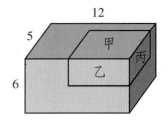

圖 9.3-56(b)

敘　述	理　由
(1) 如圖9.3-56(a)中所示， 　　此立體圖形體積 　　＝大長方體體積－小長方體體積 　　＝(12公分)×(5公分)×(6公分)－ 　　　(7公分)×(4公分)×(3公分) 　　＝(360－84) 立方公分 　　＝276 立方公分	全量等於分量之和 & 長方體體積等於長寬高三邊的乘積 & 已知此立體圖形為在一長12公分、 寬5公分、高6公分的大長方體中， 挖去一個長7公分、寬4公分、高3公 分的小長方體
(2) 如圖9.3-56(b)中所示， 　　甲矩形可上下自由平移、 　　乙矩形可前後自由平移、 　　丙矩形可左右自由平移， 　　所以此立體圖形表面積 　　＝大長方體的表面積 　　＝2×[(12公分)×(5公分)＋ 　　　(5公分)×(6公分)＋ 　　　(6公分)×(12公分)] 　　＝2×(60＋30＋72) 平方公分 　　＝324平方公分	圖形平移其面積不變 & 長方體的表面積，等於不相等三邊 每兩邊相乘和的兩倍 & 已知大長方體的長12公分、寬5公 分、高6公分

例題 **9.3-41**

將一底面積為25π平方公分，高為12公分的圓柱，切割成如圖9.3-57所示，求切割後立體圖形的體積。

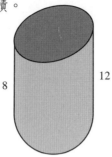

圖 9.3-57

想法 正圓柱的體積等於底面積乘以高

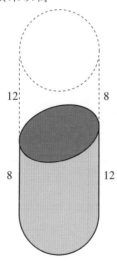

圖 9.3-57(a)

敘述	理由
(1) 如圖9.3-57(a)所示，將2個題目中的立體圖形上下相疊合，會組合成一個底面積為25π平方公分，高為20公分的正圓柱體	全量等於分量之和 & 已知題目的立體圖形為底面積為25π平方公分，高為12公分的圓柱體所切割成的形體，切割後一邊的高仍為12公分，另一邊變為8公分 & 12公分＋8公分＝20公分
(2) 因此題目所求立體圖形的體積為圖9.3-57(a)中正圓柱體體積的一半 ＝[(25π平方公分)×(20公分)]÷2 ＝250π立方公分	由(1) 將2個題目中的立體圖形上下相疊合，會組合成一個底面積為25π平方公分，高為20公分的正圓柱體 & 正圓柱的體積等於底面積乘以高

習題 9-3

習題9.3-1 完成以下表格：

	立方體	長方體
面數		
面的形狀		
頂點數		
稜線數		

習題9.3-2 已知一立方體的邊長為5公分，則此立方體的表面積為何？

習題9.3-3 已知一立方體的表面積為54平方公分，則此立方體的邊長為何？

習題9.3-4 已知一立方體的邊長變為原來的2倍，則此立方體的表面積變為原來的幾倍？

習題9.3-5　已知一立方體的邊長為5公分，則此立方體的體積為何？

習題9.3-6　已知一立方體的體積為343立方公分，則此立方體的邊長為何？

習題9.3-7　若一立方體的邊長變為原來的3倍，則此立方體的體積變為原來的幾倍？

習題9.3-8　已知一立方體的表面積為216平方公分，則此立方體的體積為何？

習題9.3-9 已知一立方體的體積為512立方公分，則此立方體的表面積為何？

習題9.3-10 若甲立方體的體積是乙立方體體積的64倍，則甲立方體的表面積是乙立方體表面積的幾倍？

習題9.3-11 已知一長方體的長為4公分、寬為3公分、高為2公分，則此長方體的表面積為何？

習題9.3-12 已知一長方體的長為4公分、寬為5公分，且其表面積為220平方公分，則此長方體的高為何？

習題9.3-13　已知一長方體的長為8公分、寬為6公分、高為4公分，則此長方體的體積為何？

習題9.3-14　有一長方體，其底面為邊長6公分的正方形，高為10公分，若將底面正方形邊長增加4公分，則高要變為幾公分，體積才不會改變？

習題9.3-15　已知一長方體和一立方體的體積相同，若此長方體的長為12公分、寬為6公分、高為3公分，求立方體的表面積。

習題9.3-16　完成以下表格：（以下柱體皆為直角柱）

	面數	頂點數	棱線數	底面形狀	側面形狀
三角柱					
四角柱					
五角柱					
n角柱					

習題9.3-17 若某個直角柱有15條稜邊、a個頂點與b個面,求$a \times b$之值為何?

習題9.3-18 圖9.3-58為一六角柱體,已知其底面面積為54√3平方公分,底面周長為36公分,若柱體的高為3公分,則此六角柱體的體積與表面積各為何?

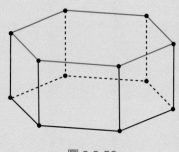

圖 9.3-58

習題9.3-19 如圖9.3-59是底面為梯形的四角柱,已知梯形的上底$\overline{AB}$＝12公分、梯形的下底$\overline{DC}$＝18公分、梯形的高$\overline{BC}$＝8公分且梯形另一邊$\overline{AD}$＝10公分,若四角柱的高$\overline{FB}$＝20公分,則此四角柱的體積與表面積各為何?

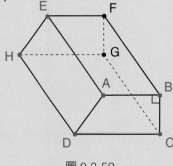

圖 9.3-59

習題9.3-20 有一三角柱體，其底面為直角三角形，兩股長分別為5公分及12分，若三角柱體的高為10公分，則此三角柱體的體積與表面積各為何？

習題9.3-21 圖9.3-60為一正圓柱體，已知其底面半徑為4公分，柱體的高為10公分，則此正圓柱體的體積與表面積各為何？

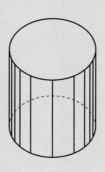

圖 9.3-60

習題9.3-22 完成以下表格：

	面數	頂點數	棱線數	底面形狀	側面形狀
三角錐					
四角錐					
五角錐					
n角錐					

習題9.3-23 已知一四角錐的底面是一個邊長為5公分的正方形，且側面的四個三角形的面積都是30平方公分，求此四角錐的表面積。

習題9.3-24 圖9.3-61為一正三角錐的透視圖，其側面三角形的底$\overline{AB}$＝3公分，高$\overline{DE}$＝4公分，求此正三角錐的表面積。

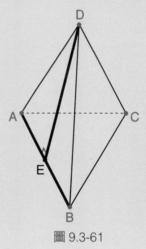

圖 9.3-61

習題9.3-25 圖9.3-62為正四角錐的展開圖，若底面為邊長為20公分的正方形，且側面等腰三角形的腰長為26公分，求此正四角錐的表面積。

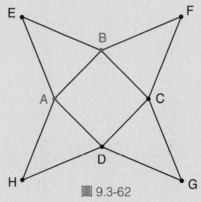

圖 9.3-62

習題9.3-26　已知一直圓錐體底面半徑為4公分，側面展開扇形的半徑為10公
分，則此直圓錐體的表面積為何？

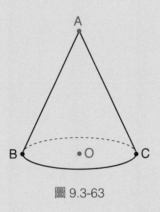

圖 9.3-63

習題9.3-27　圖9.3-64為一圓錐體的展開圖，其側面扇形的圓心角為180°，側面
扇形的半徑為20公分，求此圓錐體的表面積。

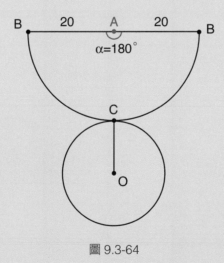

圖 9.3-64

習題9.3-28 寫出下列各立體圖形的名稱:

(1)

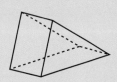

_____

(2)

_____

(3)

_____

(4)

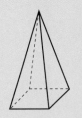

_____

(5)

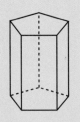

_____

習題9.3-29 寫出下列各展開圖所構成的立體圖形名稱:

(1)

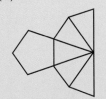

_____

(2)

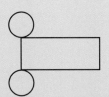

_____

(3)

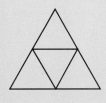

_____

(4)

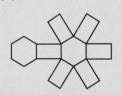

_____

(5)

_____

習題9.3-30　如圖9.3-65，有一「凸」形的柱體，求此柱體的體積與表面積。
（每個角皆為直角；單位：公分）

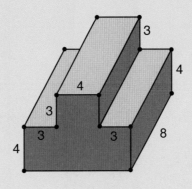

圖 9.3-65

習題9.3-31　如圖9.3-66，一個長為8公分，寬為6公分，高為10公分的長方體，
中間挖去一半徑為2公分的圓柱，求剩下柱體的體積與表面積。

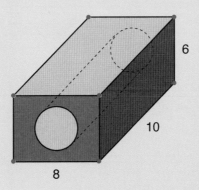

圖 9.3-66

習題9.3-32　如圖9.3-67，將兩個圓柱積木黏在一起，上層的圓柱積木半徑為5公分，高為7公分；下層的圓柱積木半徑為8公分，高為10公分，求此立體圖形的體積與表面積各為何？

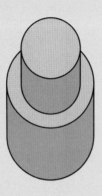

圖 9.3-67

習題9.3-33　如圖9.3-68，在一長10公分、寬5公分、高7公分的大長方體中，挖去一個長6公分、寬4公分、高3公分的小長方體，求此立體圖形的體積與表面積。

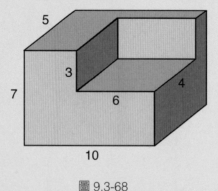

圖 9.3-68

習題9.3-34　將一底面積為100π平方公分，高為24公分的圓柱，切割成如圖9.3-69所示，求切割後立體圖形的體積。

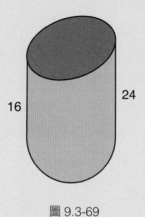

16　24

圖9.3-69

本章重點

1. **矩形面積定理**：矩形面積為長與寬之乘積。

2. **正方形面積定理**：正方形面積為邊長平方。

3. **平行四邊形面積定理**：平行四邊形面積為底與高之乘積。

4. **三角形面積定理**：三角形面積為底與高乘積之一半。

5. **梯形面積定理**：梯形面積等於兩底和與高之乘積的一半。

6. **圓面積定理**：圓面積等於圓周率與圓半徑平方的乘積。

7. **扇形面積定理**：扇形面積 $= \dfrac{圓心角度}{360°} \times 圓面積$。

8. 菱形面積為兩對角線乘積的一半。

9. 鳶形面積為兩對角線乘積的一半。

10. 海龍公式（利用三角形三邊長求三角形面積）：

    a、b、c分別為△ABC的三邊長，且假設 $a + b + c = 2s$。

    則△ABC的面積 $= \sqrt{s(s-a)(s-b)(s-c)}$。

11. 平行四邊形對角線將原平行四邊形平分成兩個面積相等的三角形。

12. 邊長為a單位的正三角形面積為 $\dfrac{\sqrt{3}}{4}a^2$ 平方單位。

13. 直角三角形斜邊上的高等於兩股乘積除以斜邊長。

14. 同底等高的平行四邊形面積皆相等。

15. 同底等高之三角形面積皆相等。

16. 等高三角形面積比為底邊長之比。

17. 三角形三中線將此三角形平分成6個面積相等的小三角形。

18. 三角形的重心與此三角形三頂點的連線，將此三角形平分成3個面積相等的三角形。

19. 四邊形兩對角線所形成的四個三角形中，對頂兩個三角形面積的乘積等於另兩個對頂三角形面積的乘積。

20. 平行四邊形兩對角線將此平行四邊形平分成4個等面積的三角形。

21. 梯形面積為梯形中線長與高的乘積。

22. 相似三角形面積比等於對應邊的平方比或對應高的平方比。

23. 相似多邊形面積比等於對應邊的平方比。

24. **圓面積比定理**：兩圓的面積比等於兩圓的半徑平方比。

25. **正多邊形周長比定理**：兩個邊數相等的正多邊形的周長比，等於邊長比或半徑比或邊心距比。

26. **圓周比定理**：兩圓的圓周比等於兩圓的半徑比。

27. **圓周長定理**：圓周長等於直徑乘以圓周率。

28. **圓弧長定理**：圓弧長 $= \dfrac{圓心角度}{360°} \times 圓周長$。

29. **正多邊形外接圓定理**：任何邊數的正多邊形必有一外接圓。

30. **正多邊形內切圓定理**：任何邊數的正多邊形必有一內切圓。

31. n角柱有(n＋2)個面、(2n)個頂點、(3n)條稜線，且2個底面皆為n邊形、n個側面皆為矩形。

32. **立方體表面積定理**：立方體表面積等於邊長平方的6倍。

33. **長方體的表面積定理**：已知長方體的長為a、寬為b、高為c，

   則長方體之表面積$= 2(a \times b + b \times c + c \times a)$。

34. **多角柱體的表面積定理**：若角柱的底面積為A、底面周長為S、柱高為h，

   則角柱的表面積$= 2A + S \times h$

35. **正圓柱體的表面積定理**：若正圓柱體的底面半徑為r，高為h，

   則正圓柱體的表面積$= 2\pi r^2 + 2\pi rh$。

36. **立方體體積定理**：立方體體積等於邊長的立方。

37. **長方體體積定理**：長方體的體積，等於長寬高三邊的乘積。

38. **多角柱體的體積定理**：角柱的體積等於底面積乘以角柱的高。

39. **正圓柱體的體積定理**：正圓柱的體積等於底面積乘以高。

40. n角錐有(n＋1)個面、(n＋1)個頂點、(2n)條稜線，且底面為n邊形、n個側面皆為三角形。

歷年基測題目

1

如圖9-1，長方形ABCD中，E點在 $\overline{BC}$ 上，且 $\overline{AE}$ 平分∠BAC。若 $\overline{BE}=4$ 公分，$\overline{AC}=15$ 公分，則△AEC面積為何？ 〔98-1〕

(A) 15平方公分　　(B) 30平方公分　　(C) 45平方公分　　(D) 60平方公分

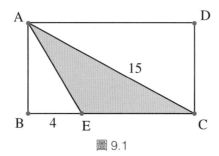

圖 9.1

解答 (B) 30平方公分

想法 (1) 利用角平分線上任一點到角的兩邊等距離，找出△AEC的高

(2) 三角形面積定理

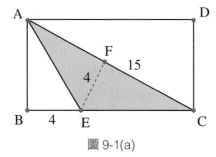

圖 9-1(a)

解答說明

敘述	理由
(1) 過E點作 $\overline{AC}$ 的垂直線交 $\overline{AC}$ 於F點，如圖9-1(a)所示，則∠B＝∠AFE＝90°	作圖 & 已知ABCD為長方形 長方形四個角皆為直角
(2) $\overline{EF}=\overline{BF}=4$ 公分	由(1) & 已知 $\overline{AE}$ 平分∠BAC 角平分線上任一點到角的兩邊等距離 & 已知 $\overline{BE}=4$ 公分
(3) △AEC面積 $=\dfrac{\overline{AC}\times\overline{EF}}{2}=\dfrac{(5公分)\times(4公分)}{2}$ $=30$ 平方公分	三角形面積定理 & 已知 $\overline{AC}=15$ 公分

2

如圖9-2，在水平桌面上有甲、乙兩個內部呈圓柱形的容器，內部底面積分別為80cm²、100cm²，且甲容器裝滿水，乙容器是空的。若將甲中的水全部倒入乙中，則乙中的水位高度比原先甲的水位高度低了8cm，求甲容積為何？

〔98-1〕

(A) 1280cm³　　(B) 2560cm³　　(C) 3200cm³　　(D) 4000cm³

甲　　　　　　　　乙

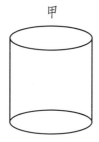
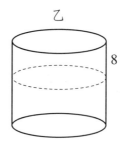

8

圖 9.2

解答　(C) 3200cm³

想法　圓柱體之體積＝底面積×柱體的高

解答說明

敘述	理由
(1) 設甲容器的高度為hcm， 則乙容器高度為(h－8) cm	假設 & 已知乙中的水位高度比原先甲的水位高度低了8cm
(2) (80cm²)×(hcm)＝(100cm²)×[(h－8) cm] 　　　80h＝100h－800 　　　20h＝800 　　　h＝40	由(1) & 甲、乙容器內部底面積分別為80cm²、100cm²，且甲容器裝滿水，乙容器是空的。若將甲中的水全部倒入乙中，則水的體積不變 & 圓柱體之體積＝底面積×柱體的高
(3) 甲容器體積＝(80cm²)×(hcm) 　　　　　　＝(80cm²)×(40cm) 　　　　　　＝3200 cm³	圓柱體之體積＝底面積×柱體的高 & 已知甲容器內部底面積為80cm² & (2) h＝40 已證

3

如圖9-3，阿倉用一張邊長為27.6公分的正方形厚紙板，剪下邊長皆為3.8公分的四個正方形，形成一個有眼、鼻、口的面具。求此面具的面積為多少平方公分？　　　　　　　　　　　　　　　　　　　　　　〔97-1〕

(A) 552　　　(B) 566.44　　　(C) 856.88　　　(D)704

27.6

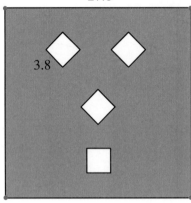

3.8

圖 9.3

 解答　(D) 704

 想法　正方形面積為邊長的平方

 解答說明

敘述	理由
(1) 大正方形面積＝(27.6公分)^2 　　　　　　＝761.76平方公分	正方形面積為邊長的平方 & 已知厚紙板為邊長27.6公分的正方形
(2) 小正方形面積＝(3.8公分)^2 　　　　　　＝14.44 平方公分	正方形面積為邊長的平方 & 已知剪下邊長為3.8公分的正方形
(3)　面具的面積 　＝大正方形面積－四個小正方形面積 　＝(761.76平方公分)－4×(14.44平方公分) 　＝704 平方公分	全量等於分量之和 & (1) 大正方形面積＝761.76平方公分 (2) 小正方形面積＝14.44平方公分

4

圖9-4為△ABC與△DEC重疊的情形，其中E在$\overline{BC}$上，$\overline{AC}$交$\overline{DE}$於F點，且$\overline{AB}/\!/\overline{DE}$。若△ABC與△DEC的面積相等，且$\overline{EF}=9$公分，$\overline{AB}=12$公分，則$\overline{DF}=?$ 〔97-1〕

(A) 3公分　　(B) 7公分　　(C) 12公分　　(D) 15公分

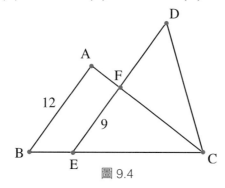

圖9.4

 (B) 7公分

(1) 相似三角形之對應邊成比例

(2) 三角形面積為底與高乘積之一半

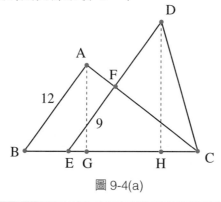

圖9-4(a)

敘述	理由
(1) 過A點與D點作$\overline{BC}$的垂直線，分別交於G點與H點，如圖9-4(a)所示，則$\overline{AG}$為$\overline{BC}$上的高、$\overline{DH}$為$\overline{EC}$上的高	過線外一點垂直線作圖
(2) △ABC面積$=\dfrac{\overline{BC}\times\overline{AG}}{2}$ 　　△DEC面積$=\dfrac{\overline{EC}\times\overline{DH}}{2}$	三角形面積為底與高乘積之一半 & (1)$\overline{AG}$為$\overline{BC}$上的高、$\overline{DH}$為$\overline{EC}$上的高

敘述	理由
(3) $\dfrac{\overline{BC} \times \overline{AG}}{2} = \dfrac{\overline{EC} \times \overline{DH}}{2}$	由(2) & 已知△ABC與△DEC的面積相等
(4) $\overline{BC} \times \overline{AG} = \overline{EC} \times \overline{DH}$	由(3) 等量乘法公理
(5) $\overline{BC} : \overline{EC} = \overline{DH} : \overline{AG}$	由(4) 外項乘積等於內項乘積
(6) 在△ABC與△FEC中 ∠B＝∠FEC ∠A＝∠EFC ∠ACB＝∠FCE	如圖9-4(a)所示 已知$\overline{AB}/\!/\overline{DE}$ & 同位角相等 已知$\overline{AB}/\!/\overline{DE}$ & 同位角相等 共同角
(7) 所以△ABC～△FEC	由(6) & 根據(AAA)三角形相似定理
(8) $\overline{BC} : \overline{EC} = \overline{EC} : \overline{FE}$	由(7) & 相似多邊形對應邊成比例
(9) $\overline{DH} : \overline{AG} = \overline{AB} : \overline{FE}$ 　　　　＝(12公分)：(9公分) 　　　　＝4：3	由(5) & (7) 遞移律 已知$\overline{AB}$＝12公分，$\overline{EF}$＝9公分 倍比定理
(10) 在△ABG與△DEH中 ∠B＝∠DEH ∠BGA＝∠EHD＝90° ∠BAG＝∠EDH	如圖9-4(a)所示 已知$\overline{AB}/\!/\overline{DE}$ & 同位角相等 由(1) 作圖 ∠BAG＝180°－∠B－∠BGA 　　　＝180°－∠DEH－∠EHD 　　　＝∠EDH
(11) 所以△ABG～△DEH	由(10) & 根據(AAA)三角形相似定理
(12) $\overline{AG} : \overline{DH} = \overline{AB} : \overline{DE}$	由(11) & 相似多邊形對應邊成比例
(13) 3：4＝(12公分)：$\overline{DE}$	將(9)$\overline{DH} : \overline{AG}$＝4：3 & 已知$\overline{AB}$＝12公分 代入(12)式得
(14) $3 \times \overline{DE} = 4 \times (12公分)$	由(13) & 外項乘積等於內項乘積
(15) $\overline{DE} = 4 \times (12公分) \div 3 = 16公分$	由(14) 等量除法公理
(16) $\overline{DF} = \overline{DE} - \overline{EF}$ 　　　＝(16公分)－(9公分)＝7公分	全量等於分量之和 & (15)$\overline{DE}$＝16公分、已知$\overline{EF}$＝9公分

5

如圖9-5，G是△ABC的重心，直線L過A點與$\overline{BC}$平行。若$\overleftrightarrow{CG}$分別與$\overline{AB}$、L交於D、E兩點，$\overleftrightarrow{BG}$與$\overline{AC}$交於F點，$\overleftrightarrow{AG}$與$\overline{BC}$交於H點，則△AED的面積：四邊形ADGF的面積＝？　　　　　　　　　〔97-1〕

(A) 1：2　　(B) 2：1　　(C) 2：3　　(D) 3：2

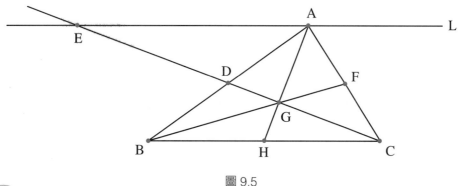

圖9.5

(D) 3：2

(1) 三角形三中線將此三角形面積六等份，因此四邊形ADGF的面積為△ABC面積的$\frac{2}{6}$倍

(2) 三角形三中線將此三角形面積六等份，因此△BCD面積為△ABC面積的$\frac{3}{6}$倍

(3) 若能證得△AED ≅ △BCD，則可得△AED面積為△ABC面積的$\frac{3}{6}$倍

(4) 因此△AED的面積：四邊形ADGF的面積＝3：2

敘述	理由
(1) $\overline{AH}$、$\overline{BF}$與$\overline{CD}$為△ABC之三中線	已知G是△ABC的重心，$\overleftrightarrow{CG}$與$\overline{AB}$交於D點，$\overleftrightarrow{BG}$與 交於F點，$\overleftrightarrow{AG}$與$\overline{BC}$交於H點 & 三角形重心為三中線之交點
(2) 　△AGD＝△AGF＝△BGD 　＝△BGH＝△CGH＝$\frac{1}{6}$△ABC面積	由(1) & 三角形三中線將此三角形面積六等份

(3)　　四邊形ADGF的面積 　　　＝△AGD＋△AGF 　　　＝$\frac{1}{6}$△ABC＋$\frac{1}{6}$△ABC 　　　＝$\frac{2}{6}$△ABC面積	由(2) △AGD＝△AGF＝$\frac{1}{6}$△ABC &全量等於分量之和
(4)　　△BCD面積 　　　＝△BGD＋△BGH＋△CGH 　　　＝$\frac{1}{6}$△ABC＋$\frac{1}{6}$△ABC＋$\frac{1}{6}$△ABC 　　　＝$\frac{3}{6}$△ABC面積	由(2) △BGD＝△BGH＝△CGH 　　　　　＝$\frac{1}{6}$△ABC面積 &全量等於分量之和
(5) 在△AED與△BCD中 　　　∠AED＝∠BCD 　　　∠EAD＝∠CBD 　　　$\overline{AD}＝\overline{BD}$	如圖9-5所示 已知直線L過A點與$\overline{BC}$平行& 內錯角相等 由(1) $\overline{CD}$為△ABC之中線
(6) △AED ≅ △BCD	由(5) & 根據A.A.S.三角形全等定理
(7) △AED面積＝△BCD面積 　　　＝$\frac{3}{6}$△ABC面積	由(6) & (4) 遞移律
(8)　　△AED的面積：四邊形ADGF的面積 　　　＝$\frac{3}{6}$△ABC面積：$\frac{2}{6}$△ABC面積 　　　＝3：2	題目所求 由(7) & (3) 倍比定理

6

如圖9-6，有兩個三角錐ABCD、EFGH，其中甲、乙、丙、丁分別表示
△ABC、△ACD、△EFG、△EGH。若∠ACB＝∠CAD＝∠EFG＝∠EGH＝
70°，∠BAC＝∠ACD＝∠EGF＝∠EHG＝50°。則下列敘述何者正確？〔97-1〕

(A) 甲、乙全等，丙、丁全等　　(B) 甲、乙全等，丙、丁不全等

(C) 甲、乙不全等，丙、丁全等　(D) 甲、乙不全等，丙、丁不全等

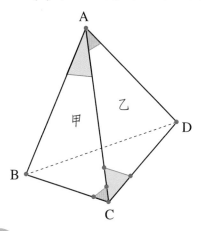 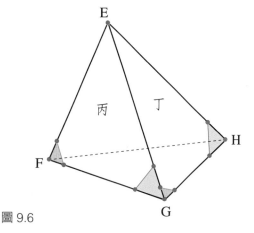

圖 9.6

 (B) 甲、乙全等，丙、丁不全等

 判斷三角形全等的方法有

1. S.A.S.三角形全等
2. S.S.S.三角形全等
3. A.A.S.三角形全等
4. A.S.A.三角形全等
5. R.S.H.三角形全等

敘述	理由
(1) 在△ABC與△CDA中 　　∠BAC＝∠ACD＝50° 　　$\overline{AC}=\overline{CA}$ 　　∠ACB＝∠CAD＝70°	如圖9.6所示 已知 共同邊 已知
(2) △ABC≅△CDA(即甲、乙全等)	由(1) 根據A.S.A.三角形全等定理 & 已知甲、乙分別表示△ABC、△ACD
(3) 丙、丁不全等	已知條件並無符合三角形全等的五種條件
(4) 所以答案選(B)	由(2) & (3)

7

如圖9.7，平行四邊形ABCD中，$\overline{BC}=12$，M為$\overline{BC}$中點，M到$\overline{AD}$的距離為8。若分別以B、C為圓心，$\overline{BM}$長為半徑畫弧，交$\overline{AB}$、$\overline{CD}$於E、F兩點，則圖9.7中灰色區域面積為何？　　　　　　　　　　　　　　　　〔96-1〕

(A) $96-12\pi$　　　(B) $96-18\pi$　　　(C) $96-24\pi$　　　(D) $96-27\pi$

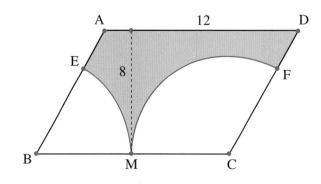

圖9.7

解答 (B) $96-18\pi$

想法

灰色區域面積
＝平行四邊形ABCD面積－(扇形BEM面積＋扇形CFM面積)

敘述	理由
(1)　平行四邊形ABCD面積 　　　＝12×8＝96	平行四邊形面積為底與高之乘積 & 已知 $\overline{BC}=12$，M到 $\overline{AD}$ 的距離為8
(2) $\overline{BM}=\overline{CM}=6$	已知 $\overline{BC}=12$，M為 $\overline{BC}$ 中點
(3)　扇形BEM面積 $=\dfrac{\angle EBM}{360°}\times\pi\times\overline{BM}^2$ $=\dfrac{\angle EBM}{360°}\times\pi\times6^2$	扇形面積 $=\dfrac{圓心角度}{360°}\times圓面積$ & 已知以B為圓心，$\overline{BM}$ 長為半徑畫弧 & (2) $\overline{BM}=6$
(4)　扇形CFM面積 $=\dfrac{\angle FCM}{360°}\times\pi\times\overline{CM}^2$ $=\dfrac{\angle FCM}{360°}\times\pi\times6^2$	扇形面積 $=\dfrac{圓心角度}{360°}\times圓面積$ & 已知以C為圓心，$\overline{BM}$ 長為半徑畫弧 & (2) $\overline{CM}=6$
(5)　扇形BEM面積＋扇形CFM面積 $=\dfrac{\angle EBM}{360°}\times\pi\times6^2+\dfrac{\angle FCM}{360°}\times\pi\times6^2$ $=\dfrac{\angle EBM+\angle FCM}{360°}\times\pi\times6^2$ $=\dfrac{180°}{360°}\times\pi\times6^2$ $=18\pi$	由(3) & (4) 已知ABCD為平行四邊形 & 平行四邊形鄰角互補 ∴ $\angle EBM+\angle FCM=180°$
(6)　灰色區域面積 ＝平行四邊形ABCD面積－ 　　(扇形BEM面積＋扇形CFM面積) ＝96－18π	如圖9.7所示 & 由(1) & (5)
(7) 所以本題選(B)	由(6)

8

如圖9.8-1，水平地面上有一面積為30π平方公分的扇形OAB，其中$\overline{OA}$的長度為6公分，且與地面垂直。若在沒有滑動的情況下，將圖9.8-1的扇形向右滾動至 垂直地面為止，如圖9.8-2所示，則O點移動多少公分？　〔96-1〕

(A) 20　　(B) 24　　(C) 10π　　(D) 30π

圖 9.8-1

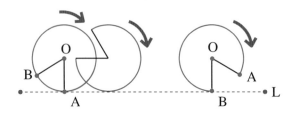

圖 9.8-1

(C) 10π

(1) 扇形面積定理　(2)圓弧長定理　(3) O點移動距離即為$\overparen{AB}$長度

敘　述	理　由
(1) 30π平方公分 $= \dfrac{\angle AOB}{360°} \times \pi \times \overline{OA}^2$ $= \dfrac{\angle AOB}{360°} \times \pi \times (6公分)^2$	扇形面積 $= \dfrac{圓心角度}{360°} \times 圓面積$ & 已知圓O半徑$\overline{OA}$的長度為6公分
(2) $\angle AOB = 300°$	由(1) 解$\angle AOB$之值
(3) $\overparen{AB}$長度 $= \dfrac{\angle AOB}{360°} \times 2\pi \times \overline{OA}$ $= \dfrac{300°}{360°} \times 2\pi \times (6公分)$ $= 10\pi$公分	圓弧長 $= \dfrac{圓心角度}{360°} \times 圓周長$ & 已知圓O半徑$\overline{OA}$的長度為6公分
(4) 所以本題答案選(C)	由(3)

9

圖9.9是由四個半徑為1的 $\frac{1}{4}$ 圓與六個邊長為1的正方形所組成。判斷下列各選項所敘述的圖形，哪一個的面積與圖中灰色區域（4個 $\frac{1}{4}$ 圓）面積相等？

(A) 以 $\overline{BD}$ 為直徑之圓　　　(B) 以 $\overline{BC}$ 為直徑之圓

(C) 以 $\overline{AB}$ 為直徑之圓　　　(D) 以 $\overline{AC}$ 為直徑之圓　　　　〔95-1〕

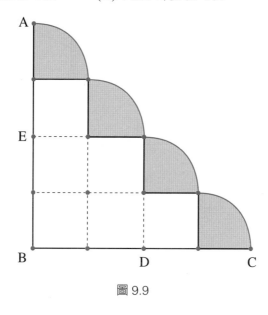

圖9.9

解答　(A) 以 $\overline{BD}$ 為直徑之圓

想法　利用(1)扇形面積定理　　(2)圓面積定理

解答說明

敘述	理由
(1) 灰色區域為4個半徑為1的 $\frac{1}{4}$ 圓，合計為1個半徑為1的圓	1個 $\frac{1}{4}$ 圓扇形的圓心角為90°，4個 $\frac{1}{4}$ 圓扇形的圓心角共360°，相當於1個圓
(2) $\overline{BD}$ 的長度為2，所以，以 $\overline{BD}$ 為直徑之圓即為半徑為1的圓	圓半徑為圓直徑的一半
(3) 所以本題答案選(A)	由(1) & (2)

10

如圖9.10，四邊形ABCD為長方形，$\overline{BD}$ 為對角線。今分別以B、D為圓心，$\overline{AB}$ 為半徑畫弧，交 $\overline{BD}$ 於E、F兩點。若 $\overline{AB}=8$，$\overline{BC}=5\pi$，則圖9.10中灰色區域(AEFG)面積為何？　　　　　　　　　　　　　　　　〔95-1〕

(A) 4π　　　(B) 5π　　　(C) 8π　　　(D) 10π

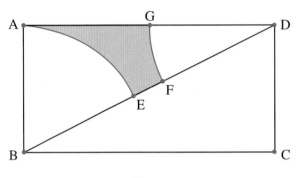

圖 9.10

 解答

(A) 4π

 想法

利用(1)扇形面積定理 (2)直角三角形面積定理

 解答說明

敘述	理由
(1) ∠BAD＝90°，△ABD為直角三角形 $\overline{AB}$ 為 △ABD 的底、$\overline{AD}$ 為 △ABD 的高，且 $\overline{AD}=\overline{BC}=5\pi$	已知四邊形ABCD為長方形 & 長方形四個內角皆為直角 & 長方形兩組對邊相等 & 已知 $\overline{BC}=5\pi$
(2) 　△ABD面積 ＝扇形BAE面積＋扇形DFG面積 ＋灰色區域(AEFG)面積	全量等於分量之和
(3) △ABD面積＝$\frac{1}{2}\times 8\times 5\pi=20\pi$	三角形面積為底與高乘積的一半 & 由(1)$\overline{AB}$ 為△ABD的底、$\overline{AD}$ 為△ABD的高，且 $\overline{AD}=5\pi$ & 已知 $\overline{AB}=8$

(4)　扇形BAE 面積＋扇形DFG面積 $=\dfrac{\angle \text{ABE}}{360°}\times \pi \times \overline{AB}^2+$ $\quad \dfrac{\angle \text{FDG}}{360°}\times \pi \times \overline{DG}^2$ $=\dfrac{\angle \text{ABE}}{360°}\times \pi \times \overline{AB}^2$ $\quad +\dfrac{\angle \text{FDG}}{360°}\times \pi \times \overline{AB}^2$ $=\dfrac{\angle \text{ABE}+\angle \text{FDG}}{360°}\times \pi \times \overline{AB}^2$ $=\dfrac{90°}{360°}\times \pi \times 8^2$ $=16\pi$	扇形面積$=\dfrac{\text{圓心角度}}{360°}\times$圓面積 & 已知分別以B、D為圓心，$\overline{AB}$為半徑 畫弧，交$\overline{BD}$於E、F兩點。故$\overline{DG}=\overline{AB}$ & (1)∠BAD＝90°，△ABD為直角三 　　角形 ∴ ∠ABE＋∠FDG＝90°
(5)　灰色區域(AEFG)面積 　　＝△ABD面積－扇形BAE面積 　　　－扇形DFG面積 　　＝△ABD面積－ 　　　(扇形BAE面積＋扇形DFG面積) 　　＝20π－16π 　　＝4π	由(2) 等量減法公理 & (3) △ABD面積＝20π & (4)　扇形BAE 面積＋扇形DFG面積 　　　＝16π
(6) 所以本題答案選(A)	由(5)

11

如圖9.11，有一圓及長方形ABCD，其中A、B、C、D四點皆在圓上，且 $\overline{BC} < \overline{CD}$。今分別以 $\overline{BC}$、$\overline{CD}$ 為邊長作甲、乙兩正方形。若圓半徑為1.5公分，則甲、乙兩正方形面積和為多少平方公分？ 〔95-1〕

(A) 4.5　　(B) 6　　(C) 7.5　　(D) 9

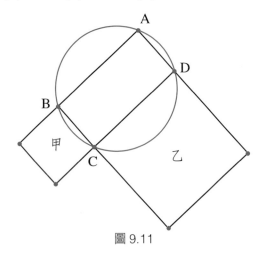

圖9.11

 (D) 甲、乙兩正方形面積和為9平方公分。

 利用(1) 圓周角定理 及 (2)畢氏定理。

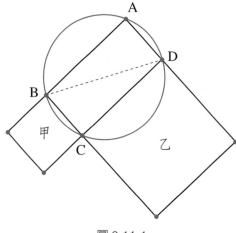

圖9.11-1

敘述	理由
(1) 連接 $\overline{BD}$	兩點可作一直線
(2) 圓周角∠BCD＝90°	已知ABCD為長方形，長方形每個角都是直角
(3) $\overparen{BAD}$ 度數＝180°	弧度為所對之圓周角的2倍
(4) $\overline{BD}$ 為圓的直徑	由(3) & 半圓的弧度為180°，$\overline{BD}$ 為半圓的兩端點
(5) $\overline{BD}$ ＝3公分	由(4) & 已知圓半徑長為1.5公分
(6) 甲正方形面積＝$\overline{BC}^2$	已知以 $\overline{BC}$ 為邊長作甲正方形 & 正方形面積為邊長的平方
(7) 乙正方形面積＝$\overline{CD}^2$	已知以 $\overline{CD}$ 為邊長作乙正方形 & 正方形面積為邊長的平方
(8) 直角△BCD中 $\overline{BC}^2＋\overline{CD}^2＝\overline{BD}^2$	由(2) ∠BCD＝90° & 畢氏定理
(9) 甲面積＋乙面積＝(3公分)^2 ＝9平方公分	由(5)、(6)、(7) & (8) 代換
(10) 所以本題答案選(D)	由(9)

12

已知甲、乙、丙、丁為四個全等的六邊形,且緊密地圍著灰色圖形戊。若甲、乙、丙、丁的每一邊長均為1,則戊面積與甲面積的比值為何?

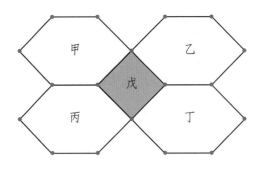

圖 9.12(a)

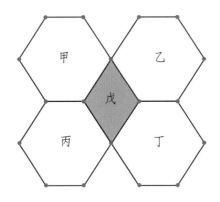

圖 9.12(b)

 解 答　(D) $\dfrac{1}{1+\sqrt{2}}$(戊為正方形)　　(B) $\dfrac{1}{3}$(戊為菱形)

 想 法　戊為邊長都為1的四邊形,戊的形狀可能有兩種情形:

1. 圖9.12(a)中,戊為正方形

2. 圖9.12(b)中,戊為菱形,甲、乙、丙、丁均為正六邊形

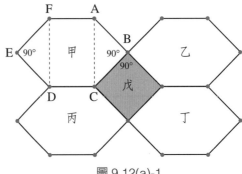

圖 9.12(a)-1

圖9.12(a)中，戊的形狀為正方形

敘述	理由
(1) 戊為邊長都為1的正方形，其面積為$\overline{BC}^2=1$	正方形面積為邊長的平方 & 已知甲、乙、丙、丁的每一邊長均為1
(2) 在甲六邊形中連接點A與點C、連接點D與點F，如圖9.12(a)-1	兩點作一直線
(3) 甲六邊形是二個直角三角形($\triangle$ABC、$\triangle$DEF)和一個長方形ACDF組成	如圖9.12(a)-1，全量等全部分量的和
(4) $\triangle$ABC面積 $=\dfrac{1}{2}\times\overline{AB}\times\overline{BC}=\dfrac{1}{2}\times1\times1=\dfrac{1}{2}$	三角形面積底與高乘積的一半 & 已知甲的每一邊長均為1
(5) $\triangle$DEF面積 $=\dfrac{1}{2}\times\overline{EF}\times\overline{ED}=\dfrac{1}{2}\times1\times1=\dfrac{1}{2}$	三角形面積底與高乘積的一半 & 已知甲的每一邊長均為1
(6) $\triangle$DEF中，$\overline{FD}=\sqrt{1^2+1^2}=\sqrt{2}$	畢氏定理 & 已知甲的每一邊長均為1
(7) 長方形ACDF面積 $=\overline{AF}\times\overline{FD}=1\times\sqrt{2}=\sqrt{2}$	長方形面積為長與寬之乘積 & 已知甲的每一邊長均為1 & (6) $\overline{FD}=\sqrt{2}$
(8) 甲面積 $=\triangle$ABC面積$+\triangle$DEF面積$+$長方形ACDF面積 $=\dfrac{1}{2}+\dfrac{1}{2}+\sqrt{2}=1+\sqrt{2}$	由(4)、(5) & (7)
(9) 戊面積：甲面積 $=1:(1+\sqrt{2})=\dfrac{1}{1+\sqrt{2}}$	比值定義 & 由(1) 戊面積$=1$、(8) 甲面積$=1+\sqrt{2}$
(10) 所以若戊為正方形，則本題答案選(D)	由(9)

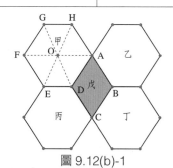

圖 9.12(b)-1

圖9.12(b)中，戊為菱形，甲、乙、丙、丁均為正六邊形

敘述	理由
(1) 連接戊四邊形的B點與D點，可將菱形分成2個面積相等的三角形，如圖9.12(b)-1所示， 則戊面積＝2×△ABD面積	已知甲、乙、丙、丁的每一邊長均為1，戊為菱形 & 菱形對角線將此菱形平分為兩個面積相等的三角形
(2) 由甲六邊形中心點O連接六個頂點，可將其分成6個邊長均為1的正三角形，如圖9.12(b)-1， 則甲面積＝6×△AOD面積	正六邊形由6個全等的正三角形組成 & 已知甲、乙、丙、丁的每一邊長均為1
(3) 甲圖形中，∠HAD＝120°	正六邊形每一內角為120°
(4) ∠HAD＋∠DAB＝180°	平角為180°
(5) ∠DAB＝180°－∠HAD 　　　＝180°－120°＝60°	由(4) 等量減法公理 & (3) ∠HAD＝120°
(6) △ABD為等腰三角形	已知甲、乙的每一邊長均為1
(7) ∠ADB＝∠ABD 　　　＝(180°－∠DAB)÷2 　　　＝(180°－60°)÷2＝60°	由(6) 等腰三角形底角＝(180°－頂角)÷2 & (5) ∠DAB＝60°
(8) △ABD為邊長為1的正三角形	由(5) & (6) 等角三角形為正三角形 & 已知甲、乙、丙、丁的每一邊長均為1
(9) △ABD面積＝△AOD面積	由(2) & (9) △ABD與△AOD皆為邊長為1的正三角形
(10)　　戊面積：甲面積 ＝2×△ABD面積：6×△AOD面積 ＝2×△AOD面積：6×△AOD面積 ＝1：3 ＝$\frac{1}{3}$	由(1) 戊面積＝2×△ABD面積、 (2) 甲面積＝6×△AOD面積 & (9) △ABD面積＝△AOD面積 倍比定理
(11) 所以若戊為菱形，則本題答案選 　　 (B)	由(10)

13

將182個面積為1的正方形，分別緊密地拼成面積為84與98的兩長方形 ABCD與EFGH。若 $\overline{AB}=\overline{EF}$，且 $\overline{AB}>10$，則 $\overline{AB}=$？　　　　〔94-1〕

(A) 12　　(B) 14　　(C) 17　　(D) 21

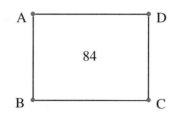
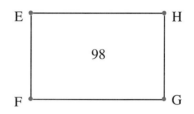

圖 9.13

解答

(B) 14

想法

矩形面積定理

解答說明

敘述	理由
(1) 長方形ABCD面積＝$\overline{AB}\times\overline{AD}$	長方形面積為長與寬之乘積
(2) 長方形EFGH面積＝$\overline{EF}\times\overline{EH}$ ＝$\overline{AB}\times\overline{EH}$	長方形面積為長與寬之乘積 & 已知 $\overline{AB}=\overline{EF}$
(3)　長方形EFGH面積－長方形ABCD面積 ＝$\overline{AB}\times\overline{EH}-\overline{AB}\times\overline{AD}$ ＝$\overline{AB}\times(\overline{EH}-\overline{AD})$	由(1)式－(2)式 & 乘法分配律
(4) $98-84=\overline{AB}\times(\overline{EH}-\overline{AD})$	由(3) & 已知長方形EFGH面積＝98、 長方形ABCD面積＝84
(5) $14=\overline{AB}\times(\overline{EH}-\overline{AD})$	由(4)
(6) $\overline{AB}=14$ & $\overline{EH}-\overline{AD}=1$	因為14＝14×1；14＝7×2； 14＝2×7；14＝1×14且 $\overline{AB}>10$ 故 $\overline{AB}=14$ & $\overline{EH}-\overline{AD}=1$
(7) 所以本題答案選(B)	由(6)

14

圖9.14是測量一物體體積的過程：

步驟一：將300ml的水裝進一個容量為450ml的杯子中。

步驟二：將三個相同的玻璃珠放入水中，結果水沒有滿。

步驟三：同樣的玻璃珠再加兩個放入水中，結果水滿溢出。

根據以上過程，推測一顆玻璃珠的體積在下列哪一範圍內？(1ml＝1cm³)

(A) 30cm³以上，50cm³以下 　　　(B) 50cm³以上，70cm³以下 　　　〔94-1〕

(C) 70cm³以上，90cm³以下 　　　(D) 90cm³以上，110cm³以下

圖 9.14-1　　　　　　圖 9.14-2　　　　　　圖 9.14-3

(A) 30cm3以上，50cm³以下

(1) 體積 (2)容量

敘述	理由
(1) 如圖9.14-1： 　　未裝水的容量＝450 ml－300 ml 　　　　　　　　＝150 ml＝150 cm³	步驟一：將300ml的水裝進一個容量 　　　　　為450ml的杯子中
(2) 假設一顆玻璃珠的體積＝xcm³	假設
(3) 如圖9.14-2：3x＜150 　　　　　　　　x＜50	步驟二：將三個相同的玻璃珠放入水 　　　　　中，結果水沒有滿 & 　　　　　等量除法公理
(4) 如圖9.14-3：5x＞150 　　　　　　　　x＞30	步驟三：同樣的玻璃珠再加兩個放入 　　　　　水中，結果水滿溢出 & 　　　　　等量除法公理
(5) 30＜x＜50	由(3) & (4) 求交集
(6) 所以本題答案選(A)	由(5)

15

圖9.15中三個四邊形BCJK、CDHI、DEFG均為矩形，且A、B、C、D、E五點在同一直線上。已知I、G兩點分別在$\overline{CJ}$與$\overline{DH}$上，且$\overline{AB}=\overline{BC}=\overline{CD}=\overline{DE}$。若△ABK的面積為a，△EFG、△GHI、△IJK的面積和為b，則a：b＝？ 〔94-1〕

(A) 1：1　　　(B) 1：2　　　(C) 1：3　　　(D) 2：3

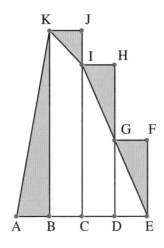

圖 9.15

(A) 1：1

三角形面積定理

敘述	理由
(1) △ABK面積＝a＝$\frac{1}{2}\times\overline{AB}\times\overline{BK}$	三角形面積定理 & 已知△ABK的面積為a
(2) △EFG面積＝$\frac{1}{2}\times\overline{GF}\times\overline{EF}$ 　　　＝$\frac{1}{2}\times\overline{DE}\times\overline{EF}$	三角形面積定理 & 已知四邊形DEFG為矩形、 矩形對邊等長($\overline{GF}=\overline{DE}$)
(3) △GHI面積＝$\frac{1}{2}\times\overline{HI}\times\overline{GH}$ 　　　＝$\frac{1}{2}\times\overline{CD}\times\overline{GH}$	三角形面積定理 & 已知四邊形CDHI為矩形、 矩形對邊等長($\overline{HI}=\overline{CD}$)
(4) △IJK面積＝$\frac{1}{2}\times\overline{JK}\times\overline{IJ}$ 　　　＝$\frac{1}{2}\times\overline{BC}\times\overline{IJ}$	三角形面積定理 & 已知四邊形BCJK為矩形、 矩形對邊等長($\overline{JK}=\overline{BC}$)
(5)　b 　＝△EFG＋△GHI＋△IJK的面積 　＝$\frac{1}{2}\times\overline{GF}\times\overline{EF}+\frac{1}{2}\times\overline{CD}\times\overline{GH}+$ 　　$\frac{1}{2}\times\overline{BC}\times\overline{IJ}$ 　＝$\frac{1}{2}\times(\overline{DE}\times\overline{EF}+\overline{CD}\times\overline{GH}+\overline{BC}\times\overline{IJ})$ 　＝$\frac{1}{2}\times(\overline{AB}\times\overline{EF}+\overline{AB}\times\overline{GH}+\overline{AB}\times\overline{IJ})$ 　＝$\frac{1}{2}\times\overline{AB}\times(\overline{EF}+\overline{GH}+\overline{IJ})$ 　＝$\frac{1}{2}\times\overline{AB}\times\overline{BK}$	已知△EFG、△GHI、△IJK面積 和為b &(2)、(3)、(4) 提出$\frac{1}{2}$ 已知$\overline{AB}=\overline{BC}=\overline{CD}=\overline{DE}$ 提出$\overline{AB}$ 全量等於分量之和 $\overline{BK}=\overline{EF}+\overline{GH}+\overline{IJ}$
(6) a：b＝$\frac{1}{2}\times\overline{AB}\times\overline{BK}:\frac{1}{2}\times\overline{AB}\times\overline{BK}$ 　　　＝1：1	由(1) & (5) 倍比定理
(7) 所以本題答案選(A)	由(6)

16

如圖9.16，四邊形ABCD為一平行四邊形，P在$\overrightarrow{CD}$上，且$\overline{PD}=2\overline{DC}$。甲、乙兩人想通過P點作一直線，將平行四邊形分成兩個等面積的區域，其作法如下：

甲：取$\overline{AD}$中點E，作$\overrightarrow{PE}$，即為所求。

乙：連接$\overline{BD}$、$\overline{AC}$交於O，作$\overrightarrow{PO}$，即為所求。

對於甲、乙兩人的作法，下列判斷何者正確？　　　　　　　　　　〔94-1〕

(A) 甲、乙皆正確　　　　　　　(B) 甲、乙皆錯誤

(C) 甲正確，乙錯誤　　　　　　(D) 甲錯誤，乙正確

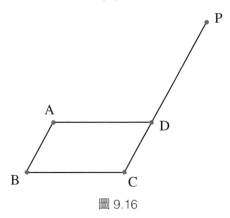

圖 9.16

 (D) 甲錯誤，乙正確

甲作法

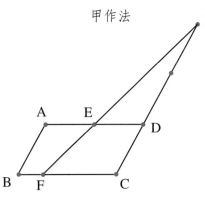

圖 9.16-1

乙作法

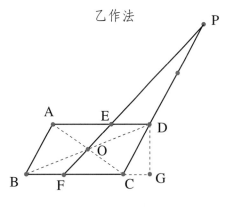

圖 9.16-2

敘　述	理　由
(1) 如圖9.16-1，甲錯誤	無法證明四邊形ABFE面積＝四邊形CDEF面積
(2) 如圖9.16-2，乙正確	$\overline{AE}=\overline{CF}$（$\because \triangle$OAE $\cong \triangle$OCF A.S.A.全等定理） $\overline{BF}=\overline{DE}$（$\because \triangle$OBF $\cong \triangle$ODE A.S.A.全等定理） 梯形ABFE面積$=\dfrac{1}{2}\times(\overline{BF}+\overline{AE})\times\overline{DG}$ 梯形CDEF面積$=\dfrac{1}{2}\times(\overline{DE}+\overline{CF})\times\overline{DG}$ $=\dfrac{1}{2}\times(\overline{AE}+\overline{BF})\times\overline{DG}$ 所以梯形ABFE面積＝梯形CDEF面積
(3) 所以本題選(D)	由(1) & (2)

17

如圖9.17，AIB、BJC、DLE、EKF、AGD、BGE、BHE、CHF皆為直徑為2
的半圓。求灰色部分面積為何？　　　　　　　　　　　　　　　〔94-1〕

(A) 4　　　　(B) 8　　　　(C) 2π　　　(D) 4π

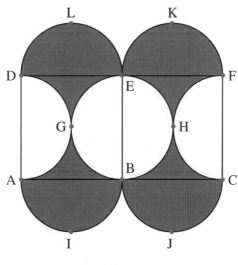

圖 9.17

(B) 8

直徑相同之圓面積相等

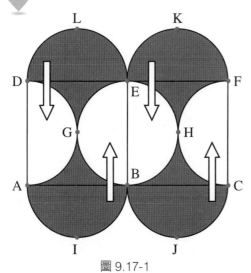

圖 9.17-1

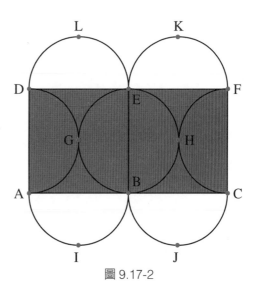

圖 9.17-2

敘述	理由
(1) 半圓DLE面積＝半圓AGD面積 　　半圓AIB面積＝半圓BGE面積 　　半圓EKF面積＝半圓EHB面積 　　半圓BJC面積＝半圓CHF面積	已知AIB、BJC、DLE、EKF、AGD、BGE、BHE、CHF皆為直徑為2的半圓 & 相同直徑之半圓面積相等
(2) 如圖9.17-1， 　　將半圓DLE移到半圓AGD位置 　　將半圓AIB移到半圓BGE位置 　　將半圓EKF移到半圓EHB位置 　　將半圓BJC移到半圓CHF位置	由(1) & 移形公理
(3) 如圖9.17-2， 　　灰色部份為兩個邊長為2的正方形	由(2)
(4) 灰色部分面積＝2×(2×2) 　　　　　　　　　＝8平方單位	由(3) & 正方形面積為邊長平方
(5) 所以本題答案選(B)	由(4)

18

如圖9.18，將長方形分成六塊大小相同的正方形，則灰色區域面積與原長方形面積的比值為何？　　　　　　　　　　　　　　　　〔93-1〕

(A) $\frac{4}{6}$　　(B) $\frac{4}{7}$　　(C) $\frac{5}{12}$　　(D) $\frac{7}{12}$

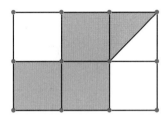

圖 9.18

(D) $\frac{7}{12}$

全等形

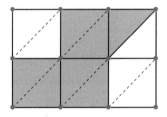

圖 9.18-1

敘述	理由
(1) 將每一正方形作一對角線，可將六塊大小相同的正方形分成12塊大小相同的三角形，如圖9.18-1，則灰色區域為7塊三角形，原長方形為12塊三角形	已知將長方形分成六塊大小相同的正方形 & 正方形對角線將此正方形平分成兩個面積相等的三角形
(2)　灰色區域面積：原長方形面積　=7塊三角形面積：12塊三角形面積　=7：12　=$\frac{7}{12}$	由(1) 倍比定理 比值定義

19

有一個體積為512立方公分的正方體,求此正方體的表面積為多少平方公分? 〔93-1〕

(A) 144　　(B) 192　　(C) 256　　(D) 384平方公分

解答 (D) 384

想法 (1) 利用正方體體積為邊長的立方求出正方體邊長

(2) 邊長為a的正方體表面積＝6a²

解答說明

敘述	理由
(1) (正立方體邊長)³＝512立方公分	正方體體積＝(邊長)³ & 已知正立方體體積為512立方公分
(2) 正立方體邊長＝$\sqrt[3]{512$立方公分} 　　　　＝8公分	由(1) 求立方根
(3) 正方體表面積＝6×(8公分)² 　　　　　＝6×(64平方公分) 　　　　　＝384平方公分	邊長為a的正方體表面積＝6a² & (2) 正立方體邊長＝8公分
(4) 所以本題答案選(D)	由(3)

20

如圖9.19，將長為50公分、寬為2公分的矩形，折成圖9.20-1的圖形並塗上灰色，則灰色部分的面積為多少平方公分？ 〔92-1〕

(A) 94　　　(B) 96　　　(C) 98　　　(D) 100平方公分

50公分

2公分

圖9.19

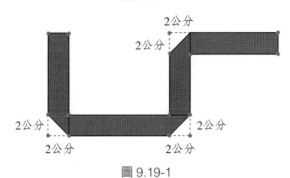

圖 9.19-1

(A) 94

灰色部分的面積＝原矩形面積－3×（底高都是2公分的直角三角形面積）

敘述	理由
(1)　灰色部分的面積 ＝原矩形面積－3×(底高都是2公分的直角三角形面積)	已知原矩形的寬為2公分 & 折成圖9.19-1後，灰色部分面積比原矩形面積減少了3個虛線三角形部分的面積，而此3個三角形的底和高與原矩形的寬等長
(2)原矩形面積＝(2公分)×(50公分) 　　　　　　＝100 平方公分	矩形面積為長與寬之乘積 & 已知原矩形的長為50公分，寬為2公分
(3)三角形面積＝$\frac{1}{2}$×(2公分)×(2公分) 　　　　　＝2 平方公分	三角形面積為底與高乘積的一半 & 由(1)此3個三角形的底和高都為2公分
(4)　灰色部分的面積 　　＝100平方公分－3×(2平方公分) 　　＝94平方公分	由(1)、(2) & (3)
(5) 所以本題答案選(A)	由(4)

21

如圖9.20，△ABC中，∠ABC＝90°，O為△ABC的外心，∠C＝60°，$\overline{BC}$＝2。
若△AOB面積＝a，△OBC面積＝b，則下列敘述何者正確？　　　〔92-1〕

(A) a＞b　　　(B) a＜b　　　(C) a＝b　　　(D) a＋b＝4

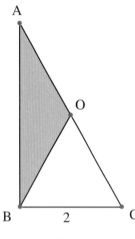

圖 9.20

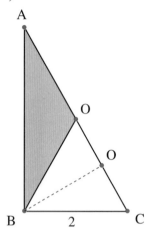

圖 9.20-1

(C) a＝b

(1) 直角三角形外心為斜邊中點
(2) 等高之三角形面積比為底邊之比（詳見例題9.1-43）

敘述	理由
(1) O點為$\overline{AC}$之中點，$\overline{AO}＝\overline{CO}$	已知△ABC中，∠ABC＝90°，O為△ABC的外心 & 直角三角形外心為斜邊中點
(2) 過B點作$\overline{BD}\perp\overline{AC}$交$\overline{AC}$於D點，則$\overline{BD}$同時為△AOB與△OBC的高，如圖9.20-1	作圖
(3)　△AOB面積：△OBC面積 ＝$\overline{AO}$：$\overline{CO}$	由(2)$\overline{BD}$同時為△AOB與△OBC的高 & 等高之三角形面積比為底邊之比
(4) a：b＝1：1	由(3) & 已知△AOB面積＝a，△OBC面積＝b & (1)$\overline{AO}＝\overline{CO}$
(5) a＝b	由(4) 外項乘積等於內項乘積
(6) 所以本題答案選(C)	由(5)

22

阿俊拼裝完成了直角柱形的燈架，如圖9.21所示。他共用了9支鋼管，其中30公分長的有4支，40公分長的有3支，50公分長的有2支。請問此燈架的三角形底面三邊長分別為多少？ 〔91-1〕

(A) 30公分、30公分、50公分 　　　(B) 30公分、30公分、40公分

(C) 30公分、40公分、50公分 　　　(D) 40公分、40公分、50公分

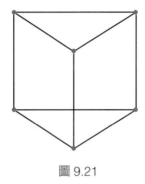

圖 9.21

解答 (A) 30公分、30公分、50公分

想法 三角柱的性質

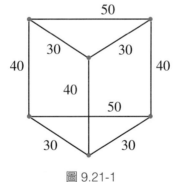

圖 9.21-1

解答說明

敘述	理由
(1) 40公分長的有3支為三角柱的三個高、50公分長的有2支為上底面與下底面三角形的斜邊、30公分長的有4支為上底面與下底面三角形的其他兩邊，此燈架的三角形底面三邊長分別為30公分、30公分、50公分，如圖9.21-1所示	三角柱的三個高等長，所以有可能為30公分或40公分，但如果高是30公分，則剩下一根30公分鋼管將無用處，因此三角柱的高為40公分的鋼管，底面三角形邊長則為30公分與50公分鋼管的組合
(2) 所以本題答案選(A)	由(1)

23

如圖9.22，ABCD為一矩形，過D作直線L與$\overline{AC}$平行後，再分別自A、C作直線與L垂直，垂足為E、F。若圖中兩塊灰色部分的面積和為a，△ABC的面積為b，則a：b＝？ 〔91-1〕

(A) 1：1　　(B) 1：$\sqrt{2}$　　(C) 1：$\sqrt{3}$　　(D) 1：2

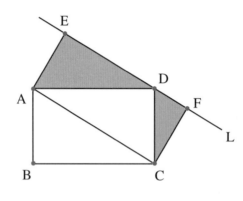

圖 9.22

解答 (A) 1：1

想法 (1) 利用平行四邊形對角線將此平行四邊形平分為兩個面積相等的三角形，可得△ABC面積等於△ACD面積

(2) 若能證明四邊形ACFE為平行四邊形，則可利用例題9.1-36結論：過平行四邊形邊上一點，與對邊兩頂點所形成的三角形面積，等於此平行四邊形面積的一半。可得△ACD面積為△ADE與△CDF的面積 之和（即灰色部分面積＝△ACD面積）

(3) 所以灰色部分面積＝△ACD面積＝△ABC面積

敘述	理由
(1) 矩形ABCD中， 　　△ABC面積＝△ACD面積	已知ABCD為一矩形 & 矩形的對角線平分矩形為兩個面積相等的三角形
(2) 四邊形ACFE中， 　　$\overline{AC}\,/\!/\,\overline{EF}$ 　　$\overline{AE}\,/\!/\,\overline{CF}$	已知過D作直線L與$\overline{AC}$平行 & 已知分別自A、C作直線與L垂直，垂足為E、F。（同時垂直於一直線之兩直線互相平行）
(3) 四邊形ACFE為平行四邊形	由(2) 兩組對邊平行為平行四邊形
(4) 平行四邊形ACFE中， 　　△ADE面積＋△CDF面積 ＝△ACD面積為	例題9.1-36結論：過平行四邊形邊上一點，與對邊兩頂點所形成的三角形面積，等於此平行四邊形面積的一半
(5)　△ADE面積＋△CDF面積 ＝△ABC面積	由(1) & (4) 遞移律
(6) a＝b	由(5) & 已知兩塊灰色部分的面積和為a，△ABC的面積為b
(7) a：b＝1：1	由(6) & 比的定義
(8) 所以本題答案選(A)	由(7)

24

如圖9.23，<u>美美景觀設計公司</u>設計一長方形庭園，其中長方形庭園長16公尺，寬12公尺，在其內部規劃S區（△EFG為等腰直角三角形，其中G點為 $\overline{CD}$ 中點）為觀賞休憩區，T區（長方形IJKL）為人行步道區，使得剩餘的花草區（灰色部分）的面積為141平方公尺，試問T區的寬度（$\overline{IJ}$）是多少公尺？

(A) 1　　　(B) 1.5　　　(C) 2　　　(D) 2.5公尺　　　　　　〔90-1〕

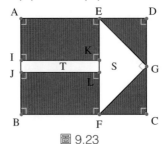

圖 9.23

解答　(B) 1.5

想法　長方形庭園面積＝灰色部分面積＋長方形IJKL面積＋△EFG面積

解答說明

敘述	理由
(1)　長方形庭園面積 　＝灰色部分面積＋長方形IJKL面積＋△EFG面積	如圖9.23 全量等於分量之和
(2)　長方形庭園面積 　＝(16公尺)×(12公尺) 　＝192平方公尺	長方形面積為長與寬之乘積 & 已知長方形庭園長16公尺，寬12公尺
(3)　△EFG面積$=\dfrac{\overline{EG}\times\overline{FG}}{2}=\dfrac{\overline{EG}^2}{2}$	三角形面積為底與高乘積的一半 & 已知△EFG為等腰直角三角形
(4)　長方形IJKL面積$=\overline{IK}\times\overline{IJ}$	長方形面積為長與寬之乘積
(5)　長方形庭園中，$\overline{EF}=\overline{AB}=12$公尺 & $\overline{DG}=\dfrac{1}{2}\overline{CD}=6$公尺	長方形庭園寬12公尺 & G點為 $\overline{CD}$ 中點
(6)　△EFG中，$\overline{EG}:\overline{EF}=1:\sqrt{2}$	已知△EFG為等腰直角三角形 & 等腰直角三角形股與斜邊之比為 $1:\sqrt{2}$
(7)　$\sqrt{2}\times\overline{EG}=\overline{EF}$	由(6)外項乘積等於內項乘積

(8) $\overline{EG}=\dfrac{\overline{EF}}{\sqrt{2}}=\dfrac{12公尺}{\sqrt{2}}=6\sqrt{2}$ 公尺	由(7) 等量除法公理 & (5) $\overline{EF}=12$公尺
(9) $\triangle$EFG面積$=\dfrac{\overline{EG}^2}{2}$ $=\dfrac{(6\sqrt{2}公尺)^2}{2}$ $=36$平方公尺	由(3) & (8) $\overline{EG}=6\sqrt{2}$ 公尺
(10) $\triangle$DEG中，$\overline{DE}^2+\overline{DG}^2=\overline{EG}^2$	畢氏定理
(11) $\overline{DE}^2=\overline{EG}^2-\overline{DG}^2$ $=(6\sqrt{2}公尺)^2-(6公尺)^2$ $=36$平方公尺	由(10) 等量減法公理 & (8) $\overline{EG}=6\sqrt{2}$公尺、(5) $\overline{DG}=6$公尺
(12) $\overline{DE}=6$公尺 或 $\overline{DE}=-6$公尺	由(11) 求平方根
(13) 所以$\overline{DE}=6$公尺	由(12) & $\overline{DE}$為線段長度必大於0
(14) 長方形庭園中，$\overline{AE}+\overline{ED}=\overline{AD}$	全量等於分量之和
(15) $\overline{AE}=\overline{AD}-\overline{ED}$ $=16公尺-6公尺=10公尺$	由(14) 等量減法公理 & 已知長方形庭園長16公尺 & (13) $\overline{DE}=6$公尺
(16) 矩形AIKE中，$\overline{IK}=\overline{AE}=10$公尺	矩形對邊等長 & (15) $\overline{AE}=10$公尺
(17) 長方形IJKL面積$=\overline{IK}\times\overline{IJ}$ $=(10公尺)\times\overline{IJ}$	由(4) & (16) $\overline{IK}=10$公尺
(18) 　192平方公尺 $=141$平方公尺$+(10$公尺$)\times\overline{IJ}$ $+36$平方公尺	由(1) & (2) 長方形庭園面積=192平方公尺、已知灰色部分面積為141平方公尺、(17) 長方形IJKL面積=(10公尺)$\times\overline{IJ}$ (9) $\triangle$EFG面積=36平方公尺
(19) 　$(10公尺)\times\overline{IJ}$ $=192$平方公尺-141平方公尺$-$ 36平方公尺 $=15$平方公尺	由(18) 等量減法公理
(20) $\overline{IJ}=(15$平方公尺$)\div(10$公尺$)$ $=1.5$公尺	由(19) 等量除法公理

25

圖9.24中，$\overline{AB}$、$\overline{CD}$為圓O的兩條直徑，若∠ACD＝2∠AOC，且圓O的半徑為30公分，則∠BOC對的弧長是多少公分？ 〔90-1〕

(A) 10π　(B) 12π　(C) 20π　(D) 24π公分

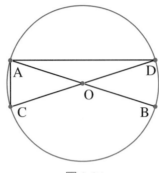

圖 9.24

 解答

(D) 24π

 想法

(1) 圓周角所對的弧度為此圓周角的2倍
(2) 圓心角的度數等於所對的弧度數

 解答說明

敘述	理由
(1)假設∠AOC＝x°，則∠ACD＝2x°	假設 & 已知∠ACD＝2∠AOC
(2) $\overparen{AC}$的度數＝∠AOC＝x° $\overparen{AD}$的度數＝2∠ACD＝4x°	由(1) & 圓心角的度數等於所對的弧度數 & 圓周角所對的弧度為此圓周角的2倍
(3) $\overparen{AC}$的度數＋$\overparen{AD}$的度數＝180°	已知$\overline{CD}$為圓O直徑
(4) x°＋4x°＝180°	由(2) & (4) 代換
(5) x＝36	由(4) 解一元一次方程式
(6) ∠AOD＝$\overparen{AD}$的度數＝4x°＝144°	圓心角的度數等於所對的弧度數 & (2) $\overparen{AD}$的度數＝4x° & (5) x＝36
(7) ∠BOC＝∠AOD＝144°	對頂角相等 & (6) ∠AOD＝144°
(8) $\overparen{BD}$的弧長＝$\dfrac{∠BOC}{360°}×2×\pi×$圓半徑 ＝$\dfrac{144°}{360°}×2×\pi×(30公分)$ ＝24π公分	弧長＝$\dfrac{圓心角度數}{360°}×$圓周長 & (7) 圓心角∠BOC＝144°、已知圓O的半徑為30公分

26

如圖9.25，$\overline{AB}$ 是圓O的直徑，$\overline{BC}$ 是過B點之切線，D在 $\overline{AB}$ 上。求作：在 $\overline{BC}$ 上取P點，使得 $\overline{AP}$ 平分△ABC面積。

下列有四圈尺規作圖的方法，何者錯誤？　　　　　　　　　　〔90-1〕

(A) 取 $\overline{BC}$ 的中點P，連接 $\overline{AP}$

(B) 作∠A之角平分線交 $\overline{AP}$ 於P點

(C) 作 $\overline{BD}$ 的中垂線交 $\overline{BC}$ 於P點，連接 $\overline{AP}$

(D) 過O點作直線平行 $\overline{AC}$ 交 $\overline{BC}$ 於P點，連接 $\overline{AP}$

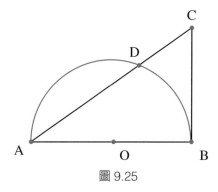

圖 9.25

解答　(B) 作∠A之角平分線交 $\overline{AP}$ 於P點

想法

(1) 若 $\overline{AP}$ 平分△ABC面積，則△ABP面積：△ACP面積＝1：1

(2) 等高之三角形面積比為底邊長之比，因此 $\overline{BP}：\overline{CP}＝1：1$，故P點為之 $\overline{BC}$ 中點

解答說明

敘述	理由
(1) (A) 正確	△ABP面積：△ACP面積＝ $\overline{BP}：\overline{CP}$，P為 $\overline{BC}$ 的中點，$\overline{BP}：\overline{CP}＝1：1$，則△ABP面積：△ACP面積＝1：1，$\overline{AP}$ 平分△ABC面積

(2) (B) 錯誤 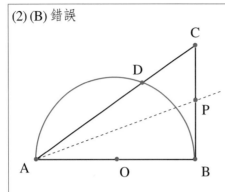	△ABP面積：△ACP面積＝$\overline{BP}$：$\overline{CP}$， $\overline{AP}$ 為∠A之角平分線， 根據定理8.1-14：三角形內分比定理，$\overline{BP}$：$\overline{CP}$＝$\overline{AB}$：$\overline{AC}$≠1：1， △ABP面積：△ACP面積≠1：1
(3) (C) 正確 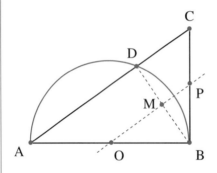	△ABP面積：△ACP面積＝$\overline{BP}$：$\overline{CP}$， ∠ADB＝90°（直徑$\overline{AB}$ 所對的圓周角為直角），則∠CDB＝90°，△CDB為直角三角形。作$\overline{BD}$ 的中垂線交$\overline{BC}$ 於P點，則P點為△CDB外心(直角三角形的外心為斜邊中點)，所以P為$\overline{BC}$ 的中點，$\overline{BP}$：$\overline{CP}$＝1：1， 則△ABP面積：△ACP面積＝1：1， $\overline{AP}$ 平分△ABC面積
(4) (D) 正確	△ABP面積：△ACP面積＝$\overline{BP}$：$\overline{CP}$， O點為$\overline{AB}$ 中點（已知$\overline{AB}$ 是圓O的直徑），過O點作直線平行$\overline{AC}$ 交$\overline{BC}$ 於P點，則P點為$\overline{BC}$ 中點，$\overline{BP}$：$\overline{CP}$＝1：1， 則△ABP面積：△ACP面積＝1：1， $\overline{AP}$ 平分△ABC面積
(5) 所以本題答案選(B)	由(2)

27

如圖9.26，△ABC為等腰三角形，$\overline{AB}=\overline{AC}=13$，$\overline{BC}=10$　　　〔90-1〕

步驟一：將$\overline{AB}$向$\overline{AC}$方向摺過去，$\overline{AB}$與$\overline{AC}$重合，出現摺線$\overline{AD}$，
　　　　　如圖9.26-1。

步驟二：將$\overline{CD}$向$\overline{AC}$方向摺過去，如圖9.26-2，使得$\overline{CD}$完全疊合在$\overline{AC}$上，
　　　　　出現摺線$\overline{CE}$，如圖9.26-3。

則△AEC的面積為何？

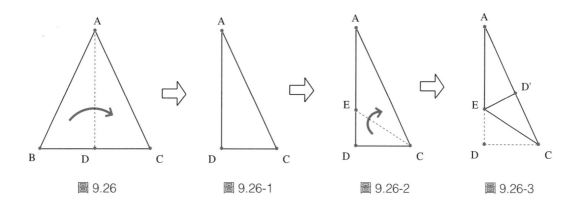

圖 9.26　　　　　　　圖 9.26-1　　　　　　圖 9.26-2　　　　　　圖 9.26-3

(A) 15　(B) $\dfrac{65}{4}$　(C) 20　(D) $\dfrac{65}{3}$

(D) $\dfrac{65}{3}$

(1) 利用對摺後圖形對稱的性質求出$\overline{ED'}$之值

(2) 三角形面積為底與高乘積的一半

敘述	理由
(1) 圖9.26中，△ACD ≅ △ABD 　　$\overline{CD}=\overline{BD}=\dfrac{1}{2}\overline{BC}=\dfrac{1}{2}\times10=5$ 　　∠CDA＝∠BDA＝90°	由步驟一：對摺後圖形對稱 $\overline{CD}=\overline{BD}$ & 已知 $\overline{BC}=10$ ∠CDA＝∠BDA & ∠CDA＋∠BDA＝180°

(2) 如圖9.26-1所示，直角△ADC中， $\overline{CD}^2 + \overline{AD}^2 = \overline{AC}^2$ $\overline{AD}^2 = \overline{AC}^2 - \overline{CD}^2$ $\quad = 13^2 - 5^2$ $\quad = 144$ $\overline{AD} = 12$	由(1) ∠CDA＝90° & 畢氏定理 等量減法公理 已知$\overline{AC} = 13$ & (1) $\overline{CD} = 5$ 求平方根 & $\overline{AD}$為線段長度必大於0
(3) 圖9.26-3中，△CD'E ≅ △CDE， $\overline{CD'} = \overline{CD} = 5$ $\overline{ED'} = \overline{ED}$ ∠CD'E＝∠CDE＝90°	由步驟二：對摺後圖形對稱 對應邊相等 & (1) $\overline{CD} = 5$ 對應邊相等 對應角相等 & (1) ∠CDA＝90°
(4) 圖9.26-3中，$\overline{AD'} + \overline{CD'} = \overline{AC}$ $\quad\quad\overline{AD'} = \overline{AC} - \overline{CD'}$ $\quad\quad\quad = 13 - 5$ $\quad\quad\quad = 8$	全量等於分量之和 等量減法公理 已知$\overline{AC} = 13$ & (3) $\overline{CD'} = 5$
(5) 圖9.26-3中，$\overline{AE} + \overline{ED} = \overline{AD}$ $\quad\quad\overline{AE} = \overline{AD} - \overline{ED}$ $\quad\quad\quad = 12 - \overline{ED'}$	全量等於分量之和 等量減法公理 由(2) $\overline{AD} = 12$
(6) 如圖9.26-3所示，直角△AD'E中， $\overline{AD'}^2 + \overline{ED'}^2 = \overline{AE}^2$ $8^2 + \overline{ED'}^2 = (12 - \overline{ED'})^2$ $\quad\quad \overline{ED'} = \dfrac{10}{3}$	由(3) ∠CD'E＝90° & 畢氏定理 由(4) $\overline{AD'} = 8$ & (5) $\overline{AE} = 12 - \overline{ED'}$ 求$\overline{ED'}$
(7) △AEC面積 $= \dfrac{1}{2} \times \overline{AC} \times \overline{ED'}$ $\quad\quad = \dfrac{1}{2} \times 13 \times \dfrac{10}{3}$ $\quad\quad = \dfrac{65}{3}$	三角形面積為底與高乘積之一半 已知$\overline{AC} = 13$ & (6) $\overline{ED'} = \dfrac{10}{3}$
(8) 所以本題答案選(D)	由(7)

28

如圖9.27，圓上有A、B、C、D四點，其中∠BAD＝80°。若$\overparen{ABC}$、$\overparen{ADC}$的長度分別為7π、11π，則$\overparen{BAD}$的長度為何？　　　　　〔98-1〕

(A) 4π　　(B) 8π　　(C) 10π　　(D) 15π

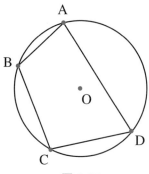

圖 9.27

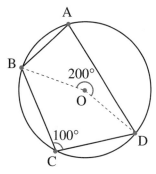

圖 9.27-1

(C) 10π

(1) 先利用$\overparen{ABC}$與$\overparen{ADC}$的長度求出圓周長度

(2) 利用圓內接四邊形對角互補的性質求出∠BCD

(3) 利用同弧所對之圓心角為圓周角的2倍，求出∠BOD

(4) 最後利用弧長＝$\dfrac{圓心角度}{360°}$×圓周長，求出$\overparen{BAD}$的長度

敘述	理由
(1) 連接$\overline{BO}$、$\overline{DO}$，如圖9.27-1所示	兩點決定一直線
(2) 圓O周長＝$\overparen{ABC}$＋$\overparen{ADC}$　　　　＝7π＋11π＝18π	全量等於分量之和 & 已知$\overparen{ABC}$、$\overparen{ADC}$的長度分別為7π、11π
(3) ∠BAD＋∠BCD＝180°	圓內接四邊形對角互補
(4) ∠BCD＝180°－∠BAD　　　　＝180°－80°＝100°	由(3) 等量減法公理 & 已知∠BAD＝80°
(5) 優角∠BOD＝2∠BCD＝2×100°　　　　＝200°	同弧所對之圓心角為圓周角的2倍 & (4) ∠BCD＝100°
(6) $\overparen{BAD}$的長度＝$\dfrac{200°}{360°}$×18π＝10π	弧長＝$\dfrac{圓心角度}{360°}$×圓周長 & (5) 優角∠BOD＝200°、 (2) 圓O周長＝18π

第十章　平面座標

本章介紹座標來表示點的位置關係，以及幾何圖形在座標平面上的一些性質。

10.1 節　直角座標

定義 10.1-1

數線與點座標

在直線上取一點，設為原點O，以O點為中心，箭頭方向為正向，箭頭反方向為負向，此直線稱為數線。點座標為此點距離原點O多少單位長度的大小。

如圖10.1-1，A點在原點O的右方3個單位，A點座標為3，記為A(3)；B點在原點O的左方2個單位，B點座標為−2，記為B(−2)。

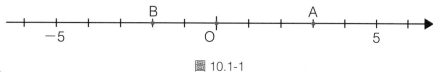

圖 10.1-1

例題 **10.1-1**

在圖10.1-2的數線上標出P(−5)，Q(2)，R(3.5)三點的位置。

圖 10.1-2

想法　根據數線與點座標的定義

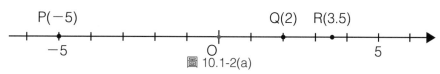

圖 10.1-2(a)

解

敘述	理由
(1) 如圖10.1-2(a)所示	
P點座標為 −5，記作P(−5)	P點在原點O左方5個單位
Q點座標為 2，記作Q(2)	Q點在原點O右方2個單位
R點座標為 3.5，記作R(3.5)	R點在原點O右方3.5個單位

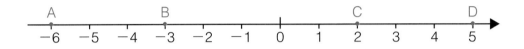

例題 10.1-2

如圖10.1-3，數線上有A、B、C、D四個點，其點座標分別為A(-5)、B(-2)、C(1)、D(4)，則$\overline{AB}$、$\overline{AC}$、$\overline{AD}$、$\overline{BC}$、$\overline{BD}$、$\overline{CD}$之值各為何？

A　　　　B　　　　　　　　C　　　　　D
-6　-5　-4　-3　-2　-1　0　1　2　3　4　5

圖 10.1-3

想法 線段長度就是兩點間的距離

解

敘述	理由
(1) $\overline{AB}=(-2)-(-5)=3$單位	線段長度就是兩點間的距離 & 已知A(-5)、B(-2)
(2) $\overline{AC}=1-(-5)=6$單位	線段長度就是兩點間的距離 & 已知A(-5)、C(1)
(3) $\overline{AD}=4-(-5)=9$單位	線段長度就是兩點間的距離 & 已知A(-5)、D(4)
(4) $\overline{BC}=1-(-2)=3$單位	線段長度就是兩點間的距離 & 已知B(-2)、C(1)
(5) $\overline{BD}=4-(-2)=6$單位	線段長度就是兩點間的距離 & 已知B(-2)、D(4)
(6) $\overline{CD}=4-1=3$單位	線段長度就是兩點間的距離 & 已知C(1)、D(4)

例題 **10.1-3**

如圖10.1-4，一數線以右方為正向。在此數線上，A點所表示的數為2，從A點先向右移動3單位，再向左移動6單位到達B點，則B點所表示的數為多少？

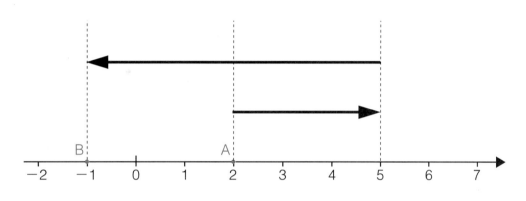

圖 10.1-4

 想法　線段長度就是兩點間的距離

 解

敘述	理由
(1)　如圖10.1-4所示， 　　　B點所表示的數 　　　$=2+3-6=-1$	已知一數線以右方為正向。A點所表示的數為2，從A點先向右移動3單位，再向左移動6單位到達B點 & 線段長度就是兩點間的距離

直角座標平面與平面上之點座標

平面上畫兩相互垂直的數線，兩線交點為原點O，水平的數線叫x軸，箭頭方向為正，箭頭反方向為負，垂直的數線叫做y軸，箭頭方向為正，箭頭反方向為負，這個平面稱為直角座標平面，簡稱座標平面。

P點的座標以P(a,b)表示，a為P點與原點O的水平方向距離，叫做P點的x座標或橫座標；b為P點與原點O的垂直方向距離，叫做P點的y座標或縱座標。

如圖10.1-5中，A(−3,1)表示A點在原點O的左方3個單位，上方1個單位的位置， B(1,2) 表示B點在原點O的右方1個單位，上方2個單位的位置，C(2,-3) 表示C點在原點O的右方2個單位，下方3個單位的位置。

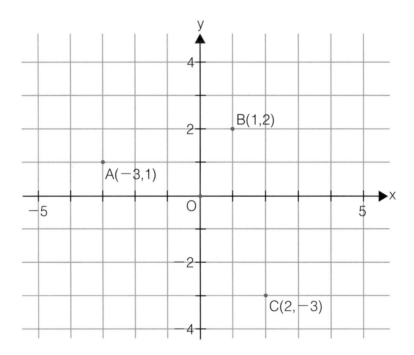

圖 10.1-5

例題 10.1-4

如圖10.1-6，請標示出座標平面上O、A、B、C、D、E、F、G、H九點的座標。

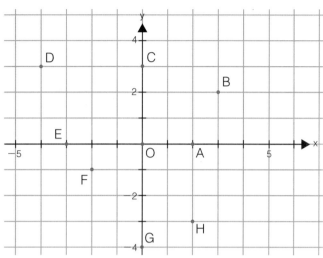

圖 10.1-6

想法 根據直角座標平面點的定義

解

敘述	理由
(1) O點座標以O(0,0)表示	O點位於x軸原點0上，y軸原點0上
(2) A點座標以A(2,0)表示	A點位於x軸原點右方2個單位，y軸原點0上
(3) B點座標以B(3,2)表示	B點位於x軸原點右方3個單位，y軸原點上方2個單位
(4) C點座標以C(0,3)表示	C點位於x軸原點0上，y軸原點上方3個單位
(5) D點座標以D(−4,3)表示	D點位於x軸原點左方4個單位，y軸原點上方3個單位
(6) E點座標以E(−3,0)表示	E點位於x軸原點左方3個單位，y軸原點0上
(7) F點座標以F(−2,−1)表示	F點位於x軸原點左方2個單位，y軸原點下方1個單位
(8) G點座標以G(0,−4)表示	G點位於x軸原點0上，y軸原點下方4個單位
(9) H點座標以H(2,−3)表示	H點位於x軸原點右方2個單位，y軸原點下方3個單位

例題 **10.1-5**

如圖10.1-7，請畫一直角座標平面，並在其上標示A(3,5)、B(−2,−3)、C(3,0)、D(−3,3)、E(1,−4)、F(0,−2)、G(−4,0)、H(0,3)各點的位置。

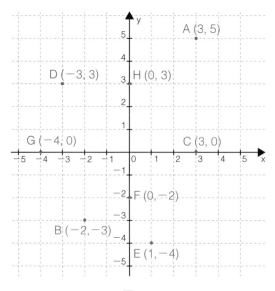

圖 10.1-7

 想法　根據直角座標平面點的定義

 解

敘述	理由
(1) A(3,5)位置如圖10.1-7	A點位於x軸原點右方3個單位，y軸原點上方5個單位
(2) B(−2,−3)位置如圖10.1-7	B點位於x軸原點左方2個單位，y軸原點下方3個單位
(3) C(3,0)位置如圖10.1-7	C點位於x軸原點右方3個單位，y軸原點0上
(4) D(−3,3)位置如圖10.1-7	D點位於x軸原點左方3個單位，y軸原點上方3個單位
(5) E(1,−4)位置如圖10.1-7	E點位於x軸原點右方1個單位，y軸原點下方4個單位
(6) F(0,−2)位置如圖10.1-7	F點位於x軸原點0上，y軸原點下方2個單位
(7) G(−4,0)位置如圖10.1-7	G點位於x軸原點左方4個單位，y軸原點0上
(8) H(0,3)位置如圖10.1-7	H點位於x軸原點0上，y軸原點上方3個單位

例題 **10.1-6**

如圖10.1-8，座標平面上有A、B、C、D四個點，且各點座標分別為
A(4,3)、B(−2,4)、C(−4,−2)、D(3,−4)，則各點與兩座標軸的距離分別
為何？

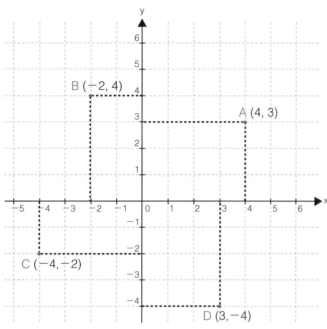

圖 10.1-8

(1) 根據直角座標平面點的定義
(2) 線段長度就是兩點間的距離

敘述	理由
(1) A點到x軸的距離為3單位、 　　A點到y軸的距離為4單位；	已知A (4,3) & A點位於x軸上方3個單位，y軸右方4個單位
(2) B點到x軸的距離為4單位、 　　B點到y軸的距離為2單位；	已知B (−2,4) & B點位於x軸上方4個單位，y軸左方2個單位
(3) C點到x軸的距離為2單位、 　　C點到y軸的距離為4單位；	已知C (−4,−2) & C點位於x軸下方2個單位，y軸左方4個單位
(4) D點到x軸的距離為4單位、 　　D點到y軸的距離為3單位。	已知D (3,−4) & D點位於x軸下方4個單位，y軸右方3個單位

例題 10.1-7

如圖10.1-9，直角座標平面上有一矩形ABCD，已知其四個頂點座標分別為A (4,3)、B(−3,3)、C (−3,−2)、D (4,−2)，則$\overline{AB}$、$\overline{BC}$、$\overline{CD}$、$\overline{DA}$之值各為何？

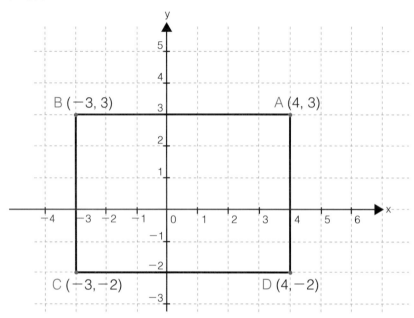

圖 10.1-9

（1）根據直角座標平面點的定義

（2）線段長度就是兩點間的距離

敘述	理由
（1）$\overline{AB}=4-(-3)=7$ 單位	已知A (4,3)、B (−3,3) & $\overline{AB}$為A、B兩點x座標的距離
（2）$\overline{BC}=3-(-2)=5$單位	已知B (−3,3)、C (−3,−2) & $\overline{BC}$為B、C兩點y座標的距離
（3）$\overline{CD}=4-(-3)=7$ 單位	已知C (−3,−2)、D (4,−2) & $\overline{CD}$為C、D兩點x座標的距離
（4）$\overline{DA}=3-(-2)=5$單位	已知D (4,−2)、A (4,3) & $\overline{DA}$為D、A兩點y座標的距離

例題 10.1-8

如圖10.1-10，直角座標平面上有一點A (3,4)，若自A點出發，向左7個單位到達B點，再向下6個單位到達C點，接著向右5個單位到達D點，最後向上4個單位到達E點，則B、C、D、E各點的座標為何？

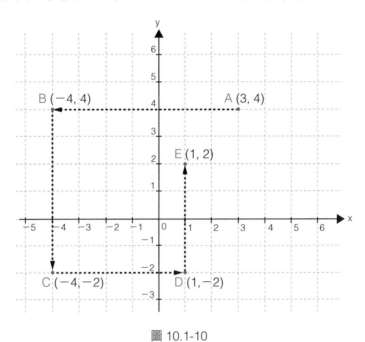

圖 10.1-10

(1) 根據直角座標平面點的定義
(2) 線段長度就是兩點間的距離

敘述	理由
(1) B點座標為(−4,4)	已知A(3,4) & 自A點出發，向左7個單位到達B點，B點x座標為3−7＝−4，B點y座標仍為4
(2) C點座標為(−4,−2)	由(1) B(−4,4) & 自B點出發，向下6個單位到達C點，C點x座標仍為−4，C點y座標為4−6＝−2
(3) D 點座標為(1,−2)	由(2) C(−4,−2) & 自C點出發，向右5個單位到達D點，D點x座標為−4＋5＝1，D點y座標仍為−2
(4) E點座標為(1,2)	由(3) D(1,−2) & 自D點出發，向上4個單位到達E點，E點x座標仍為1，E點y座標為−2＋4＝2

定義
10.1-3

象限

直角座標平面被x軸和y軸分成四個區域，這四個區域為四個象限，分別為：

第一象限：點P(a,b)，a＞0且b＞0；

第二象限：點P(a,b)，a＜0且b＞0；

第三象限：點P(a,b)，a＜0且b＜0；

第四象限：點P(a,b)，a＞0且b＜0；

x軸上： 點P(a,b)，b＝0；

y軸上： 點P(a,b)，a＝0。

如圖10.1-11所示，直角座標平面依逆時針方向，右上方為第一象限，左上方為第二象限，左下方為第三象限，右下方為第四象限，x軸與y軸上的點不屬於任何一象限。

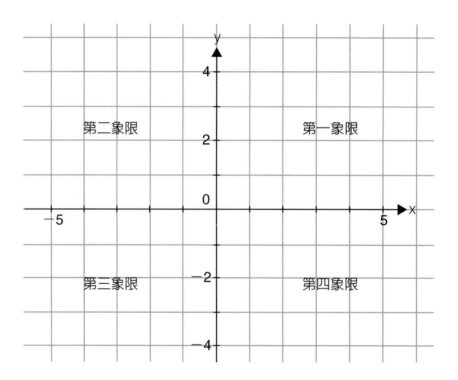

圖 10.1-11

例題 **10.1-9**

如圖10.1-12，請判斷P (−1,4)、Q (−2,−3)、R (3,−1)、S (2, 3)、T (0,1)、U (0,−2)、V (4,0)、W (−4, 0)各點屬於那一象限。

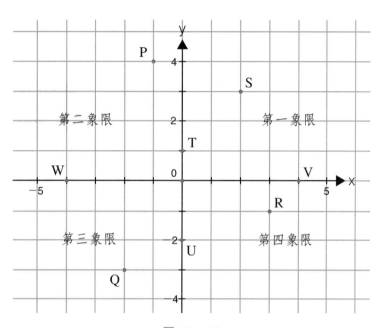

圖 10.1-12

 根據直角座標平面象限的定義

敘述	理由
(1) P (−1,4)位於第二象限	根據直角座標平面象限的定義
(2) Q (−2,−3)位於第三象限	根據直角座標平面象限的定義
(3) R (3,−1)位於第四象限	根據直角座標平面象限的定義
(4) S (2, 3)位於第一象限	根據直角座標平面象限的定義
(5) T (0,1)在y軸上	根據直角座標平面象限的定義
(6) U (0,−2)在y軸上	根據直角座標平面象限的定義
(7) V (4,0)在x軸上	根據直角座標平面象限的定義
(8) W (−4, 0)在x軸上	根據直角座標平面象限的定義

接下來，讓我們利用直角座標平面的基本觀念，搭配上先前所學平行四邊形的性質，來作以下例題10.1-10～例題10.1-12。

例題 **10.1-10**

如圖10.1-13，已知四邊形ABCD為平行四邊形，已知其中三頂點的座標分別為A (3,4)、B (1,1)、C (6,1)，則平行四邊形ABCD的第四個頂點D座標為何？

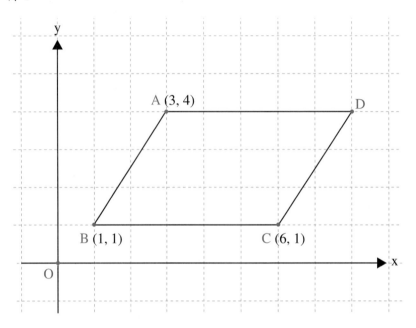

圖 10.1-13

 平行四邊形對邊等長

敘述	理由
(1) $\overline{AD}=\overline{BC}$	已知ABCD為平行四邊形 & 平行四邊形對邊等長
(2) $\overline{BC}=6-1=5$	已知B (1,1)、C (6,1) & $\overline{BC}$ 為B、C兩點x座標的距離
(3) $\overline{AD}=5$	由(1) & (2) 遞移律
(4) D點x座標為3＋5＝8 D點y座標為4	由(3) $\overline{AD}=5$ & 已知A (3,4) & D點與A點y座標相同
(5) 所以D點座標為(8,4)	由(4) 已證

例題 **10.1-11**

如圖10.1-14，已知四邊形ABCD為平行四邊形，四頂點的座標分別為
A (3,4)、B (1,1)、C (6,1)、D (8,4)，則平行四邊形ABCD的面積為何？

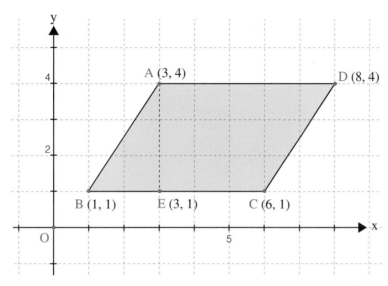

圖 10.1-14

平行四邊形面積為底與高之乘積

敘述	理由
(1) 在直角座標平面上畫出此平行四邊形ABCD，過A點作垂直$\overline{BC}$的直線交$\overline{BC}$於E點，如圖10.1-14所示，則E點座標為(3,1)	根據已知四邊形ABCD為平行四邊形，四頂點的座標分別為A (3,4)、B (1,1)、C (6,1)、D (8,4)作圖 & 過直線外一點垂直線作圖
(2) $\overline{BC}$為平行四邊形ABCD的底，$\overline{AE}$為平行四邊形ABCD的高	由(1) 過A點作垂直$\overline{BC}$的直線交$\overline{BC}$於E點，則$\overline{AE} \perp \overline{BC}$
(3) $\overline{BC}=6-1=5$ $\overline{AE}=4-1=3$	已知B (1,1)、C (6,1) & $\overline{BC}$為B、C兩點x座標的距離 已知A (3,4) & (1) E (3,1) $\overline{AE}$為A、E兩點y座標的距離
(4)　平行四邊形ABCD面積 $=\overline{BC} \times \overline{AE}$ $=5 \times 3$ $=15$平方單位	平行四邊形面積為底與高之乘積 & (3) 平行四邊形ABCD的底$\overline{BC}=5$、平行四邊形ABCD的高$\overline{AE}=3$

例題 10.1-12

如圖10.1-15，已知座標平面上有一四邊形ABCD，且此四邊形的頂點座標分別為A($-2,2$)、B($1,4$)、C($5,3$)、D($3,-1$)，則此四邊形的面積為何？

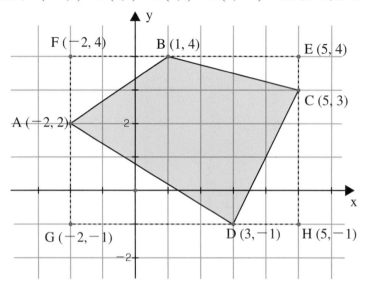

圖 10.1-15

想法 四邊形ABCD面積＝長方形EFGH的面積－△AGD面積－△DHC面積
－△CEB面積－△BFA面積

解

敘述	理由
(1) 在直角座標平面上畫出此四邊形ABCD，過A點作平行y軸的直線、過B點作平行x軸的直線、過C點作平行y軸的直線、過D點作平行x軸的直線，四直線分別相交於E、F、G、H四點，如圖10.1-15所示，則EFGH為長方形，且E點座標為($5,4$)、F點座標為($-2,4$)、G點座標為($-2,-1$)、H點座標為($5,-1$)	過直線外一點平行線作圖 & 直角座標平面的x軸與y軸相互垂直，因此和x軸平行的兩直線，與和y軸平行的兩直線互相垂直，所以四邊形EFGH為長方形，且已知A($-2,2$)、B($1,4$)、C($5,3$)、D($3,-1$)，故長方形四頂點座標分別為E($5,4$)、F($-2,4$)、G($-2,-1$)、H($5,-1$)
(2) 長方形EFGH之長$\overline{GH}=5-(-2)=7$ 長方形EFGH之寬$\overline{GF}=4-(-1)=5$	由(1) G($-2,-1$)、H($5,-1$) & $\overline{GH}$為G、H兩點x座標的距離 由(1) G($-2,-1$)、F($-2,4$) & $\overline{GF}$為G、F兩點y座標的距離

(3)　　長方形EFGH的面積 　　　＝$\overline{GH}×\overline{GF}$＝7×5＝35平方單位	長方形面積為長與寬之乘積 & (2) $\overline{GH}$＝7、$\overline{GF}$＝5
(4) ∠E＝∠F＝∠G＝∠H＝90°	由(1) EFGH為長方形 & 長方形四個內角均為90°
(5) △CEB、△BFA、△AGD、△DHC 　　皆為直角三角形	由(4) ∠E＝∠F＝∠G＝∠H＝90°
(6) $\overline{BE}$為△CEB的底、$\overline{CE}$為△CEB的高 　　△CEB的底$\overline{BE}$＝5－1＝4 　　△CEB的高$\overline{CE}$＝4－3＝1	由(5) △CEB為直角三角形 & 由(1) E(5,4) & 已知B(1,4) & $\overline{BE}$為B、E兩點x座標的距離 由(1) E(5,4) & 已知C(5,3) & $\overline{CE}$為C、E兩點y座標的距離
(7) △CEB面積＝(4×1)÷2＝2平方單位	三角形面積為底與高乘積的一半 & (6) $\overline{BE}$＝4、$\overline{CE}$＝1
(8) $\overline{BF}$為△BFA的底、$\overline{AF}$為△BFA的高 　　△BFA的底$\overline{BF}$＝1－(－2)＝3 　　△BFA的高$\overline{AF}$＝4－2＝2	由(5) △BFA為直角三角形 & 由(1) F(－2,4) & 已知B(1,4) & $\overline{BF}$為B、F兩點x座標的距離 由(1) F(－2,4) & 已知A(－2,2) & 為A、F兩點y座標的距離
(9) △BFA面積＝(3×2)÷2＝3平方單位	三角形面積為底與高乘積的一半 & (8) $\overline{BF}$＝3、$\overline{AF}$＝2
(10)$\overline{DG}$為△AGD的底、 　　 $\overline{AG}$為△AGD的高 　　　△AGD的底$\overline{DG}$＝3－(－2)＝5 　　　△AGD的高$\overline{AG}$＝2－(－1)＝3	由(5) △AGD為直角三角形 & 由(1) G (－2,－1) &已知D (3,－1) & $\overline{DG}$為D、G兩點x座標的距離 由(1) G (－2,－1) &已知A (－2,2) & $\overline{AG}$為A、G兩點y座標的距離
(11)△AGD面積＝(5×3)÷2 　　　　　 ＝7.5平方單位	三角形面積為底與高乘積的一半 & (10) $\overline{DG}$＝5、$\overline{AG}$＝3

(12) $\overline{DH}$為△DHC的底、$\overline{CH}$為△DHC的高 △DHC的底$\overline{DH}=5-3=2$ △DHC的高$\overline{CH}=3-(-1)=4$	由(5) △DHC為直角三角形 & 由(1) H (5,-1) & 已知D (3,-1) & $\overline{DH}$為D、H兩點x座標的距離 由(1) H (5,-1) & 已知C (5,3) & $\overline{CH}$為C、H兩點y座標的距離
(13) △DHC面積$=(2\times4)\div2$ 　　　　　$=4$平方單位	三角形面積為底與高乘積的一半 & (12) $\overline{DH}=2$、$\overline{CH}=4$
(14) 　長方形EFGH的面積 　　$=$四邊形ABCD面積$+$△AGD面積 　　　$+$△DHC面積$+$△CEB面積$+$ 　　　△BFA面積	如圖10.1-15所示，全量等於分量之和
(15) 　四邊形ABCD面積 　　$=$長方形EFGH的面積$-$ 　　　△AGD面積$-$△DHC面積 　　　$-$△CEB面積$-$△BFA面積 　　$=(35-7.5-4-2-3)$平方單位 　　$=18.5$平方單位	由(14) 等量減法公理 & (3)　長方形EFGH面積 　　$=35$平方單位 (7) △CEB面積$=2$平方單位、 (9) △BFA面積$=3$平方單位、 (11) △AGD面積$=7.5$平方單位、 (13) △DHC面積$=4$平方單位

習題 10-1

習題10.1-1　在圖10.1-16的數線上標出P（−6），Q（−1.5），R(3)三點的位置。

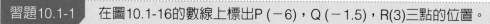

圖 10.1-16

習題10.1-2　如圖10.1-17，數線上有A、B、C、D四個點，其點座標分別為A（−6）、B（−3）、C（2）、D（5），則$\overline{AB}$、$\overline{AC}$、$\overline{AD}$、$\overline{BC}$、$\overline{BD}$、$\overline{CD}$之值各為何？

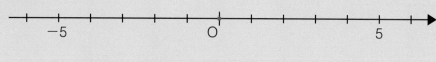

圖 10.1-17

習題10.1-3　一數線以右方為正向。在此數線上，A點所表示的數為−2，從A點先向右移動4單位，再向左移動6單位到達B點，則B點所表示的數為多少？

習題10.1-4　如圖10.1-18，請標示出座標平面上O、A、B、C、D、E、F、G、H九點的座標，並判斷各點所在的位置屬於哪一象限。

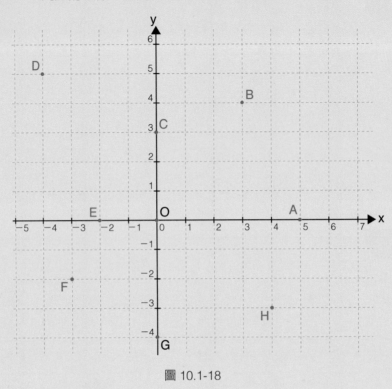

圖 10.1-18

習題10.1-5　座標平面上有A、B、C、D四個點，且各點座標分別為A (3,4)、B (−4,5)、C (−3,−2)、D (4,−3)，則各點與兩座標軸的距離分別為何？

習題10.1-6　直角座標平面上有一矩形ABCD，已知其四個頂點座標分別為A (5,2)、B (−2,2)、C (−2,−4)、D (5,−4)，則$\overline{AB}$、$\overline{BC}$、$\overline{CD}$、$\overline{DA}$之值各為何？

習題10.1-7　直角座標平面上有一點A (5,3)，若自A點出發，向下6個單位到達B點，再向左9個單位到達C點，接著向上8個單位到達D點，接著向右6個單位到達E點，最後向下4個單位到達F點，則B、C、D、E、F各點的座標為何？

習題10.1-8　已知四邊形ABCD為平行四邊形，已知其中三頂點的座標分別為A (3,4)、B (−2,4)、C (−4,−2)，則平行四邊形ABCD另一個頂點D的座標為何？

習題10.1-9　已知四邊形ABCD為平行四邊形，四頂點的座標分別為A (3,4)、B (−2,4)、C (−4,−2)、D (1,−2)，則平行四邊形ABCD的面積為何？

習題10.1-10　已知座標平面上有一四邊形ABCD，且此四邊形的頂點座標分別為A (−3,2)、B (1,5)、C (4,−3)、D (−1,−4)，則此四邊形的面積為何？

10.2 節　座標平面與幾何性質

　　本節我將敘述一些座標平面與幾何的相關性，利用幾何性質求座標，利用座標平面來證明幾何定理等。

定理 10.2-1

座標平面上兩點距離公式

座標平面上A、B兩點，A點座標為(x_1, y_1)，B點座標為(x_2, y_2)，則A、B兩點的距離$d=\sqrt{(x_1-x_2)^2+(y_1-y_2)^2}$。（即$\overline{AB}=\sqrt{(x_1-x_2)^2+(y_1-y_2)^2}$）

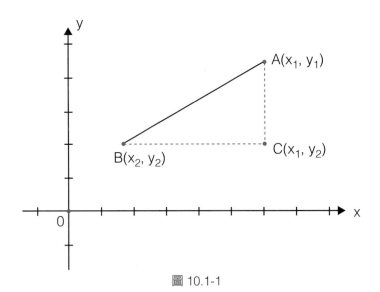

圖 10.1-1

已知 如圖10.2-1，座標平面上A點坐標為(x_1, y_1)，B點座標為(x_2, y_2)。

求證 A、B兩點的距離$d=\sqrt{(x_1-x_2)^2+(y_1-y_2)^2}$。
（即$\overline{AB}=\sqrt{(x_1-x_2)^2+(y_1-y_2)^2}$）

想法 利用畢氏定理。

敍述	理由
(1) 過A點作平行y軸的直線，過B作平行 x軸的直線，兩直線交於C點，如圖 10.2-1所示，則C點座標為(x_1, y_2)， 且$\overline{AC} \perp \overline{BC}$	過線外一點的平行線作圖 & 已知A點座標為(x_1, y_1)，B點座標為 (x_2, y_2) & $\overline{AC}$平行y軸，$\overline{BC}$平行x 軸，兩坐標軸相互垂直
(2) $\overline{AC}=\lvert y_1 - y_2 \rvert$	已知A (x_1, y_1) & (1) C (x_1, y_2) & $\overline{AC}$為A、C兩點y座標的距離
(3) $\overline{BC}=\lvert x_1 - x_2 \rvert$	已知B (x_2, y_2) & (1) C (x_1, y_2) & $\overline{BC}$為B、C兩點x座標的距離
(4) △ABC為直角三角形 $\overline{AB}^2 = \overline{BC}^2 + \overline{AC}^2$	由(1) $\overline{AC} \perp \overline{BC}$ & 畢氏定理
(5) $\overline{AB}^2 = \lvert x_1 - x_2 \rvert^2 + \lvert y_1 - y_2 \rvert^2$	由(4) & (2) $\overline{AC}=y_1 - y_2$ 、 (3) $\overline{BC}=x_1 - x_2$
(6) $\overline{AB} = \sqrt{(x_1 - x_2)^2 + (y_1 - y_2)^2}$ 或 $\overline{AB} = -\sqrt{(x_1 - x_2)^2 + (y_1 - y_2)^2}$	由(5) 求平方根
(7) 所以$\overline{AB} = \sqrt{(x_1 - x_2)^2 + (y_1 - y_2)^2}$	由(6) & $\overline{AB}$為線段長度必大於0

Q. E. D.

例題 **10.2-1**

如圖10.2-2，已知座標平面上有一四邊形ABCD，且此四邊形的頂點座標分別為A (−4,3)、B (1,4)、C (4,−2)、D (−2,−3)，則此四邊形的周長為何？

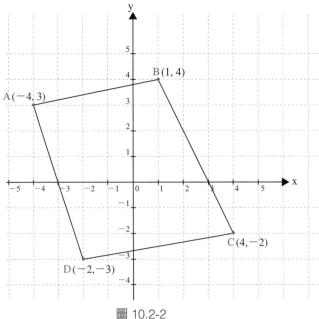

圖 10.2-2

想法 座標平面上兩點距離公式

解

敘述	理由
(1) 在直角座標平面上畫出此四邊形ABCD，如圖10.2-2所示	利用已知A(−4,3)、B(1,4)、C(4,−2)、D(−2,−3)作圖
(2) $\overline{AB}=\sqrt{(-4-1)^2+(3-4)^2}=\sqrt{26}$	已知A(−4,3)、B(1,4) & 兩點距離公式
(3) $\overline{BC}=\sqrt{(1-4)^2+[4-(-2)]^2}=3\sqrt{5}$	已知B(1,4)、C(4,−2) & 兩點距離公式
(4) $\overline{CD}=\sqrt{[4-(-2)]^2+[-2-(-3)]^2}$ $=\sqrt{37}$	已知C(4,−2)、D(−2,−3) & 兩點距離公式
(5) $\overline{DA}=\sqrt{[-2-(-4)]^2+(-3-3)^2}$ $=2\sqrt{10}$	已知D(−2,−3)、A(−4,3) & 兩點距離公式
(6) 四邊形ABCD周長 $=\overline{AB}+\overline{BC}+\overline{CD}+\overline{DA}$ $=\sqrt{26}+3\sqrt{5}+\sqrt{37}+2\sqrt{10}$	周長定義 & (2)~(5)

<table>
<tr><td>定理
10.2-2</td><td>數線上的分點公式</td></tr>
</table>

數線上有A、B兩點，A點座標為(a)、B點座標為(b)，若有一點C在$\overline{AB}$上，且$\overline{AC}$：$\overline{BC}$＝m：n，則C點座標為($\frac{na+mb}{m+n}$)

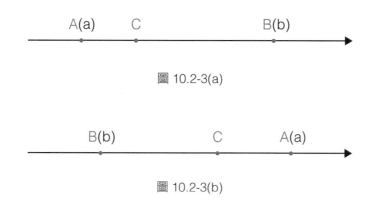

圖 10.2-3(a)

圖 10.2-3(b)

已知 數線上有A、B兩點，A點座標為(a)、B點座標為(b)，若有一點C在$\overline{AB}$上，且$\overline{AC}$：$\overline{BC}$＝m：n (如圖10.2-3(a)及圖10.2-3(b)所示)

求證 C點座標為($\frac{na+mb}{m+n}$)

想法 (1) 線段長度就是兩點間的距離
(2) 比例式中內項乘積等於外項乘積

證明

敘述	理由
(1) 假設b＞a，且C點座標為(c)， 如圖10.2-3(a)，則b＞c＞a	假設 & 已知A點座標為(a)、B點座標 為(b)，且C點在$\overline{AB}$上
(2) $\overline{AC}$＝c－a	由(1) c＞a & 已知A點座標為(a)、假 設C點座標為(c)
(3) $\overline{BC}$＝b－c	由(1) b＞c & 已知B點座標為(b)、假 設C點座標為(c)

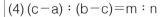

(4) $(c-a):(b-c)=m:n$	將(2) & (3) 代入已知$\overline{AC}:\overline{BC}=m:n$
(5) $m\times(b-c)=n\times(c-a)$	由(4) & 內項乘積等於外項乘積
(6) $m\times b-m\times c=n\times c-n\times a$	由(5) 展開
(7) $m\times b+n\times a=n\times c+m\times c$	由(6) 移項
(8) $n\times a+m\times b=(n+m)\times c$	由(7) 等式左邊加法交換律 & 等式右邊乘法分配律提出c
(9) $c=\dfrac{na+mb}{m+n}$	由(8) 等量除法公理
(10) 假設a＞b，且C點座標為(c')，如圖10.2-3(b)，則a＞c'＞b	假設 & 已知A點座標為(a)、B點座標為(b)，且C點在$\overline{AB}$上
(11) $\overline{AC}=a-c'$	由(10) a＞c' & 已知A點座標為(a)、假設C點座標為(c')
(12) $\overline{BC}=c'-b$	由(10) c'＞b & 已知B點座標為(b)、假設C點座標為(c')
(13) $(a-c'):(c'-b)=m:n$	將(11) & (12) 代入已知$\overline{AC}:\overline{BC}=m:n$
(14) $m\times(c'-b)=n\times(a-c')$	由(13) & 內項乘積等於外項乘積
(15) $m\times c'-m\times b=n\times a-n\times c'$	由(14) 展開
(16) $m\times c'+n\times c'=n\times a+m\times b$	由(15) 移項
(17) $(m+n)\times c'=n\times a+m\times b$	由(16) 等式左邊乘法分配律提出c'
(18) $c'=\dfrac{na+mb}{m+n}$	由(17) 等量除法公理
(19) 所以C點座標為$\left(\dfrac{na+mb}{m+n}\right)$	由(9) & (18) 已證

Q. E. D.

例題 **10.2-2**

如圖10.2-4，數線上有A、B兩點，A點座標為(4)、B點座標為(20)，若有一點C在$\overline{AB}$上，且$\overline{AC}:\overline{BC}=5:3$，則C點座標為何？

A(4)　　　　　　　　　　　　　C　　　　　B(20)

圖 10.2-4

 想法　數線上的分點公式

 解

敘述	理由
(1) C點座標為$\dfrac{na+mb}{m+n}$ $=\dfrac{3\times 4+5\times 20}{5+3}$ $=14$	已知A點座標為(4)、B點座標為(20)，點C在$\overline{AB}$上，且$\overline{AC}:\overline{BC}=5:3$ & 數線上的分點公式，C點座標為$\dfrac{na+mb}{m+n}$

例題 **10.2-3**

如圖10.2-5，數線上有A、B兩點，A點座標為(-8)、B點座標為(12)，若有一點C在$\overline{AB}$上，且$\overline{AC}:\overline{BC}=7:3$，則C點座標為何？

A(-8)　　　　　　　　　　C　　　B(12)

圖 10.2-5

 想法　數線上的分點公式

 解

敘述	理由
(1) C點座標為$\dfrac{na+mb}{m+n}$ $=\dfrac{3\times(-8)+7\times 12}{7+3}$ $=6$	已知A點座標為(-8)、B點座標為(12)，點C在$\overline{AB}$上，且$\overline{AC}:\overline{BC}=7:3$ & 數線上的分點公式，C點座標為$\dfrac{na+mb}{m+n}$

例題 10.2-4

如圖10.2-6，數線上有A、B兩點，A點座標為(-8)、B點座標為(-2)，若有一點C在$\overline{AB}$上，且$\overline{AC}:\overline{BC}=1:2$，則C點座標為何？

A(-8)　　　　　　C　　　　　　　　　　　B(-2)

圖 10.2-6

想法　數線上的分點公式

解

敘述	理由
(1) C點座標為$\dfrac{na+mb}{m+n}$ $=\dfrac{2\times(-8)+1\times(-2)}{1+2}$ $=-6$	已知A點座標為(-8)、B點座標為(-2)，點C在$\overline{AB}$上，且$\overline{AC}:\overline{BC}=1:2$ & 數線上的分點公式，C點座標為$\dfrac{na+mb}{m+n}$

定理 10.2-3

數線上的中點公式

數線上有A、B兩點，A點座標為(a)、B點座標為(b)；若C點為$\overline{AB}$中點，則C點座標為$(\frac{a+b}{2})$

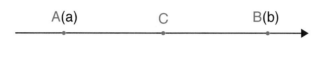

圖 10.2-7

已知

如圖10.2-7，數線上有A、B兩點，A點座標為(a)、B點座標為(b)，且C點為$\overline{AB}$中點

求證

C點座標為$(\frac{a+b}{2})$

想法

利用數線上的分點公式來證明

證明

敘述	理由
(1) 假設C點座標為(c)，如圖10.2-7，$\overline{AB}：\overline{BC}=1：1$	假設 & 已知C點為$\overline{AB}$中點
(2) $c=\dfrac{1 \times a+1 \times b}{1+1}=\dfrac{a+b}{2}$	已知A點座標為(a)、B點座標為(b)、(1) 假設C點座標為(c)、$\overline{AC}：\overline{BC}=1：1$ & 根據數線上的分點公式，$c=\dfrac{na+mb}{m+n}$
(3) 所以C點座標為$(\dfrac{a+b}{2})$	由(1) 假設C點座標為(c) & (2) 已證

Q. E. D.

例題 10.2-5

如圖10.2-8，數線上有A、B兩點，A點座標為(4)、B點座標為(20)，則 $\overline{AB}$ 中點C的座標為何？

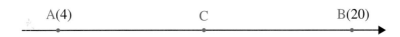

A(4)　　　　　　　　　C　　　　　　　　　B(20)

圖 10.2-8

想法　數線上的中點公式

解

敘述	理由
(1) C點座標為 $\dfrac{a+b}{2}=\dfrac{4+20}{2}=12$	已知A點座標為(4)、B點座標為(20)，C點為 $\overline{AB}$ 中點 & 數線上的中點公式

例題 10.2-6

如圖10.2-9，數線上有A、B兩點，A點座標為(−8)、B點座標為(12)，則 $\overline{AB}$ 中點C的座標為何？

A(−8)　　　　　　　　C　　　　　　　B(12)

圖 10.2-9

想法　數線上的中點公式

解

敘述	理由
(1) C點座標為 $\dfrac{a+b}{2}=\dfrac{-8+12}{2}=2$	已知A點座標為(−8)、B點座標為(12)，C點為 $\overline{AB}$ 中點 & 數線上的中點公式

例題 **10.2-7**

如圖10.2-10，數線上有A、B兩點，A點座標為(-8)、B點座標為(-2)，
則$\overline{AB}$中點C的座標為何？

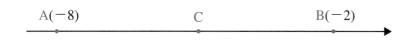

圖 10.2-10

想法 數線上的中點公式

解

敘述	理由
(1) C點座標為 $\dfrac{a+b}{2}=\dfrac{(-8)+(-2)}{2}=-5$	已知A點座標為(-8)、B點座標為(-2)， C點為$\overline{AB}$中點 & 數線上的中點公式

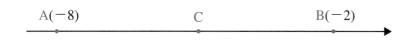

定理 10.2-4

座標平面上的分點公式

座標平面上有A、B兩點，A點座標為(x_1, y_1)、B點座標為(x_2, y_2)；若有一點C在$\overline{AB}$上，且$\overline{AC}：\overline{BC}=m：n$，則C點座標為$(\dfrac{nx_1+mx_2}{m+n}, \dfrac{ny_1+my_2}{m+n})$

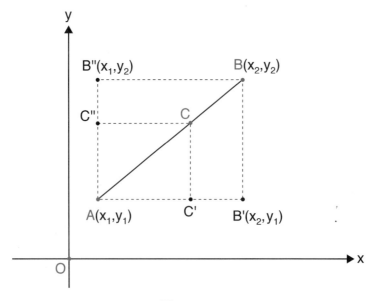

圖 10.2-11

已知 如圖10.2-11，座標平面上有A、B兩點，A點座標為(x_1, y_1)、B點座標為(x_2, y_2)；若有一點C在$\overline{AB}$上，且$\overline{AC}：\overline{BC}=m：n$

求證 C點座標為$(\dfrac{nx_1+mx_2}{m+n}, \dfrac{ny_1+my_2}{m+n})$

想法 (1) 利用三角形之平行線截比例線段性質
(2) 利用數線上的分點公式來證明

證明

敘述	理由
(1) 分別過A、B、C三點作x軸、y軸的垂直線相交於B'、B''、C'、C''四點，如圖10.2-11所示，則：$\overline{CC'} \parallel \overline{BB'}$、$\overline{CC''} \parallel \overline{BB''}$；B'座標為$(x_2,y_1)$、B''座標為$(x_1, y_2)$	已知A點座標為(x_1, y_1)、B點座標為(x_2,y_2)且C點在$\overline{AB}$上 & 直角坐標平面的x軸與y軸互相垂直 & 垂直於同一直線的兩直線互相平行

(2) △ABB'中 $\overline{AC'} : \overline{C'B'} = \overline{AC} : \overline{CB}$	由(1) △ABB'中，$\overline{CC'} \parallel \overline{BB'}$ & 三角形之平行線截比例線段
(3) $\overline{AC'} : \overline{C'B'} = $ m：n	由(2) & 已知$\overline{AC} : \overline{BC} = $ m：n 遞移律
(4) C'點的橫座標為$(\dfrac{nx_1 + mx_2}{m+n})$ C'點的縱座標為(y_1) 因此C'點的座標為$(\dfrac{nx_1 + mx_2}{m+n}, y_1)$	C'點縱座標與A、B'兩點的縱座標相同 & 由(3) $\overline{AC'} : \overline{C'B'} = $ m：n、C'點的橫座標可由數線上的分點公式求得 & 由(1) B'座標為(x_2, y_1) & 已知A點座標為(x_1, y_1)
(5) △ABB''中 $\overline{AC''} : \overline{C''B''} = \overline{AC} : \overline{CB}$	由(1) △ABB''中，$\overline{CC''} \parallel \overline{BB''}$ & 三角形之平行線截比例線段
(6) $\overline{AC''} : \overline{C''B''} = $ m：n	由(5) & 已知$\overline{AC} : \overline{BC} = $ m：n 遞移律
(7) C''點的橫坐標為(x_1) C''點的縱座標為$(\dfrac{ny_1 + my_2}{m+n})$ 因此C''點座標為$(x_1, \dfrac{ny_1 + my_2}{m+n})$	C''點橫坐標與A、B''兩點的橫座標相同 & 由(6) $\overline{AC''} : \overline{C''B''} = $ m：n、C''點的縱座標可由數線上的分點公式求得 & 由(1) B''座標為(x_1, y_2) & 已知A點座標為(x_1, y_1)
(8) C點的橫座標為$(\dfrac{nx_1 + mx_2}{m+n})$ C點的縱座標為$(\dfrac{ny_1 + my_2}{m+n})$	C點橫座標與C'點橫座標相同 & (4) C'點的橫座標為$(\dfrac{nx_1 + mx_2}{m+n})$ C點縱座標與C''點縱座標相同 & (7) C''點的縱座標為$(\dfrac{ny_1 + my_2}{m+n})$
(9) 因此C點的座標為 $(\dfrac{nx_1 + mx_2}{m+n}, \dfrac{ny_1 + my_2}{m+n})$	由(8)

Q. E. D.

例題 10.2-8

如圖10.2-12，座標平面上有A、B兩點，A點座標為(1,2)、B點座標為 (5,4)，若$\overline{AB}$上有一點C，且$\overline{AC}:\overline{BC}=1:3$，則C點座標為何？

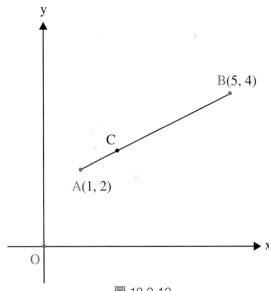

圖 10.2-12

想法 座標平面上的分點公式

解

敘述	理由
(1) C點的橫座標為$\dfrac{mx_1+mx_2}{m+n}$ $=\dfrac{3\times1+1\times5}{1+3}$ $=2$ C點的縱座標為$\dfrac{my_1+my_2}{m+n}$ $=\dfrac{3\times2+1\times4}{1+3}$ $=\dfrac{5}{2}$	已知A點座標為(1,2)、B點座標為(5,4)， 且$\overline{AC}:\overline{BC}=1:3$ & 座標平面上的分點公式 C點的橫座標為$\dfrac{mx_1+mx_2}{m+n}$ C點的縱座標為$\dfrac{my_1+my_2}{m+n}$
(2) C點座標為$(2,\dfrac{5}{2})$	由(1) 已證

定理 10.2-5

座標平面上的中點公式

座標平面上有A、B兩點，A點座標為(x_1, y_1)、B點座標為(x_2, y_2)；若C點為

$\overline{AB}$中點，則C點座標為$(\dfrac{x_1+x_2}{2}, \dfrac{y_1+y_2}{2})$

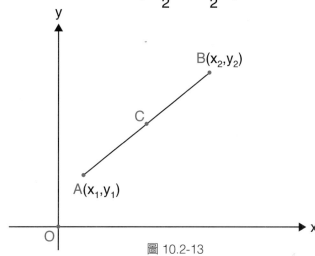

圖 10.2-13

如圖10.2-13，座標平面上有A、B兩點，A點座標為(x_1, y_1)、B點座標為(x_2, y_2)；若C點為$\overline{AB}$中點

C點座標為$(\dfrac{x_1+x_2}{2}, \dfrac{y_1+y_2}{2})$

利用座標平面上的分點公式

證明

敘述	理由
(1) $\overline{AC} : \overline{BC} = 1 : 1$	已知C點為$\overline{AB}$中點
(2) C點橫座標為 $\dfrac{nx_1+mx_2}{m+n} = \dfrac{1 \times x_1 + 1 \times x_2}{1+1} = \dfrac{x_1+x_2}{2}$	已知A點座標為(x_1, y_1)、B點座標為(x_2, y_2) & (1) $\overline{AC} : \overline{BC} = 1 : 1$ & 座標平面上的分點公式
(3) C點縱座標為 $\dfrac{ny_1+my_2}{m+n} = \dfrac{1 \times y_1 + 1 \times y_2}{1+1} = \dfrac{y_1+y_2}{2}$	已知A點座標為(x_1, y_1)、B點座標為(x_2, y_2) & (1) $\overline{AC} : \overline{BC} = 1 : 1$ & 座標平面上的分點公式
(4) 所以C點座標為$(\dfrac{x_1+x_2}{2}, \dfrac{y_1+y_2}{2})$	由(2) & (3)

Q. E. D.

例題 10.2-9

如圖10.2-14，座標平面上有 A、B 兩點，A 點座標為(1,2)、B 點座標為 (5,4)，則 $\overline{AB}$ 中點 C 的座標為何？

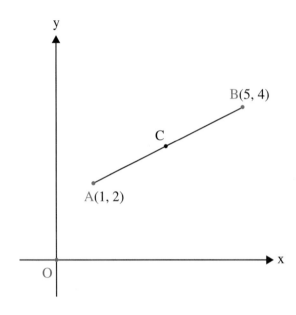

圖 10.2-14

 座標平面上的中點公式

敘述	理由
(1) C點的橫座標為 $\dfrac{1+5}{2}=3$ C點的縱座標為 $\dfrac{2+4}{2}=3$	已知A點座標為(1,2)、B點座標為(5,4) & 座標平面上的中點公式
(2) C點座標為(3,3)	由(1) 已證

接下來，讓我們利用直角座標平面的分點公式，搭配上先前所學平行四邊形的性質與圓的性質，來作以下例題10.2-10、例題10.2-11。

例題 10.2-10

如圖10.2-15，座標平面上有一平行四邊形ABCD，已知其中三個頂點座標分別為A(2,1)、B(6,2)、D(3,5)，則平行四邊形ABCD另一個頂點C的座標為何？

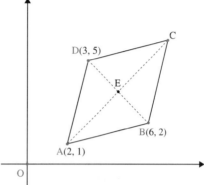

圖 10.2-15

想法

(1) 平行四邊形對角線互相平分
(2) 座標平面上的中點公式

解

敘述	理由
(1) 根據題義在直角座標平面上畫出此平行四邊形ABCD，並作兩對角線$\overline{AC}$及$\overline{BD}$，如圖10.2-15所示：則E點為$\overline{BD}$中點、E點為$\overline{AC}$中點	已知平行四邊形ABCD中，其中三個頂點座標分別為A(2,1)、B(6,2)、D(3,5) & 平行四邊形對角線互相平分
(2) E點的橫座標為$\frac{6+3}{2}=\frac{9}{2}$ E點的縱座標為$\frac{2+5}{2}=\frac{7}{2}$	由(1) E點為$\overline{BD}$中點 & 已知B(6,2)、D(3,5) & 座標平面上的中點公式
(3) E點座標為$(\frac{9}{2},\frac{7}{2})$	由(2) 已證
(4) 假設D點座標為(a,b)	假設
(5) $\overline{AC}$中點E座標為$(\frac{2+a}{2},\frac{1+b}{2})$	已知A(2,1) & (4) 假設D點座標為(a,b) & 座標平面上的中點公式 & (1) E點為$\overline{AC}$中點
(6) $\frac{2+a}{2}=\frac{9}{2}$、$\frac{1+b}{2}=\frac{7}{2}$	由(3) & (5)
(7) a＝7、b＝6	由(6) 解一元一次方程式
(8) 所以D點座標為(7,6)	由(4) 假設 & (7) 已證

例題 **10.2-11**

如圖10.2-16，圓K與座標軸交於原點O(0,0)、點 A (−12, 0)與點B (0,7)，
則圓心K的座標為何？

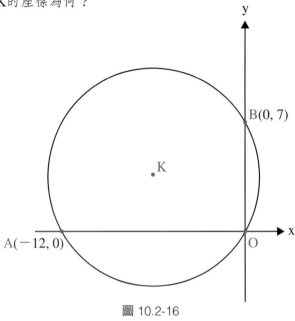

圖 10.2-16

想法 (1) 通過圓心對弦作垂直線，則此線段必平分此弦
(2) 數線上的的中點公式

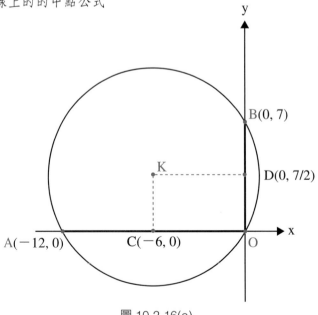

圖 10.2-16(a)

敘述	理由
(1) $\overline{OA}$ 與 $\overline{OB}$ 為圓K之兩弦	已知圓K與座標軸交於原點O(0,0)、點A (−12,0)與點B (0,7)
(2) 過K點作 $\overline{KC}$ 垂直x軸、過K點作 $\overline{KD}$ 垂直y軸，如圖10.2-16(a)；則C點為 $\overline{OA}$ 之中點、D點為 $\overline{OB}$ 之中點	通過圓心對弦作垂直線，則此線段必平分此弦（詳見定理 7.2-5 垂直於弦的直徑定理）
(3) C點橫座標為 $\dfrac{-12+0}{2}=-6$ C點縱座標為0	由(2) C點為 $\overline{OA}$ 之中點 & O(0,0)、A (−12,0)皆在x軸上 & 數線上的中點公式
(4) C點座標為(−6,0)	由(3) 已證
(5) D點橫座標為0 D點縱座標為 $\dfrac{7+0}{2}=\dfrac{7}{2}$	由(2) D點為 $\overline{OB}$ 之中點 & O(0,0)、B (0,7)皆在y軸上 & 數線上的中點公式
(6) D點座標為 $(0, \dfrac{7}{2})$	由(5) 已證
(7) 圓心K的座標為 $(-6, \dfrac{7}{2})$	K點橫坐標與C點橫座標相同、K點縱座標與D點縱座標相同 & (4) C點座標為(−6,0)、(6) D點座標為 $(0, \dfrac{7}{2})$ 已證

定理
10.2-6

座標平面上三角形的重心公式

座標平面上有一△ABC，其頂點A點座標為(x_1, y_1)、B點座標為(x_2, y_2)、C點座標為(x_3, y_3)；若G點為△ABC重心，則G點座標為$(\dfrac{x_1+x_2+x_3}{3}, \dfrac{y_1+y_2+y_3}{3})$

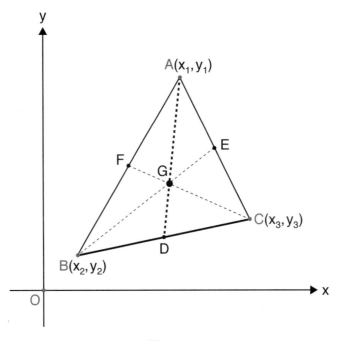

圖 10.2-17

已知 如圖10.2-17，座標平面上有一△ABC，其頂點A點座標為(x_1, y_1)、B點座標為(x_2, y_2)、C點座標為(x_3, y_3)，且G點為△ABC重心

求證 G點座標為$(\dfrac{x_1+x_2+x_3}{3}, \dfrac{y_1+y_2+y_3}{3})$

想法 利用座標平面上的分點與中點公式

敘述	理由
(1) 作△ABC重心G點，如圖10.2-17 則D點為$\overline{BC}$之中點、 $\overline{AG}:\overline{GD}=2:1$	尺規作圖 & 三角形重心為三中線之交點 & 重心到頂點的距離為中線長的$\frac{2}{3}$
(2) D點座標為$(\frac{x_2+x_3}{2},\frac{y_2+y_3}{2})$	已知B點座標為(x_2,y_2)、C點座標為 (x_3,y_3) & (1) D點為$\overline{BC}$之中點 & 座標平面上的中點公式
(3) G點橫座標為$\dfrac{nx_1+m(\frac{x_2+x_3}{2})}{m+n}$ $=\dfrac{1\times x_1+2\times(\frac{x_2+x_3}{2})}{2+1}$ $=\dfrac{x_1+x_2+x_3}{3}$	已知A點座標為(x_1,y_1) & (2) D點座標為 $(\frac{x_2+x_3}{2},\frac{y_2+y_3}{2})$ & (1) $\overline{AG}:\overline{GD}=2:1$ & 座標平面上的分點公式
(4) G點縱座標為$\dfrac{ny_1+m(\frac{y_2+y_3}{2})}{m+n}$ $=\dfrac{1\times y_1+2\times(\frac{y_2+y_3}{2})}{2+1}$ $=\dfrac{y_1+y_2+y_3}{3}$	已知A點座標為(x_1,y_1) & (2) D點座標為 $(\frac{x_2+x_3}{2},\frac{y_2+y_3}{2})$ & (1) $\overline{AG}:\overline{GD}=2:1$ & 座標平面上的分點公式
(5) 所以G點座標為 $(\frac{x_1+x_2+x_3}{3},\frac{y_1+y_2+y_3}{3})$	由(3) & (4)

Q. E. D.

例題 **10.2-12**

如圖10.2-18，座標平面上有一△ABC，其頂點A點座標為(4,6)、B點座標為(2,1)、C點座標為(6,2)，則△ABC重心G點座標為何？

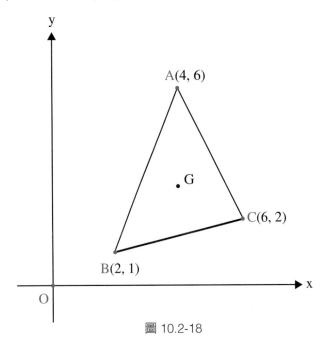

圖 10.2-18

座標平面上三角形的重心公式

敘述	理由
(1) G點橫坐標為 $\frac{4+2+6}{3}=4$ G點縱座標為 $\frac{6+1+2}{3}=3$	已知A點座標為(4,6)、B點座標為(2,1)、C點座標為(6,2) & 座標平面上三角形的重心公式
(2) 所以G點座標為(4,3)	由(1) 已證

在本章的最後，讓我們將圓搬到直角座標平面上，利用圓的性質以及畢氏定理來作以下例題10.2-13。

例題 10.2-13

如圖10.2-19，圓P的圓心在x軸上，且圓P與x軸相交於A（24，0），且與y軸相交於B（0，12），則圓心P的座標為何？

(1) 同圓半徑相等
(2) 畢氏定理

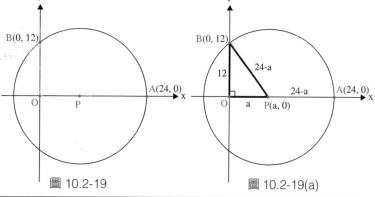

圖 10.2-19　　　　　　　　圖 10.2-19(a)

敘述	理由
(1) 假設圓心P點座標為(a,0)，作$\overline{PB}$，如圖10.2-19(a)；則$\overline{OP}$＝a	已知圓P的圓心在x軸上 & 作圖
(2) $\overline{OA}$＝24、$\overline{OB}$＝12	已知圓P與x軸相交於A（24，0），且與y軸相交於B（0，12）
(3) $\overline{OP}+\overline{PA}=\overline{OA}$	全量等於分量之和
(4) $\overline{PA}=\overline{OA}-\overline{OP}$ ＝24－a	由(3) 等量減法公理 & (2) $\overline{OA}$＝24、(1) $\overline{OP}$＝a
(5) $\overline{BP}=\overline{PA}$＝24－a	同圓半徑相等 & (4) $\overline{PA}$＝24－a
(6) △BOP為直角三角形 $\overline{OB}^2+\overline{OP}^2=\overline{BP}^2$	直角座標平面兩座標軸互相垂直 & 畢氏定理
(7) $(12)^2+a^2=(24-a)^2$	將(2) $\overline{OB}$＝12、(1) $\overline{OP}$＝a、(5) $\overline{BP}$＝24－a 代入(6) $\overline{OB}^2+\overline{OP}^2=\overline{BP}^2$
(8) a＝9	由(7) 解一元二次方程式
(9) 所以圓心P的座標為(9,0)	由(1) 假設圓心P點座標為(a,0) & (8) a＝9 已證

習題 10-2

習題10.2-1 已知座標平面上有一四邊形ABCD，且此四邊形的頂點座標分別為 A(2,4)、B(−4,1)、C(−1,−4)、D(4,−3)，則此四邊形的周長為何？

習題10.2-2 數線上有A、B兩點，A點座標為(1)、B點座標為(31)，若有一點C在 $\overline{AB}$ 上，且 $\overline{AC} : \overline{BC} = 2 : 3$，則C點座標為何？

習題10.2-3 數線上有A、B兩點，A點座標為(−10)、B點座標為(20)，若有一點 C在 $\overline{AB}$ 上，且 $\overline{AC} : \overline{BC} = 3 : 7$，則C點座標為何？

習題10.2-4 數線上有A、B兩點，A點座標為(−41)、B點座標為(−11)，若有一 點C在 $\overline{AB}$ 上，且 $\overline{AC} : \overline{BC} = 4 : 1$，則C點座標為何？

習題10.2-5 　數線上有A、B兩點，A點座標為(1)、B點座標為(31)，則$\overline{AB}$中點C的座標為何？

習題10.2-6 　數線上有A、B兩點，A點座標為(−10)、B點座標為(20) ，則$\overline{AB}$中點C的座標為何？

習題10.2-7 　數線上有A、B兩點，A點座標為(−41)、B點座標為(−11) ，則$\overline{AB}$中點C的座標為何？

習題10.2-8 　座標平面上有A、B兩點，A點座標為(−1,2)、B點座標為(3,5)，若$\overline{AB}$上有一點C，且$\overline{AC}:\overline{BC}=5:3$，則C點座標為何？

習題10.2-9　座標平面上有A、B兩點，A點座標為(−1,2)、B點座標為(3,5)，則$\overline{AB}$中點C的座標為何？

習題10.2-10　座標平面上有一平行四邊形ABCD，已知其中三個頂點座標分別為A(1,2)、B(5,4)、D(2,6)，則平行四邊形ABCD另一個頂點C的座標為何？

習題10.2-11　如圖10.2-20，圓K與座標軸交於原點O(0,0)、點A(−6,0)與點B (0,8)，則圓心K的座標為何？

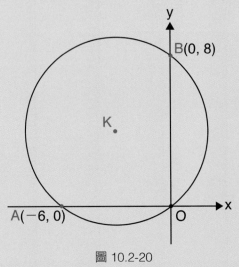

圖 10.2-20

習題10.2-12　座標平面上有一△ABC，其頂點A點座標為(6,7)、B點座標為(1,2)、C點座標為(5,1)，則△ABC重心G點座標為何？

習題10.2-13　如圖10.2-21，圓P的圓心在x軸上，且圓P與x軸相交於A（8，0），且與y軸相交於B（0，4），則圓心P的座標為何？

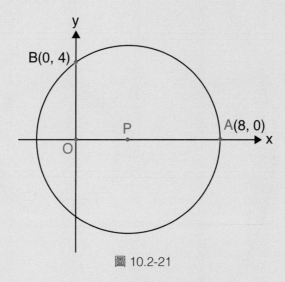

圖 10.2-21

本章重點

1. 認識數線與點座標。

2. 數線上的分點公式。

3. 數線上的中點公式。

4. 認識直角座標平面與象限。

5. 座標平面上兩點距離公式。

6. 座標平面上的分點公式。

7. 座標平面上的中點公式。

8. 座標平面上三角形的重心座標。

歷年基測題目

1

如圖10.1，在座標平面上，△ABC為直角三角形，∠B＝90°，$\overline{AB}$ 垂直 x 軸，M為△ABC的外心。若A點座標為(3,4)，M點座標為(−1,1)，則B點座標為何？　〔98-1〕

(A) (3,−1)　　(B) (3,−2)　　(C) (3,−3)　　(D) (3,−4)

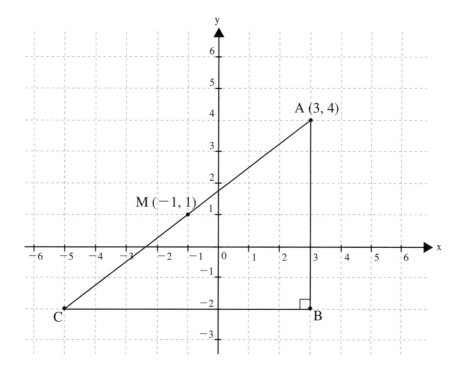

圖 10.1

(B) (3,−2)

(1) 直角三角形外心在斜邊中點

(2) 座標平面上中點公式

解答說明

敘述	理由
(1) B點橫座標與A點橫座標相同； 　　B點縱座標與C點縱座標相同	已知∠B＝90°
(2) 假設C點座標為(a,b)，則$\overline{AC}$為直角△ABC之斜邊，且M點為$\overline{AC}$中點	假設 & 已知△ABC為直角三角形，∠B＝90° & 已知M為直角△ABC的外心 & 直角三角形外心在斜邊中點
(3) $\overline{AC}$中點座標為$(\frac{3+a}{2},\frac{4+b}{2})$	已知A點座標為(3,4) & (1) 假設C點座標為(a,b) & 座標平面上中點公式
(4) $(-1,1)=(\frac{3+a}{2},\frac{4+b}{2})$	由(2) M點為$\overline{AC}$中點 & 已知M點座標為(−1,1) & (3) $\overline{AC}$中點座標為$(\frac{3+a}{2},\frac{4+b}{2})$
(5) $-1=\frac{3+a}{2}$ & $1=\frac{4+b}{2}$	由(4) 縱座標相等且橫座標相等
(6) a＝2×(−1)−3＝−5 & 　　b＝2×1−4＝−2	由(5) 解a的一元一次方程式 & 解b的一元一次方程式
(7) C點座標為(−5,−2)	由(2) 假設C點座標為(a,b) & (6) a＝−5、b＝−2
(8) B點橫座標為(3) & 　　B點縱座標為(−2)	由(1) B點橫座標與A點橫座標相同；B點縱座標與C點縱座標相同 & 已知A點座標為(3,4)、 (7) C點座標為(−5,−2)
(9) 所以B點座標為(3,−2)，本題選(B)	由(8)

國家圖書館出版品預行編目資料

專門用來打好幾何基礎的數學課本／財團法人
博幼社會福利基金會著. -- 二版. -- 臺北
市：五南, 2019.08
　　冊；　公分
　　ISBN 978-957-763-489-4 (第3冊：平裝附光
碟片). --
　　ISBN 978-957-763-490-0 (第4冊：平裝附光
碟片)

1.數學教育　2.中等教育

524.32　　　　　　　　　　108010086

ZD14

專門用來打好幾何基礎的數學課本 4

作　　　者 ─ 財團法人博幼社會福利基金會（499）

發 行 人 ─ 楊榮川

總 經 理 ─ 楊士清

總 編 輯 ─ 楊秀麗

主　　　編 ─ 王正華

責任編輯 ─ 金明芬

封面設計 ─ 童安安、姚孝慈

出 版 者 ─ 五南圖書出版股份有限公司

地　　　址：106台北市大安區和平東路二段339號4樓

電　　　話：(02)2705-5066　　傳　　　真：(02)2706-6100

網　　　址：http://www.wunan.com.tw

電子郵件：wunan@wunan.com.tw

劃撥帳號：01068953

戶　　　名：五南圖書出版股份有限公司

法律顧問　林勝安律師事務所　林勝安律師

出版日期　2014年10月初版一刷
　　　　　　2019年 8 月二版一刷

定　　　價　新臺幣520元